新疆师范大学校级重点学科"中国语言文学"项目经费资助
新疆师范大学博士科研启动基金项目"现代中学语文教育史研究"
（编号 XJNUBS1601）阶段性成果

现代中学国文教育简史

（1904-1949 年）

赵新华 著

中国社会科学出版社

图书在版编目（CIP）数据

现代中学国文教育简史：1904—1949 年／赵新华著 . —北京：
中国社会科学出版社，2018.4

ISBN 978 - 7 - 5203 - 2164 - 8

Ⅰ . ①现⋯ Ⅱ . ①赵⋯ Ⅲ . ①中学语文课—教育史—中国—
1904—1949 Ⅳ . ①G639. 29

中国版本图书馆 CIP 数据核字（2018）第 043115 号

出 版 人	赵剑英
责任编辑	安 芳
责任校对	张爱华
责任印制	李寡寡

出 版	中国社会科学出版社
社 址	北京鼓楼西大街甲 158 号
邮 编	100720
网 址	http://www. csspw. cn
发 行 部	010 - 84083685
门 市 部	010 - 84029450
经 销	新华书店及其他书店

印刷装订	北京明恒达印务有限公司
版 次	2018 年 4 月第 1 版
印 次	2018 年 4 月第 1 次印刷

开 本	710×1000 1/16
印 张	14.75
插 页	2
字 数	234 千字
定 价	58.00 元

凡购买中国社会科学出版社图书，如有质量问题请与本社营销中心联系调换
电话：010 - 84083683

目　　录

第一章

道德为先　应用为范（1904—1911 年）

　　入中学堂者作文自不可缓。文者积字而成，用字必有来历（经史子集及近人文集皆可）。文法备于古人之文，故求文法者必自讲读始，先使读经史子集中平易雅驯之文。作文以清真雅正为主。

　　讲中国古今文章流别、文风盛衰之要略，及文章于政事身世关系处。

——《奏定学堂章程》

　　初编近世文为主，二三编中古及上古文居多。书既成，援保存国粹之义，颜之曰中学文粹。

——许贵、苏民：《中学文粹·弁言》

　　今科举已废，学堂肇兴，文章一道，视昔宜加重矣，且将欲究古今之宜，致当世之用。自昔纂录，以桐城姚氏古文辞类纂及湘乡曾氏经史百家杂抄最为有义法，百年以来，承学治古文者，率奉为指归。此编谨奉《钦定学堂章程》中学五年，分为五编。其纂录之浅深视年期为进退，范围不越乎姚氏曾氏而程度则求合乎学者之用也。

——潘博：《高等国文读本·叙》

　　此编所选，专以助人之精神兴趣，而仍不戾于绳尺者为主。

　　期于每集之中，诸体略备。

　　词赋骈文，兹编一概不录。惟赞、颂、箴、铭、哀、祭诸体，多用有韵之文，今于每集俱存数篇。

古文用法之妙，纵横变化，不可方物。故昔人以行云流水为比。

——吴曾祺：《中学堂用国文教科书·例言》

本书选辑古今名家之文，生存人不选。

本书所选之文，各类略备，使读者稍知其门径。

——林纾：《中学国文读本·凡例》

第一节　清末时期中学国文教育的政策性规定

一　中国现代"中学"的产生与发展

在中国的教育体系中，早就有了"大学""小学"的概念，《礼记·王制》："小学在公宫南之左，大学在郊。"《大戴礼记·保傅篇》："及太子少长，知妃色，则入于小学，小学者，所学之宫也……古者八岁而就外舍，学小艺焉，履小节焉；束发而就大学，学大艺焉，履大节焉。"但中国古代的"大学""小学"与现代意义上的"大学""小学"是不同的，现代意义上的"大学""中学""小学"是三段制学校系统中的概念，是"西学东渐"的产物。

中国古代的学校体系中，一直没有"中学"的说法。"中学"一词首次出现在中国中央政府的法令文件之中是在光绪二十四年（1898）。该年五月，军机大臣、总理衙门的《遵筹开办京师大学堂折附章程清单》中道：

本年正月初七日上谕，已有各省学堂经济科举人、经济科贡士各名号。今拟通饬各省上自省会下及府州县，皆须一年内设立学堂，府州县谓之小学，省会谓之中学，京师谓之大学，由小学卒业领有文凭者作为经济生员升入中学，由中学卒业领有文凭者作为举人升入大学，由大学卒业领有文凭者作为进士引见授官。[1]

---

[1]　舒新城：《近代中国教育史料》，中国人民大学出版社 2012 年版，第 78 页。

由于戊戌变法最终没有成功，此中提出的教育规划没能真正实行，但三段学制和"中学"的观念开始深入国人心中。

"三段制"学校在中国最早的实践，一般被认为是 19 世纪末成立于上海的南洋公学，该校于 1897 年正式开办，先后设立四院，其中的师范院（1897）相当于师范学堂；外院（1897）、中院（1898）、上院（1900）大略分别相当于小学、中学、大学，三级相互衔接，依次递升，初具三段制现代学校体系的雏形。① 于 1898 年春设立，修业年限为四年的南洋公学中院，可以说是中国近代教育史上名实相符的中学。②

光绪二十九年十一月二十六日（1904 年 1 月 13 日），清政府颁布了《奏定学堂章程》，这是中国近代第一个由中央政府颁布并由政府督导施行的全国性法定学制系统。《中学堂章程·立学总义》规定："设普通中学堂，令高等小学毕业者人焉，以施较深之普通教育，俾毕业后不仕者从事于各项实业，进取者升入各高等专门学堂，均有根柢为宗旨。"③ 规定中学堂的学习年限为五年，并要求"各府必设一所，如能州县皆设一所最善"。《中学堂章程》还对中学堂的学生额数、经费来源、学习科目设置、入学办法、教室图书器具配备标准、教员管理员制度等都有明确的条文说明，这就从制度上为现代"中学"的发展提供了坚实的保障。

清政府同时还颁布了《各学堂奖励章程》，规定："高等小学堂毕业应升学之学生，经府道会同监督，考送入中学堂、初级师范学堂、中等实业学堂者，俟学政按临该府时，覆加考试，合格者升入以上三者学堂肄业。最优等作为廪生，优等作为增生，中等作为附生，分别收入所升学堂肄业。下等发回原学，作为佾生。准用顶戴，均由学政填给执照，咨明学务大臣，礼部备案。最下等遣回原籍。"④ 中学堂学生完成修业年限，在学习期满时要参加考试，成绩为最优等、优等、中等的被保送升

---

① 王伦信：《清末民国时期中学教育研究》，华东师范大学出版社 2002 年版，第 16 页。

② 《南洋公学大事记》，朱有瓛：《中国近代学制史料》（第一辑下册），华东师范大学出版社 1986 年版，第 527 页。

③ 多贺秋五郎：《近代中国教育史资料·清末编》，台北：文海出版社有限公司 1972 年版，第 278 页。

④ 同上书，第 404 页。

入上一级学堂，同时还被授予功名：最优等作为拔贡，优等作为优贡，中等作为岁贡，"均有督抚学政填给会衔执照"；即使考试成绩为下等者发回原籍，也作为优廪生，并报礼部备案。① 我们可以参照"程度与中学堂同而略胜"的初级师范学堂毕业学生的待遇来观照一下中学堂毕业生的待遇，"考列最优等者作为拔贡，以教授尽先选用，并加六品衔，令充高等小学堂教员"②。在清代，官级为"九品十八级"，"六品"衔已经是非常不错的待遇了。

总之，清末学制是培养官员的"单轨制"，规定了从初小开始逐步升入大学堂，然后分配官职，③ 这就决定了清末中学堂学生是未来的官员，中学教育应该适应"预备官员"的培养，这与我们今天的中小学基础教育有着本质的不同。

二　现代"国文"学科的独立

中国的汉语文教育，已有几千年的历史。但古代没有形成系统的语文教育体系，没有专门的"语文"学科，给我们留下的只是"前学科"时期的语文教育遗产。④《奏定学堂章程》规定分科设学，并设置了"读经讲经""中国文字（学）"这两门与学习国家通用语言文字有密切联系的课程，但没有设置"国文"科。1904 年商务印书馆出版了《最新初等小学国文教科书》，该书受到读者的普遍欢迎，"国文教科书第一册已出来，未及五六日而已销完四千部"⑤，"国文"一词也随该教科书的畅销而大行其道。这一期间，其他书局也编印了"国文"教科书，如文明书局的《高小国文读本》、江楚编译官书局的《高等国文教科书》、中国图书公司的《初小国文课本》　《高小国文课本》等。⑥ 光绪三十三年（1907）清政府学部附设的图书局编写了初等小学《国文教科书》第一

---

①　多贺秋五郎：《近代中国教育史资料·清末编》，台北：文海出版社有限公司 1972 年版，第 403 页。

②　同上书，第 405 页。

③　汪家熔：《民族魂——教科书变迁》，商务印书馆 2008 年版，第 9 页。

④　李杏保、顾黄初：《中国现代语文教育史》，四川教育出版社 2004 年版，第 3 页。

⑤　汪家熔选注：《蒋维乔日记选》，《出版史料》1992 年第 2 期。

⑥　李杏保、顾黄初：《中国现代语文教育史》，四川教育出版社 2004 年版，第 35 页。

册，标志着官方也开始使用"国文"名称；同年颁布的官方文件性质的
《学部颁订京师初等小学划一课程表》中也出现了"国文"，并规定"国
文"每周 9 学时；宣统元年（1909）颁布的《学部奏请变通初等小学堂
章程》，"国文"被正式列入章程。在这一过程中，出版界和学界以正确
的教育原理推动实际，清政府不得不按照"国文"课本造成的事实修正
了以前的规定，承认了"国文"的合理性及合法地位，使学制变得切合
社会进步。①

　　"国文"概念的成立，是与近代国家观念的萌发，继而要求通行全
国、代表国民精神的文字分不开的。② 吕思勉在 1909 年就撰文指出："一
国之民所以能结合为一国家者，结合之力尤以语言文字为最大。盖语言
文字相同，则国民之感情因之而亲洽，一国之文化缘此而获调和。虽种
族、宗族、风俗，或有不同，而其结果，自能泯合于无形也。"③ 面对西
学东渐对中国传统思想文化的冲击，近代学人又往往把"国文"和保种、
保国联系起来，被赋予了深刻的内涵。如张謇就说过："夫凡成一国必自
有文，苟尽不文，其胡能国？"他鉴于"科举停废，士竞科学，以文字为
无用，致废书而不观"的顾虑，于 1909 年在通州中学附设了国文专修
科，"为社会政府储有用之才，即为社会政府通将来之译"。④ 早期的国文
教科书多标以"国学""国粹"之名，新学会社出版的《国学讲义》、文
明书局出版的《国粹教科书》、有正书局出版的《国文粹化读本》，等等。

三　《奏定学堂章程》中有关中学国文教育的规定与要求

《奏定学堂章程·学务纲要》中要求重视"各体文辞"：

　　　　中国各体文辞，各有所用。古文所以阐理、纪事、树德、达情
最为可贵；骈文则遇国家典礼制诰需用之处甚多，亦不可废；古今

---

①　汪家熔：《民族魂——教科书变迁》，商务印书馆 2008 年版，第 73—75 页。

②　陆胤：《清末"蒙学读本"的文体意识与"国文"学科之建构》，《文学遗产》2013 年
第 3 期。

③　博山：《全国初等小学均宜改用通俗文以统一国语议》，《东方杂志》1911 年第八卷第三
号。

④　张謇：《通州中学附设国文专修科述义》，《教育杂志》1909 年第一卷第八期。

体诗辞赋，所以涵养性情，发抒怀抱，中国乐学久微，藉此亦可稍存古人乐教遗意。中国各种文体，历代相承，实为五大洲文化之精华，且必能为中国各体文辞然后能通解经史古书、传述圣贤精理。文学既废，则经籍无人能读矣，外国学堂最重保存国粹，此即保存国粹之一大端。假使学堂中人全不能操笔为文，则将来入官以后，所有奏议、公牍、书札、记事，将令何人为之乎？行文既不能通畅，焉能畀以要职重任乎？近代文人往往传习文藻，不讲实学，以致辞章之外，于时势、经济茫无所知。宋儒所谓一为文人，便无足观，诚痛乎其言之也。盖黜华崇实则可，因噎废食则不可。

其"中国文学"一科，宜随时试课论说文字，及教以浅显书信、记事文法，以资官私实用。[①]

从中不难看出，清末中学堂设置的"中国文学"课程中的"文学"是指国粹，而不是注重"文藻"的文人之学，是于时势、经济有用的"经世"之学。精通此学，能作通畅的奏议、公牍，肩负要职重任；能通解古书，传述圣贤精理。"各体"之"体"包括阐理、纪事之体，典礼制诰之体，能存古人乐教之体。

在文体分类史上，文体有过多种不同的标准，如魏曹丕《典论·论文》中的"四科八体"，晋陆机《文赋》"分文类为十"，刘勰《文心雕龙》将文体分为 33 类，吕祖谦《宋文鉴》分为 58 类，吴讷《文体明辨》分为 127 类。《古文辞类纂》撇开形式要素以"为用"为准则划分文体，在文体学上有重要意义，[②] 而此种文体分类方法恰好和《奏定学堂章程》中的要求相契合，所以它和《经史百家杂钞》一起，成为清末中学国文教科书编者进行选文分类的最重要参考。

《奏定学堂章程》规定"学堂不得废弃中国文辞"，从"中国文学"一科的教学宗旨来看，其实就是现代"国文"科的先声。[③]

---

① 多贺秋五郎：《近代中国教育史资料·清末编》，台北：文海出版社有限公司 1972 年版，第 212—214 页。

② 高黛英：《〈古文辞类纂〉的文体学贡献》，《文学评论》2005 年第 5 期。

③ 李杏保、顾黄初：《中国现代语文教育史》，四川教育出版社 2004 年版，第 29 页。

《奏定学堂章程》对中学堂"中国文学"科的具体要求为：

> 入中学堂者年已渐长，文理略已明通，作文自不可缓。凡学为文之次第：一曰文义；文者积字而成，用字必有来历（经史子集及近人文集皆可），下字必求的解，虽本乎古亦不骇乎今。此语似浅实深，自幼学以至名家皆为要事。二曰文法；文法备于古人之文，故求文法者必自讲读始，先使读经史子集中平易雅驯之文；《御选古文渊鉴》最为善本，可量学生之日力择读之（如乡曲无此书，可择较为大雅之本读之），并为讲解其义法。次则近代有关系之文亦可浏览，不必熟读。三曰作文；以清真雅正为主：一忌用僻怪字，二忌用涩口句，三忌发狂妄议论，四忌袭用报馆陈言，五忌以空言敷衍成篇。
>
> 次讲中国古今文章流别、文风盛衰之要略，及文章于政事身世关系处。其作文之题目，当就各学科所授各项事理及日用必需各项事理出题，务取与各科学贯通发明；既可易于成篇，且能适余实用。①

从中可以发现，中学堂的国文科教学主要包括读文、作文、古今文章史三大部分：读文，熟读经史子集中的"雅驯"之文，浏览"近代有关系之文"；作文，以"清真雅正"为主；了解古今文章史，同时还要关注"文章于政事身世关系"。其中"自幼学以至名家""先使读经史子集中平易雅驯之文"的规定实际上确定了清末中学国文教科书的选文标准及来源。

第二节　清末时期的现代中学国文教科书

一　中国现代教科书的萌芽与发展

教科书，是特指与国家规定的学制相适应的课本。②

---

① 多贺秋五郎：《近代中国教育史资料·清末编》，台北：文海出版社有限公司 1972 年版，第 280 页。

② 汪家熔：《民族魂——教科书变迁》，商务印书馆 2008 年版，第 8 页。

我国古代没有严格分科意义上的教育，学生的用书主要有蒙学读物类，如"三、百、千"、《幼学琼林》《龙文鞭影》等；科举考试类，如"四书""五经"《文选》《古文观止》等。研究者一般认为，我国自编的最早的"现代"教科书是光绪二十三年（1897）朱树人编、南洋公学出版的《蒙学读本》。① 随着"西学东渐"的进程、清末"新政"及新式学堂的建立，中国新式教科书的编辑出版也在不断发展，如：在华传教士章节式的教科书编排设想打破了中国传统教本的模式，其教科书编制的统一制式及精确、科学的插图设计也促进了中国自编教科书的科学化进程②；1901 年，罗振玉通过《教育世界》杂志向国人介绍了日本教科书，"教科书分小学级中学级二者"，"此杂志中所译各学教科书多采自日本，考各种教科书有可通用者……"③

《奏定学堂章程》的颁布，使中国教科书的编排有了制度依据。加上清政府允许民间机构编辑出版教科书，以成立于 1897 年的商务印书馆及成立于 1902 年的文明书局为代表的晚清民间出版机构，都是以编辑出版教科书兴起的，它们编印了大量的教科书，弥补了官方教科书出版的不足。

《奏定学堂章程》颁布实施后，统一规范了各级学堂的学习年限，与之相吻合的教科书陆续出现。清末时期，尽管政府无力统一教科书的编辑、发行，允许民间自编教科书，但并不是放任自流。《奏定学堂章程》正式确立了清末教科书审定制度，它规定所有编译的教科书，无论京师编译局、地方官书局、私家、学堂教员编辑的教材都应经过审查，方准各学堂使用。对民营机构编辑出版教科书的审定尤其注意。《学务纲要》对教科书编排也做了较为详细的说明："其私家编纂学堂课本，呈由学务大臣鉴定，确合教科程度者，学堂暂时亦可采用，准著书人自行刊印售卖，予以版权。"1906 年，清政府学部成立了图书局，准备仿文明书局、

---

① 周予同：《中国现代教育史》，福建教育出版社 2007 年版，第 93 页；李杏保、顾黄初：《中国现代语文教育史》，四川教育出版社 2004 年版，第 31 页；毕苑：《建造常识：教科书与近代中国文化转型》，福建教育出版社 2010 年版，第 85 页。

② 毕苑：《建造常识：教科书与近代中国文化转型》，福建教育出版社 2010 年版，第 22—23 页。

③ 罗振玉：《教育世界·序例》，《教育世界文译篇》，1901 年 5 月第一号。

商务印书馆出版的教科书体例编制一套国定教科书,以便使教科书趋于规范化、统一化。在国定教科书出版之前,学部颁布了初高小暂用教科书书目和中学暂用书目。经审定使用的暂用教科书除文明书局与商务印书馆所出各书外,还有直隶学务处、新学会等单位编的三十多种教科书。由于清政府国定教科书最终没有编辑齐全,而且已经编成的质量饱受批评,到中华民国成立前,全国各学校仍沿用商务印书馆、文明书局与南洋公学的教科书,并以商务印书馆的教科书为主。①

二 清末时期现代中学国文教科书编辑出版概况

相对于小学教科书,早期的中学国文教科书多标以"国学""国粹"之名。如较早在教科书封面明确标示"中学教科书"字样的是光绪三十一年(1905)新学会社编江起鹏编辑《国学讲义》,该书为奉化龙津学堂普通科讲义,"以世界学理辅成国粹,凡说申说,无取陈言",书分三编:上编总论国学;中编详述经传;下编列论诸子百家,"由博返约,井井有条,洵保国粹之要"。同年,文明书局还出版了"学堂诸生欲研习国文,莫急于此书"的《桐城吴氏古文读本》,该书的广告中感慨"新学浮兴,标异以为雄",而"老成好为深识者,懔乎惧亡其所守,以自比于保国粹之说"。随后文明书局出版了廉泉编辑的《国粹教科书》前、后两编。光绪三十二年(1906)二月有正书局出版了王纳善编《国文读本粹化新编》,"专取近今名人著作之论述新学新理者,其文词既足资诵习,焕我国华;其意识又夏夏生新,通乎欧化,故名粹化读本"。这一时期,还有上海时中书局出版的吴筠选编《国文新选读本》,文明书局出版陈东极和许朝贵编《中等国文读本》,茹薏书室版马仿周评《澡德学堂中学国文课本》,中国图书公司版缪文功和蔡国璜编《中国国文示范》,澄衷学堂编辑《普通国文读本》,苏新书社版李联圭评注《国策编年读本》,上海南洋公学版张美翊选编《南洋公学课文录选》等。

清末时期中学国文教科书的编排还处在摸索阶段,有的只编了两三册甚至一册,有的则把科举时期的古文选本进行简要的处理。这一时期和《奏定学堂章程》规定的五年制中学堂配套,较为完备的中学国文教

---

① 肖东发:《中国编辑出版史(上册)》,辽海出版社 2002 年版,第 399 页。

科书主要有以下四套（表1—1）：

表1—1　　　　　　　　清末时期中学国文教科书一览

教科书名	初版年①	编者	出版机构	册别
中学文粹	1905	许贵、苏民	文明书局	5
高等国文读本	1906	潘博	广智书局	5
中学堂用国文教科书	1908	吴曾祺	商务印书馆	5
中学国文读本	1908	林纾	商务印书馆	10

表1—1 中的四套中学国文教科书各具特色：

1.《中学文粹》：体例学习日本，介绍现代新知

《奏定学堂章程》于光绪二十九年十一月（1904 年 1 月）颁布，文明书局在光绪三十年十二月（1905 年 1 月）就出版了四编五册的《中学文粹》，可以说是中国最早的与"三段制"学制配合的中学国文教科书。

文明书局是于光绪二十八年（1902）由廉泉、俞复、丁宝书等人集股在上海创办的一家出版社，开办之初即出版《蒙学课本》七编，由丁宝书执笔，赵鸿雪绘图，杜嗣程缮写，有书、画、文三绝之称，是中国最早有插图的小学教科书。在商务印书馆成立之前，该局是中国近代编辑出版教科书最多的出版机构，《中学文粹》的编者有着自己独立的编辑思路，《编辑中学文粹例言》道：

①生徒程度愈高，国文课数愈少。本书每册足供一年讲授。初编九十课二编八十课三编七十课（文义较深者每课须以一小时讲一小时读）

②生徒至第四学年行文已能明达，当使知古今文体之不同，故本书第四编变其体例，以资研摩

③初学文字易空易泛。初编所录有关于理科及实业者较多，他若先哲名贤嘉言懿行，用自德育，慎彼始基

───────────

① 除特殊说明外，为便于统计与比较，教科书的初版年以该套教科书的第一册初版年标识。

　　④左氏龙门叙述圣手革命之军奇侠之士货殖之才焜耀简编，靡弗敬录

　　⑤文字与民族相关如胡铨封事、徐达捷表等足以激发民族精神者辄为登入

　　⑥唐虞三代之遗周秦诸子之作，纂录数首，崑山片玉弥复可珍

　　⑦唐宋八家向推作者兹编惟柳州游记采入较多，其他遴择一二以窥崖略

　　⑧近代作家惟龚仁和思想独高，十年以来严之译笔、梁之报章均脍炙人口，择其尤者以供研究

　　⑨韵语亦文中一体，不论古今，间插入一二，以助兴味

　　该书共四编，最后一编分为上、下两册，而且从价钱上看，一、二、三编定价"二角"；四编（2 册）"五角"，可以看出该套书与新的五年制中学相配套的。初编近世文为主，二、三编中古及上古文居多，四编则由上古而中古而近古而近世，"以次搜辑可以考见体制之变迁，亦研究文学史之一助也"。该书在"弁言"中明确标明"参以日本中学教科书成式"，"书既成，援保存国粹之义，颜之曰中学文粹。虽不敢自信精当，然于当世通儒所欲勾稽成帙者，亦略具于兹矣"。该书前三编的选文内容多元，既有宣扬中国传统如关云长、圣裔孔融、忠孝等主题的课文，也有介绍西方新事物、新思想，如银行、股票、铁路、日本博览会等题材的课文。第四编两册则按照上古文、中古文（卷上），近古文（卷下）顺序编排选了中国历代文。该书于宣统元年（1909）四月再版。

　　2.《高等国文读本》：崇尚古文，重叙事立论

　　该书书名虽然标曰"高等"，但在其"叙"中写道，"此编谨奉《钦定学堂章程》中学五年，分为五编"，可见是专门为新式五年制中学堂配套使用的国文学习用书。

　　成立于 20 世纪初的广智书局是一家以发行翻译著作为主的出版机构，是保皇会通过筹募海外华侨资金，在上海以冯镜如的名义开办起来的，而实际上，书局事务由流亡横滨的梁启超遥控指挥。《高等国文读本》的选文标准和广智书局的性质有关，"叙"中说，"今科举已废，学堂肇兴，文章一道，视昔宜加重矣，且将欲究古今之宜，致当世之用，

亦舍是奚由达其途哉？桐城吴氏，所谓科举废，学堂宜以国文为最重要之科者，其说为不诬也。自昔纂录，以桐城姚氏古文辞类纂及湘乡曾氏经史百家杂抄最为有义法，百年以来，承学治古文者，率奉为指归。顾二书渊博浩大，宜为专门研究之书，非浅学者所能遽窥”。可见，该书非常推崇古文派，同时为了使中学堂学生（“浅学者”）能“遽窥”古文之道，所以编纂了该书。编者还在“例略”中阐述了自己的国文教科书编纂思路：

而以纪载之文为先，盖以学为文者，宜先从叙事入手也。

文字积字成句，积句成段，积段成篇，故字有字法，句有句法，段有段法，篇有篇法，必明乎此，而后可以斐然成章。此编于字法、句法、段法、篇法皆细为指陈，以为学者隅反。至近世言文，有所谓笔法者，乃出于制义家之所为（古人所谓文笔乃别于有韵之文而言）。然文之开合提顿、抑扬转折，实亦有一定之法，此亦间为指明。

文不外序事、立论两体。序事之文，以义法为本，易所谓言有序者是也；立论之文，以义理为本，易所谓言有物者是也。有物之文，非多读书、多积理，不可骤几。而义法则固有可讲而明之也，义法莫备于左氏史记，而言之精且详者，莫如望溪方氏。故此编于左史文录之最多，而颇采方氏之说，以备考镜。

从来言古文者，多屏绝六朝，盖不如是则古文之界不严，而其道不尊。姚氏所纂，具见其旨。然曾氏杂抄，则已浸淫及于晋宋。视姚氏为少夥矣。此编既不以古文标名，而骈体亦文章之一体，学者不可不窥其涯略。但使其能知实与古文同出于一原，而体自各异，则亦何害？故采录一二，然亦严之又严矣。

编中著录之文，其篇幅长短不一，而学堂读文，每课大抵不过七百字，其短者，宜合一二篇为一课，其长者，则分一篇为数课也。

该书于光绪三十四年（1908）九月再版。

3.《中学堂用国文教科书》：由近及远，授以作文之法

在清末的中学堂国文教科书中，商务印书馆印行的由福建侯官吴曾

祺评选的《中学堂用国文教科书》编辑最为成熟、发行量最大,该书于宣统二年(1910)十一月已达五版。乃至中华民国成立后,仍然被重订使用。

该书的编排结构采用按文学史时期由近及远,逆推选文。该书结合清末中学的五年制,共分为五集,"一年读一集,五年可读毕":国朝(清朝)文 143 篇为第一集,明文 97 篇、元文 20 篇、金文 10 篇为第二集,五代宋文 140 篇为第三集,自晋及唐文 176 篇为第四集,周秦汉魏文 113 篇为第五集,计 699 篇,共 30 余万言。编者认为"学生至入中学堂,多读经书,渐悉故事。此时急宜授以作文之法、古来文之佳者。不能遍读。而选本存者,颇少适用,高者曲究于气味之微,下者或越乎义法之外。二者工拙迥殊,而于教人之道,均有所未备"。为此。这套教科书编选立旨为"专以助人精神兴趣,而仍不戾于绳尺者为主",并力求做到诸体略备。该书不录诗词(韵文);但应用文,虽是韵文,依然录;不选"经",因为编者认为经本来人人读之;对于史书,编者推崇班固《汉书》、司马迁《史记》及欧阳修《五代史》;不录庄列申韩之文,因为他们不是"专为文者"。编者一再强调选文的标准重在文章质量,而不计较作者的官职、名望,虽然有些文章的内容与现时代不符,但文笔优者依然被选入;凡遇书答体(信及回信),把回信也附在文后。

值得一提的是,该书编者恐难以让学生深入领会理解文章,在每集的卷首,编者均写有一篇"例言",综论其时文学之渊源,文章之优劣,较为详备地阐述各册选文的理由。如第五册"例言"中写道:

> 周末文之善者,多出于楚人,自屈原以后,又有宋玉景差之徒,其所作谓之楚辞,以其体制于词赋为近,故不之及。今所选者,自李斯始。斯亦楚产,初学于荀卿,后乃尽弃其学,导其君为焚书坑儒之事,为千古罪人。而文之雄放瑰玮,则后世无有能出其右者,故不能以人废言。西京之文,如司马长卿、扬子云皆经义词章兼善其胜,枚叔邹阳则专治词章,董江都刘子政专攻经义,贾晁留心于经世之学,而其为文皆有以得乎天地清明纯厚之气。而司马子长杰出其间,汉文之有子长,犹之诗学盛于唐而有杜子美,书法盛于晋而有王右军。班孟坚生于中兴之后,而竟与之并称,班之才不及马,

而谨守绳墨尺寸，不敢自踰，此其所长也。蔡伯喈以一代宗工，起为之殿，其集中所列，尤以碑版之文擅绝一代。自是之后，迄于三国，数十年间，虽古意不足，而潇洒风流，时能自脱于埃壒之表。后人动称建安正始者，盖以此也。时则曹家兄弟及王陈刘应徐号为七子，翕然为海内所归。

该教科书编者也正是本着"例言"中表明的倾向，决定了教科书中每个朝代作家选文的数量及选文类别，如"不能因焚书坑儒而否定其文"的秦代李斯有 8 篇作品入选，汉代文前三名则是司马迁（15 篇）、蔡邕（5 篇）和扬雄（5 篇）。而且在李斯的 8 篇选文中，2 篇是奏议（《谏逐客书》《论督责书》），6 篇是刻石文（《峄山刻石》《泰山刻石》《琅邪台刻石》《之罘刻石》《碣石刻石》《会稽刻石》）；蔡邕的 5 篇选文全是碑文——《郭有道碑文》《陈仲弓碑文》《杨公碑》《贞节先生范史云碑》《琅琊王傅蔡公碑》；扬雄的 5 篇选文则有 4 篇韵文（《解嘲》《十二州箴》《赵充国颂》《酒箴》），充分体现了"例言"中"扬子云经义词章兼善其胜""蔡伯喈以碑版之文擅绝一代"的特点。

4. 《中学国文读本》：名家范文，精彩点评

光绪三十四年（1908）四月至宣统二年（1910）十一月由林纾陆续编纂完毕，商务印书馆出版的十册本《中学国文读本》也是清末重要的中学国文教科书，先出版的第一、二册，在三年之内即达到了七版，中华民国成立后，该书也被重订使用。"凡例"表明了编者的思路：

　　一　本书为中学堂之教科书

　　二　中学堂五年毕业，本书分为 10 册，每半年一学期教授一册，供五年之用

　　三　本书选辑古今名家之文，生存人不选

　　四　本书所选之文，各类略备，使读者稍知其门径

　　五　本书次序自国朝文至于周秦，由近及远，由浅及深，循序渐进

　　六　本书于文中之大节目处特加圈点并附评语，以引起读者之注意

《中学国文读本》也是按照文学史逆推选文，与《中学堂用国文教科书》不同的是，同一朝代的文章是按照文体编排在一起的，即同一作者的文章是分开的。第一册国朝文，28 篇；第二册国朝文，30 篇；第三册元明文 37 篇；第四册宋文，35 篇；第五册宋文，36 篇；第六册唐文，47 篇；第七册唐文，40 篇；第八册六朝文（作者标出了具体的年代，如晋、宋、梁等），48 篇；第九册周秦汉魏文，32 篇；第十册周秦汉魏文，24 篇。共计 357 篇。

在每一朝代的首册，评选者都写有"序"，对该朝文学概况，以及选文特点及依据等进行概要的评述。如在六册唐朝文序文中写道："余嗜唐文，至此二家，无复旁及……虽嗜好之偏，然文之正宗，亦不能外此而他求。"这里的"二家"指韩愈、柳宗元，第六册共选 17 位唐代作家的47 篇文章，其中韩愈文章占 20 篇，柳宗元 7 篇，两人占据了一半以上。因为编者认为"独昌黎之文。理蓄于中，文肃于外、篇同而局不复。则先后处置之适宜也。语激而词不嚣，则吞吐研练之出于自然也，或千旋百绕。而不病其繁细。或东伏西挺，而愈见其奇崛"。"至柳州之文，则华山之石，一拔万仞，其土珍松古柏，奇花异卉，皆间出重峦迭环之间。盖其泽古深。故伏采潜发……"以韩、柳文章作为范文，值得学生反复"涵泳""追寻""仿效"，"为文而不师古人，直不烛而行暗……然则师古人者宜何师，曰亦师其醇于理，精于法。善于言，神于变化者而已。凡是数者，求之古人，或不可得兼，兼者惟昌黎乎"。

林纾是光绪举人、古文高手，曾任教于京师大学堂。他在该书中"于文中之大节目处特加圈点并附评语"。这些评语包括文义和作法等方面，极富文采，甚为精当。如，林纾评韩愈《马说》：文首评："笔笔凌虚，不肯一句呆说。将吐复茹。欲伸即缩。昌黎绝调。"文中评："马之千里者五字，破字叫起，奇壮而洪，即插入不如二字，令人扫兴。虽昌黎自写牢骚，然千古才人遭际。亦往往如此。"文尾评："策、食、鸣三语，仍挺接名材，无尽枉屈意。尽此三语中。忽接入天下无马四字，将天下英雄一笔抹倒。此处宜继以不平之词，顾乃以澹宕之笔出之，萧闲中却带无数深悲极恸矣。"显然，中学堂学生读了这些评语后，对他们读文、写作都有很大益处。

三　清末时期中学国文教科书中呈现的现代国文教育理念

从清末的中学国文教科书编排设计中，可以看出当时的国文教育理念。

1. 由浅入深，循序渐进

"三段制"的教学体制对于清末士人来讲是个新鲜事物，但他们普遍认为由浅入深、循序渐进是教科书编排的基本原则。同时，他们还认为"近"的是"浅"的，是容易理解的；越"远"就会越"深"。所以，中学国文教科书的编排多是按照朝代逆推选文：《中学国文教科书》《中学国文读本》从清朝文到周秦文；《中学文粹》"初编近世文为主，二三编中古及上古文居多，四编则由上古而中古而近古而近世"。

同时，教科书编排者已经有了明确的学年、课时等概念，从而确定选文的篇数乃至字数等。如《中学文粹》虽然是四编，但最后一编分为上、下两册，而且从价钱上看，一、二、三编定价"二角"，四编（2册）则为"五角"，可以看出该书是与五年制中学相配套的。《编辑中学文粹例言》中写道："生徒程度愈高，国文课数愈少。本书每册足供一年讲授。初编九十课二编八十课三编七十课（文义较深者每课须以一小时讲一小时读）。"《高等国文读本》在"叙"中则明确表示"谨奉《钦定学堂章程》中学五年，分为五编"，"编中著录之文，其篇幅长短不一，而学堂读文，每课大抵不过七百字，其短者，宜合一二篇为一课，其长者，则分一篇为数课也"。《中学国文教科书》"一年读一集，五年可读毕"；《中学国文读本》"中学堂五年毕业，本书分为 10 册，每半年一学期教授一册，供五年之用"。

2. 捍卫传统，注重应用文体

鸦片战争以来，西方列强入侵，晚清政府在战事中接连失败，被迫签订不平等条约、割地赔款。尤其甲午海战的失利，国人开始对中国传统的社会思想、经济、政治、教育、军事制度及策略进行反思，甚至怀疑"传统"的有用性。在"中学为体，西学为用"思想被官方接受并成为主导思路的前提下，供中学堂青少年学生使用的国文教科书中，也在强调"传统"。《高等国文读本》鲜明指出"今科举已废，学堂肇兴，文章一道，视昔宜加重矣，且将欲究古今之宜，致当世之用，亦舍是奚由达其途哉？桐城吴氏，所谓科举废，学堂宜以国文为最重要之科者，其说为不诬也。"《中学文粹》即便把股票、银行、铁路、南丁格尔等内容编入了书中，编者对该书的命名缘由及目的解释道，"援保存国粹之义，颜之曰中学文粹"，书中大量选入诸如《圣裔孔融》《狄青忠孝》《关云长之节概》《周亚夫真将军》之类宣扬中国传统道德价值观的选文。

由于中学堂的受教育对象多为官宦子弟，他们同时也是未来的官绅，所以国文教科书中的选文并不强调才气、个性，而是"各体皆备"，所选文章大多为应用古文。《高等国文读本·例略》中道："姚氏类纂分门类为十三，曾氏杂抄则损之为九，而加入叙记、典志二门。此编则又损益于姚曾二书，曰叙记，曰传志，曰杂记，皆纪载之体也；曰诏令，曰奏议，曰书说，曰哀祭，皆告语之体也；曰论辨，曰序述，曰辞赋，皆著述之体也。其一编至三编，各门皆具，四编五编，则互有阙略。至其位置先后，亦与姚曾二书不同。姚曾先录著述之文（论辨序跋等类）。此编则置之于后。"《中学国文读本》和《中学国文教科书》也力求"诸体略备""各类略备"，二书虽然没有按照文体进行编排，而是依照朝代顺序，但仔细分析其选文，绝大多数为古代应用文。黎锦熙先生把清末看作中学国文教科书的"姚选标准时期"，还特别提到了二书。[①]　笔者把这两套教科书中的选文按照姚鼐《古文辞类纂》的选文分类标准进行了分类，结果见表1—2：

表1—2　　清末中学国文教科书选文"姚选"标准各体选文数量概览

"姚选"标准文体类别	中学国文教科书	中学国文读本
论辨	86	43
序跋	96	36
奏议	54	34
书说	84	47
赠序	57	23
诏令	19	6
传状	57	25

---

① 黎锦熙：《三十年来中等学校国文选本书目提要》，《师大月刊》1933 年第 2 期。

续表

"姚选"标准文体类别	中学国文教科书	中学国文读本
碑志	63	28
杂记	112	84
箴铭	20	8
颂赞	12	2
辞赋	7	11
哀祭	33	10

从表 1—2 可以看出，两部教科书选文覆盖了《古文辞类纂》中的所有十三类文体，而且文体的比例迎合了清末中学堂的性质，中学堂"意在使入此学者，通晓四民皆应必知之要端，仕进者有进学之阶梯"①。不论中学堂学员毕业后是否为官，纪事能力还是必须掌握的，所以杂记数量最多；作为封建时代的"文化人"，作为"有文化"阶层应酬唱和的序跋、书说、赠序、碑志当然也是必不可少；作为封建王朝的"准官员"，论辨、奏议也颇为重要。相对而言，辞赋的数量则非常少，张之洞早就指出，"词章读有实事者，一为文人便无足观，然有奏议、书牍、记事之用者不能废也"②。再联系到《奏定学堂章程》规定古代诗歌在"遇闲暇放学时"才能吟诵，"学堂内万不宜作诗，以免多占时刻"，所以在清末的中学国文教科书中很难看到古代诗歌，即便韵文也大多是箴铭颂赞类。

在"各体"中，论辨文在清末时期有着更大的实用空间，因为各类考试都有"中文论说"。为了明确选文的教育功能，教科书编者往往在教科书中的论辨文旁附有若干"批语"：

（1）有的批语提示重在利用该文对学生进行文章作法教授。如《中学国文教科书》中，结合柳宗元的《封建论》介绍并高度肯定了"间架之法"，提醒中学生模仿学习，"自唐以前，其论封建之善者众也。如曹元首之六代、陆士衡之五等皆是也。其从而非之者，实自此篇始。而其理遂一定而不可易，通篇亦并用间架之法，而钤束极严。故脉络相循，

① 多贺秋五郎：《近代中国教育史资料·清末编》，台北：文海出版社有限公司 1972 年版，第 210 页。

② 张之洞：《劝学篇》，上海书店出版社 2002 年版，第 28 页。

而运掉无不如意"。为了让学生意识到面对不同的对象及目的,文章的风格要有差异,还对司马相如的《谕巴蜀檄》《难蜀父老》进行了对比分析:"前篇语语森严,檄文之体,宜然。后篇则反复开导,以委婉谆切为主。"

（2）有的批语则提示利用该文重在对学生进行思想教育。如《极谏外家封事》一文,作者历数前代帝王任用外戚之弊,劝汉成帝不要让王氏擅权,教科书编者对该文的评语是"情词迫切,虽贾生之痛哭流涕长太息,无以复加",在文中"大将军秉事用权,五侯骄奢僭盛,并作威福,击断自恣,行污而寄治,身私而托公,依东宫之尊,假甥舅之亲,以为威重。尚书九卿州牧郡守皆出其门,管执枢机,朋党比周。称誉者登进,忤恨者诛伤;游谈者助之说,执政者为之言。排摈宗室,孤弱公族,其有智能者,尤非毁而不进"处,附有批语道,"此数语足破一时邪说";行文至"王氏永存,保其爵禄;刘氏长安,不失社稷,所以褒睦外内之姓,子子孙孙无疆之计也"处,又附有批语"抑退王氏,所以上安太后语,意极为周到"。可见,教科书编者不仅仅是对《极谏外家封事》的论说技巧的肯定,更是对刘向人格的推崇及对其周全设想的赞赏,这种观点随着附于正文旁边的评语,能够深深地影响着使用该教科书的中学堂学生。

（3）说话得体,在封建士大夫们的交际唱和中是异常重要的。通过古代论辩文的学习,也能给学生的口语交际能力培养带来诸多启示。如,在学习了那些优秀的古代奏议文后,可以提醒学生切身感受到口语交际能力的重要性,从而进一步思考说话的技巧及效用。有学生读了《谏猎书》后感慨道:"善乎,司马相如之谏武帝猎乎。其言温而不猛,故能使武帝乐其言而纳之……进谏之道,使人君畏吾之言不若使人君信吾之言,使人君信吾之言不若使人君乐吾之言,故谏之道,非直言强谏之所能也,惟顺言正议以导之,然后能使君必纳。"[①]

清末教科书中还入选了较多的山水游记,它们大多不是单纯的写景休闲之作,而是作者寄情于山水,寻求精神寄托之作。这类作品短小精悍,通俗易懂,颇受青少年学生喜欢,以致出现了大量的仿作。如"醉

---

① 冯本生:《读司马相如上谏猎书书后》,《妇女杂志》1916 年第二卷第十号。

翁之意不在酒，在乎山水之间"的《醉翁亭记》，就有不少人模范其口吻进行了一系列仿作，[①] 虽然这些仿作不乏"游戏文""谐文""滑稽文"，但足以表明青少年对古代游记的喜爱。清末时期的教科书主要还是由民间出版机构编辑出版，在当时教科书市场自由竞争的情况下，学生（主要消费群体）的喜爱也是保证销量的基本前提，这也是教科书选入一定比例山水游记的原因之一。

　　总之，教科书编写者更多的是培养封建社会服务工具的情怀，而不是发掘学生个性。正如有学者指出的那样：清末新式的教育制度中尽可能保留了旧东西，每月的初一和十五学堂要举行一次祭孔仪式，而且很多学时花在阅读和讲授经典著作上，儒家学说是被强调的，甚至学习的方法也是老一套。在学堂的礼堂和课室中都贴有雍正皇帝的《圣谕广训》，每月初一由大家齐声朗诵，而且被用作教官话的课文。这些都说明了传统的民众教育或对乡民的教导这时改由新式学堂来负责的情形。[②] 显然，新式中学堂教育有着旧时秀才、举人教育的痕迹。不论这些中学堂学生毕业后能否跻身官吏阶层，但他们作为"文化人""读书人"，当然应该具备撰写赠序、碑志、序跋、哀祭等应用古文的本领。

四　清末时期的代表性现代中学国文教科书概貌

　　中国现代意义上的教科书，经历了一个从无到有，并逐渐发展、成熟的过程。清末时期的四部中学国文教科书，《中学文粹》出版较早，虽然也曾再版，但其新颖的内容并没有受到当时中学堂的普遍青睐，因为学生、家长更多关注是如何通过中学堂这一跳板到达社会的上层，而教科书是否有利于帮助他们顺利通过考试成为首选标准，而不是仅仅利用教科书来开阔视野。《高等国文读本》没有选入明清文，不能展现中国文章流派演变的历程，并且选文数量不是太多，远远不能满足中学堂学生

---

　　① 琴孙：《活地狱记（仿醉翁亭记）》，《振华五日大事记》1907 年第 29 期；王象鼎：《遊岳麓山记（仿醉翁亭记）》，《学生杂志》1914 年第一卷第四号；志侠：《新婚记（仿欧阳永叔醉翁亭记体）》，《游戏杂志》1914 年第 7 期；蓉城四乳翁：《枉死城记（仿醉翁亭记）》，《余兴》1916 年第 18 期。

　　② 费正清等：《剑桥中国晚清史（1800—1911）》（下卷），中国社会科学出版社 1985 年版，第 373 页。

五年的学习需要。林纾《中学国文读本》10 册，一边编辑一边出版，至宣统二年（1910）十一月才编纂完毕，那时已经距离清王朝结束不远了。相对而言，由吴曾祺编辑的商务印书馆版《中学堂用国文教科书》在清末时期的影响最大，该书于 1908 年出版，已经能够借鉴前人和外国的编辑经验。该书的发行量也很大，以笔者所见到的一套教科书为例，根据其版权页的标识，至 1911 年 8 月已经是第七版了。后来的民国时期的教科书编者及国文教育研究者一般都会提及该书，显然，它是清朝末年最有影响力的中学国文教科书。该教科书主要呈现以下特点：

1. 选文概况：以朝代为经，作家为纬

《中学堂用国文教科书》的编者已经有了自己相对独立的编写理念，他们还考虑到"中学堂"在整个三段制中的阶段性性质，提到了中学堂学生以前（小学阶段）已经具备的国文教育程度，所以该书"例言"首要提到的就是"学生至入中学堂，多读经书，渐悉故事。此时急宜授以作文之法"。可见，编者认为中学堂阶段的教科书应该以有利于培养学生的习作能力，起到"绳尺"的作用，同时还要能够"助人之精神兴趣"。教科书编者还意识到中国的文章流变历程，"自周秦以至今日，阅二千余年，气运既殊，文章亦因之日变"，进而提到"一代之隆，必有数作者撑（揩）柱其间，其苦心孤诣，实足自存于天壤"。接着引用明代李崆峒的话说，"文非秦汉不读，未免言之太过"。所以该套教科书按照历史朝代先后，对选文进行编排，并由近及远，以期能够"沿流溯源"：清朝文为第一集，金元明为第二集，五代宋为第三集，自晋及唐为第四集，周秦汉魏为第五集。总之，该套教科书选文既要朝代全面，还要突出各朝"苦心孤诣，撑（揩）柱其间"的作者而多选他们的文章；同时，"庄列申韩之文不录，此数子者，其无意为文，故文多变化不测，而无规矩绳尺之可求。善学者得其神，不善学者得其貌，至于其貌，则去文也远矣"，"国策国语其他选本皆有之，今俱一字不及"。笔者统计了五册书中的各朝选文数量分配及各朝入选作品较多的代表性作家，结果见表 1—3：

表 1—3   **《中学堂用国文教科书》选文概况**

朝代	选文数	作家数	代表作家（及选文数量）
清	143	53	姚鼐（15）；梅曾亮（11）；曾国藩（13）
明	97	40	宋濂（12）；王守仁（10）；归有光（15）
元	20	13	马祖常（2）；虞集（6）
金	10	4	赵秉文（2）；元好问（6）
宋	132	38	欧阳修（28）；苏轼（24）；陆游（15）
五代	8	7	徐铉（2）
唐	139	42	元结（8）；韩愈（23）；柳宗元（20）；李翱（7）
隋	1	1	牛弘（1）
南北朝	13	6	傅亮（3）；范晔（5）；颜延之（2）
晋	23	10	陆机（5）；潘岳（5）；王羲之（6）
三国	25	14	曹植（5）；应璩（4）
汉	80	36	司马迁（15）；扬雄（5）；蔡邕（5）
秦	8	1	李斯（8）

从表 1—3 可以看出，在选文的朝代方面，清、明、唐、宋、汉五个朝代占据了绝大多数；在选文的作家方面，欧阳修、苏轼、韩愈、柳宗元为代表的唐宋八大家及姚鼐、曾国藩、梅曾亮为代表的桐城派的作品入选较多。

《中学堂用国文教科书》遵从了《奏定学堂章程》中"次讲中国古今文章流别、文风盛衰之要略"的规定，五册教科书中，每册都有"例言"，简要概述了各朝的文章概况，还评点了该朝的代表性作家。如第一册对清朝文章流派的阐述：

> 国朝作者，首推侯、魏、汪三家。侯魏具以驰骋见长，而结束稍严，魏为胜之，王则养气敛才而微失之弱。顾炎武、黄梨洲俱有志于经世之学，不愿以文人自居，而其集中诸作，尽有可存。方望溪刻意为文，能力去繁芜，体格颇为严洁，而往往拘束吴生趣。望溪故喜震川，以上溯欧曾之作。同时有刘海峰者，受之望溪，而以授之同乡姚姬传。姬传虽得力于海峰，而实有出蓝之誉。今观惜抱

轩文字，虽不足方驾欧曾，而置之震川集中，实亦未肯多让，厥后流传既广，天下翕然尊之桐城派。当海峰之世，有钱鲁思者，从问其业，每以师说称诵于阳湖恽子居、武进张皋文，二人并善其言，遂尽去其声韵考订之学，而从事焉。于是阳湖之古文特盛，谓之阳湖派。而其流所衍，比之桐城为狭。姬传生在雍、乾之世，锯儒硕士，所在相望，又太平无事，得从容于著作之林。其才力皆可以自致，而其时士争汲汲于治经，深思诣微，深入无间，其考据之精，深入马郑之室。诸君子自立帜志，号曰"汉学"。然人之精神思虑，有所余於彼者，必有所屈於此，故其集中所存，往往不和於古文义法，至不足当识者之一笑。其雅擅兼长，如朱竹垞汪容甫诸公，而寥寥不可多得。姬传氏所以为一代大宗，而莫敢与之抗者，时使之也。曾文正公亦盛推桐城，而欲少矫其懦缓之失败，故其持论以光气为主，以音响为辅，其可传之作甚多。桐城以后，无有抗颜行者。同时有梅伯言者，居京师，相与上下。……盛矣哉，自宋以后，未之或先也。

从中可以看出，教科书编写者认为清朝文上承欧曾，"盛矣哉，自宋以后，未之或先也"，尤其推崇桐城古文派，格外赞誉姚鼐、曾国藩。所以，在整套教科书中，清文最多（143 篇），而姚鼐（15 篇）、曾国藩（13 篇）二人选文足足占了整个清朝文的五分之一。而在第四集"例言"中，则对韩愈、柳宗元之文大加赞赏，并介绍了他们的成功之道，"昌黎之学，贯穿经史，下至诸子百家之书，靡不加意探讨，而其力又足以驱使之。故其为文，离奇光怪不可逼视，而其归以道德为主"。"柳子厚仕京师时，文尚不能为其至。迨其贬黜以后，遍历楚粤诸山水，观其峻巉湍悍诸状态，一一发之于文，又离愁忧思，蕴其才不得施设，退而恣意于学。故其一种劲峭之才，幽眇之旨，深得于屈宋之遗，他人虽学之而不能及。"这里表明，韩愈之成功与其熟读经史与诸子之文有关，而柳宗元之成功则与其经历有关，教科书编者还分别在其最后强调韩之文"归以道德为主"，柳之文"深得于屈宋之遗，他人虽学之而不能及"。

总之，不论从入选数量还是"例言"中的评价之语，都能清晰地发现该教科书对唐宋古文及与其具有承继关系的桐城古文都钟爱有加，明代归有光的选文数量也很多。这是因为中学堂教科书不是普通的文学读本，有着鲜明的功利性，而"归有光为明八股文大家，以期余力而为古文。至清方苞私淑有光，而其力亦尽于八股……凡此均可见桐城派钜子之工于八股，以八股为性命，而其古文持八股之余事耳"①。这也是该套教科书在清末时期维持"销售冠军"的原因。

2. 教科书中的女性形象：慈母烈女，谨守伦理

中国古代社会，男权主义色彩极其浓厚，以"卑弱柔顺"为要义的传统女性道德观成为封建伦理价值观念的重要内容。鸦片战争以后，近代西方女权思想、婚姻理论等渐次传入中国，一些先进之士对比了传统中国和西方的女性道德文化，对中国传统伦理观念进行了反省和检讨。②清末报刊中，出现了女豪杰和侠女形象，这些形象改变了传统观念中女性柔弱的性别本质。③同样，时代发展与思想进步也会在教育领域中得到呈现，所以，除了在本书前面提及的几个研究视角外，本书还将从性别视角，分析清末民国时期不同历史阶段代表性中学国文教科书中的女性形象，进而从中观照社会思潮在教育领域中的实际影响。

笔者对《中学国文教科书》中的女性题材选文进行了梳理，主要有以下篇目，见表1—4。

表1— 4   《中学堂国文教科书》女性题材选文概览

选文名称	朝代	作者
《安邱张夫人家传》	清	魏禧
《高节妇传》	清	方苞
《黄烈女传》	清	吴定
《梁烈妇传》	清	王猷定
《书杨氏婢》	清	梅曾亮
《教女遗规序》	清	陈宏谋

---

① 陈柱：《中国散文史》，东方出版社2012年版，第326页。

② 桂运奇：《西学东渐与中国近代女性道德观的演进》，《湖南涉外经济学院学报》2004年第1期。

③ 董博宇：《近代女性期刊小说中的女性形象与性别理想（1904—1917）》，长春师范学院中国古代文学硕士论文，2012年，第14页。

续表

选文名称	朝代	作者
《祭妹文》	清	袁枚
《先妣灵表》	清	汪中
《先妣行略》	清	王拯
《媭砧课诵图序》	清	王拯
《陶节妇传》	明	归有光
《常熟县二烈祠记》	明	唐顺之
《郑君妻洪氏墓铭》	明	方孝孺
《李节妇传》	元	揭傒斯
《泷冈阡表》	宋	欧阳修
《列女传目录序》	宋	曾巩
《溧阳濑水贞义女碑铭》	唐	李白
《高愍女碑》	唐	李翱
《杨烈妇传》	唐	李翱
《窦烈女传》	唐	杜牧
《赵女传》	唐	皮日休
《后汉书皇后纪论》	南北朝	范晔
《女史箴》	晋	张华

表 1—4 看出，这些女性题材选文多取自唐代以后的作品，尤其清代文居多；体裁有传记、碑刻铭文、史论、祭文等。这些选文中的女性形象主要有两大类：

（1）慈母贤妻。这类选文多记叙了贫困家庭中的母亲历经艰辛，把孩子抚养成人，始终没有忘记"母亲"职责。汪中《先妣灵表》中，记录了父亲早逝，"母忠质慈祥，生平无妄言。母九死流离，抚其遗孤，至于成立"。王拯《媭砧课诵图序》《先妣行略》则记录了他一岁丧父，七岁丧母，投靠新守寡的姐姐，姐姐靠替人洗衣维持生计，却支持弟弟读书。两文感人至深，吴曾祺评论两文道："凡通人才士，集中多有叙述先德之文，而必出于孤寒困苦者为最可传，盖情之至者，文不求工而自工。而惟相从于患难之中者，其情为尤至也。读此与汪仲甫先生所作，真令人不能多读。"方苞《高节妇传》描写了高节妇（本姓段，随夫姓高）

在十七岁时丈夫就去世了，但她性格严毅拒不改嫁，历尽艰辛以孝治家、抚育儿孙。而方孝孺《郑君妻洪氏墓铭》则描述了贤妻洪媛，她婆婆长年有病，"媛节适饱饥寒燠，调汤药，扶持卧起，虽久不蹔去左右"。战乱期间，也不抛弃病床上的婆婆，"死则与姑俱死耳，敢他之乎"？

这些慈母贤妻形象是古代封建伦理观念中的模范，也是清末贤妻良母教育思潮的缩影。清末时的贤母良妻完全从男子的方便方面着眼，并非以女子的天禀为本，即教育者对于女子只因为其要做男子的妻与母而施以教育，而不任女子本身有与男子对立的人格，只视之为男子的附属物。① 从表1—4 中，教科书中还选入了陈宏谋《教女遗规序》一文，该文首先谈到了男女之别在于"当其甫离襁褓，养护深闺，非若男子出就外傅，有师友之切磋，诗书之浸灌也。父母虽甚爱之，亦不过于起居服食之间，加意体恤，及其长也，为之教针黹，备装奁而已"。随后讲到了女子教育的目的，"犹不尽至于背理而伤道。且有克敦大义，足以扶植伦纪者"。最终期望达到的效果是"夫在家为女，出嫁为妇，生子为母。有贤女然后有贤妇，有贤妇然后有贤母，有贤母然后有贤子孙"。教科书中入选的范晔《后汉书皇后纪论》，皆讲述了即使皇宫的女性也要各安其分："夫人坐论妇礼，九嫔掌教四德，世妇主丧、祭、宾客，女御序于王之燕寝。颁官分务，各有典司。女史彤管，记功书过。"又"西京吕、霍之事，并不叙入"。

（2）烈女形象。表1—4 中的烈女，不尽是恪守封建伦理的日常生活中的柔弱妇女，还描述了在外敌（或叛军）来犯时，以民族大义为重，置生命于不顾的刚毅女子。如李翱《高愍女碑》《杨烈妇传》刻画了藩镇叛乱中刚烈的妇女形象，她们面对叛军不惧自身安危，"生而受辱，不如死，母兄且皆不免，何独生为！""与其死于城上，不犹愈于家乎？"再如杜牧《窦列女传》中的窦桂娘，有勇有谋，"能得希烈，权也；姊先奇妻，智也；终能灭贼，不顾其私，烈也。六尺男子，有禄位者，当希烈叛，与之上下者众矣，岂才力不足邪？盖义理苟至，虽一女子可以有成。"李白《溧阳濑水贞义女碑铭》中的浣纱女，"伍胥东奔，乞食于此，女分壶浆"，当伍子胥嘱咐该女为其行踪保密时，女子"全人自沉，形与

---

① 舒新城：《近代中国教育思想史》，福建教育出版社 2007 年版，第 287 页。

口灭。声动列国，义形壮士"。唐顺之《常熟县二烈祠记》中的孙翊妻，在丈夫被杀之后，"既见窘逼，于是藏机匿哀，阳许二凶以婚而缓其期，阴结故将为援。须二凶以婚入，而遂刃之，雪不共天之愤于闺闼杯酒之间。"皮日休《赵女传》中的赵氏，"一乳臭女子耳，继死请父命，孝也。自刑以盟言，信也。秉孝植性，高蹈于世，洁乎瑾瑜，不足为其真。芬乎茝兰，不足为其秀。与夫救危拯祸者远矣。今之士，见难不立其节，见安不偿其信者，其赵女之刑人乎？噫！后之修女史者，幸无忘耶！"

　　该套教科书是 1908 年编辑出版的，而清政府于 1906 年颁布了教育宗旨：忠君、尊孔、尚公、尚武、尚实。如果说慈母贤妻类选文符合"忠君、尊孔"原则，那么这类刚烈女性选文则符合了"尚武"原则，尤其要注意的是表 1—4 中的烈女形象，大多是"不事二朝"者而不是"不事二夫"者。在太平军起义刚刚被镇压，晚清政府统治摇摇欲坠的情形下，这种"不事二朝"的"忠勇"是符合当时统治阶层意志的。晚清政府希望把广大民众变为顺从的臣民，时刻准备着投入与敌人的战斗，必要时把他们武装成一支强大的军队以抗击内外威胁。[1] 有感于近代中国积弱贫困，屡遭列强欺辱，众多晚清士人认为，国家练兵固然重要，更重要的是国人须弘扬尚武精神，而最令晚清志士倾心的是"杀身成仁"，是对"流血"的崇拜，对"牺牲"的渴望，因其必死的信念，在最后一击中体现（鉴赏）生命的辉煌。[2]

　　社会统治阶层的政治权力在课程法定中的运用主要表现在对课程计划、教学大纲及教科书的控制上，尤其是在教科书的编审上。教科书作为教师和学生进行知识授受的基本依据，在学校教育中具有无可替代的地位和多方面作用，从教科书的发展来看，正是由于它在教育过程中的重要地位，世界各国政府部门对于教科书均有严格的管理与控制。[3] 清末时期，由于当时社会的急剧变革，新式学堂的兴起，教科书问题成为清朝统治者的迫切问题。虽然他们希望沿用旧制度，控制教科书的发行，但一方面力不从心，另一方面迫于新教育的旺盛生命力，从而接受了教

---

[1]　［丹］曹诗弟：《文化县》，泥安儒译，山东大学出版社 2005 年版，第 48—49 页。

[2]　陈平原：《中国现代学术之建立》，北京大学出版社 1998 年版，第 284—292 页。

[3]　吴康宁：《课程社会学研究》，江苏教育出版社 2004 年版，第 367 页。

科书"审定制"。审定制的确立虽然在客观上促进了我国近代教科书及新教育的发展，但教科书评审无处不体现处于社会统治地位的阶层的利益与意志，尤其对于"忠君""尊孔"的封建教育宗旨却始终如一，审定制有助于清末统治者掌握教科书的走向，从而在当时的情况下有效地控制新式学堂的发展，光绪三十二年（1906）三月二十五日由清政府学部奉上谕公布了教育宗旨，即"忠君、尊孔、尚公、尚武、尚实"。学部在《奏请宣示教育宗旨折》中，阐明五项宗旨的重要性，"忠君""尊孔"是"中国政教之所固有，而亟宜发明以距异说者"；"尚公""尚武""尚实"则是"中国民质之所最缺，而亟宜箴砭以图振起者"。这五项教育宗旨的颁行，对于全国各级各类学堂的办学方向、课程设置、人才培养都起了导向作用，对于国文教科书的编写也不例外。

清时期的《中学堂用国文教科书》虽然是因为"由近及远"的原则把清朝文放在了教科书的最前面。但是该书开宗明义的第一篇是多尔衮的《睿亲王与明史可法书》。第一册中入选的曾国藩的《应诏陈言折》《敬陈圣德三端预防流弊折》是曾国藩在咸丰继位之初，为了挽回人心、渡过难关，下令开言路、求贤才的背景下上奏的，该奏折的入选不是因为指摘时弊、抨击腐败，而是因为这些奏折能够体现出曾国藩对清政府的忠心耿耿。

英国历史学家迈克尔·斯坦福指出："我们所知的往昔许多事件对事件相关人士而言，多属于尚未到来的事件。"[1] 也就是说，虽然教科书的出版时间 1908 年距离辛亥革命不远了，但是教科书编写者及当时的众人并不能先知先觉地意识到三四年后清政府的统治乃至整个封建帝制将成为历史。同样，商务印书馆同年出版的由林纾选编的《中学国文读本》第一、二册（清朝文），更是把大量曾国藩纪念湘军亡灵的作品，以来显示对当朝的忠、勇：《湖口县楚军水师昭忠祠记》《金陵军营官绅昭忠祠记》《金陵湘军陆师昭忠祠记》《金陵楚军水师昭忠祠记》《湘乡昭忠祠记》。林纾编的这两册教科书先于其他八册出版，光绪三十四年（1908）初版，至宣统三年（1911）八月即达七版，可见销量之大，再次表明当

---

① ［英］迈克尔·斯坦福：《历史研究导论》，刘世安译，世界图书出版公司 2012 年版，第 151—155 页。

时的社会主导阶层对怎样的选文青睐有加。

　　总之，清末政府通过严格的评审标准，力求教科书的编辑、出版和发行人员认同社会支配阶层的价值观念，在自觉与不自觉中赞成、遵守；通过权力的运作，排斥其他的价值观念，使其他价值无法在教育领域中立足，不能对社会未来成员产生影响；通过强制性权力，使得不符合标准的教科书不能出版发行和流通，预防和控制价值的失范，维护社会支配阶层价值的主导地位。清末商务版《中学堂用国文教科书》光绪三十四年（1908）九月初版，至宣统二年（1910）十一月已达五版，如此好的销量，除了该书的质量、出版商的智慧外，符合当时社会主导阶层的价值观念是必要条件，教科书中出现了大量咏赞因镇压太平天国起义失去生命的将士的选文；选入的女性题材选文既有慈母贤妻类，又有"烈妇"类，这些都是便于对未来的国家中坚（中学堂学生）进行伦理道德教化。

第三节　清末时期的现代中学国文考试

　　伴随着西学东渐，清末学校的考试科目也繁富起来，但一些科目的试题都和中国传统文化密切相关，考生的国文程度对他们的答题起着重要影响。如，1902 年 10 月京师大学堂师范馆首次招生，其《教育学大义策》题为："孔子言上智下愚不移，而孟子乃曰人皆可以为尧舜。其旨异同，盖举其大义以对。以教育学、伦理学、心理学为根据，试阐其理。"湖北自强学堂入学考试中的"外文"翻译试题为："译苏秦事迹一则、译孟尝君事略、译前出师表一节、译后出师表一节……"

　　由此可见，在当时如果国文程度不高，要想通过其他科目的考试也是不容易的。因为在清末时期，所有的私立学堂都由绅士——旧式读书人所办，大部分公立学堂也是由他们发起而开办的。绅士阶层基本上是反对政府废除科举的，因为他们曾经科举及第，从而在地方上享有种种特权，废除科举意味着他们曾经"理所当然"的合法性受到挑战，他们的特权也面临消失的危险。此外，他们的子弟也早已习惯准备参加科举考试，而科举的废除将会毁坏旧式绅士家庭所享有的和潜在的种种特权与荣誉。但清政府最终还是公布了废除科举的法令，旧式绅士们也随之机敏地停止了反抗，另辟举办学堂以保存延续他们特权的新出路，毕竟清末时期的新式学堂也授予毕业生进士、举人和生员的学衔。绅士家庭送其子弟入学，希望以此保持并延续他们的特权，因此他们非常支持开办学堂，甚至不惜自己花钱来自费筹办。我们还不能忽视的一点是，清末的新制度中尽可能地保留了旧东西。例如，由皇帝从高级官员中任命最后考试的总监，让他与学部大臣或督抚一起主持考试。然后对考试合格者授予功名。显然这一程序和以前的程序并无二致。"学堂"与科举考试仅仅一词而已。①

在这样的背景下，新的教育制度下的国文（包括古代名家散文及儒家经典）就不是和其他科目平肩并列的普通一科，仍然具有科举时代的"霸主"尊位。况且绅士们都是经过科举，并从中获得丰厚回报的，他们对于古文的感情及热恋，其他学科是无法比拟的，他们同样会期望自己的子女及其他可能跻身未来社会上层的人不能轻视国文科。张之洞在《劝学篇》中指出："今日时局，惟以激发忠爱、讲求富强，尊朝廷、卫社稷为第一义。执政以启沃上心、集思广益为事，言官以直言极谏为事，疆吏以足食足兵为事，将帅以明耻教战为事，军民以亲上死长为事，士林以通达时务为事。君臣同心，四民同力，则洙泗之传，神明之胄，其有赖乎。且夫管仲相桓公，匡天下，保国也，而孔子以为民到于今受其赐。孟子守王道，待后学，保教也，而汲汲焉忧梁国之危，望齐宣之王，谋齐民之安。然则舍保国之外，安有所谓保教、保种之术哉？今日颇有忧时之士，或仅以尊崇孔学为保教计，或仅以合群动众为保种计，而于国、教、种安危与共之义忽焉。《传》曰：'皮之不存，毛将安傅？'孟子曰：'能治其国家，谁敢侮之。'此之谓也。"② 这表明，当时的社会上层人士普遍认为新式教育首先要传授中国传统的经史之学，因为它们是一切学问的基础，要放在率先的地位，然后再学习西学中有用的东西，以补中学的不足。清末时期的招生考试章程更是鲜明地表现了国文学科的重要地位。

---

① 费正清等：《剑桥中国晚清史（1800—1911）》（下卷），中国社会科学出版社 1985 年版，第 373 页。

② 张之洞：《劝学篇》，上海书店出版社 2002 年版，第 5 页。

一　新式学堂招生对国文的要求

晚清时期,新式学堂不断涌现,包括一些专门学习外国语言文字、西方科技的专业学堂,值得注意的是,这些新式学堂不但没有忽视国文科,反而在入学考试时格外突出对国文的重视,见表1—5。

表1—5　　　　清末时期各级学堂招生考试中对国文的要求

学校名称	招生考试要求摘编
同文馆	馆中延订近郡品学兼优绅士一人为总教习,举贡生员四人为分教习,分经学、史学、算学、词章为四类,而以讲明性理教行立品为之纲。西语之暇,仍以正学为本
湖北自强学堂	自强学堂以一百二十名为额,分习英法德俄四国语言文字。学生必以华文为根底,以圣道为准绳。儒书既通,则指授西文,亦可收事半功倍之效。此次挑取学生,非华文精通义理明白,根基已立者,断不收录 先同华文,先读儒书,义理明通,志趣端正,方能入选
广东实学馆	选材分两途:试以文艺,或作起讲破承题,或作诗,选其清通者为一途。往香港选其曾通洋书数年者为一途①
时务学堂	本学堂所广之学,分为两种:一曰溥通学;二曰专门学。溥通学,凡学生人人皆当通习。溥通学条目有四:经学、诸子学、公理学、中外史志及格算诸学之粗浅者。 学生入学后要研习"中学",具体包括《四子书》《左传》《国策》《通鉴》《小学》《五礼通考》《圣武记》《湘军志》、各种报及时务诸书,由中文教习逐日讲传。 对年稍长者的入学试题举例:"黄老之学最为误国试申论之;孟子恶乡愿论。"
唐山路矿学堂	第一场考试国文、历史策论一篇,地理策论一篇,明确规定"不满三百字者不阅"
江阴文科高等学校	《中国文学》为入学考试必考科目
青岛特别高等专门学堂	学生毕业时一律考试《中国经学文学》

① 对于第二途,由于担心其汉文不通,把关甚严,笔者注。

从表1—5可以看出，清末时期，包括路矿类、外语类学堂在内的新式学堂都格外重视新生的国文程度，国文科成为必考科目，入学之后依然是重要的学习科目。

二 出国留学考试中的国文程度要求

清末时期的出国留学选拔考试，也没有忽略国文的程度。宣统元年（1909）六月初三日《游美学生考试录取办法》规定，国文为第一场考试。宣统二年（1910）三月初六日考试的第一科为《中文论说》。清华学校招生明确要求"须国文通达"，赴美留学生要"国文素有根柢，已合中学堂毕业程度者"，也要考"中文论说"一科。[①]

小 结

清末时，面对内忧外患，"教育救国"思想盛行，清政府也不得不实行"新政"，建立新式学堂，随后又颁布了《奏定学堂章程》规范全国办学秩序。不久，又颁布法令废除了科举制度。然而，封建王朝不可能自己推翻自己的统治，新制度中存在许多旧东西，或者说旧东西依然未变，只是被罩上了华丽的外衣。清末中学保留着旧时的科举功名，能够进入中学堂的人多来自社会上层。

虽然实现了分科设学的构想，但在清末"中学为体，西学为用"的大背景下，国文一科和其他科目的地位不是平等的，它承担着意识形态支配阶层太多的期待。所以，各级各类学堂升学考试、出国留学等，国文科都是必考、必学科目。

该时期中学国文教科书选文被赋予的道德教育功能，远远大于它同时承载的文学艺术审美功能。所以，选文以传统古代散文为主，且绝大多数都是古代应用文，这契合了清末社会主导阶层对未来封建王朝"栋梁"的要求；教科书选文以表现社会领域内容为主，引起国家未来官吏对国家、社会的思考，乃至影响他们今后的言行；教科书选文中的人物

---

① 朱有瓛主编：《中国近代学制史料（第三辑上册）》，华东师范大学出版社1990年版，第543页。

以男性、文官为主，为数不多的女性题材选文，既有慈母贤妻，也不乏贞女烈妇，都有着浓厚的道理伦理教育色彩。

　　但是，历史的车轮是向前的，在任何时代、任何社会里都存在着改革；任何社会、任何时代都是在改革中得以前进、得以发展的，这是人类社会永恒的话题。晚清时期的中国所面临的确实是"数千年未有之大变局"，民族危机日益加重，社会危象一再显现，传统的社会制度在危机面前破绽百出，捉襟见肘，陷入难以应付的窘境。晚清政府实行的一次次"变法""新政"，并不能挽救其走向灭亡的历史必然。不久即将到来的帝制推翻，中学国文教科书中的选文也会随之一变。

第 二 章

审美渐显　关注情感（1912—1919 年）

诗歌者，古人所以涵养性情，宣导血气，不仅作文字美术品观也。故兹编所辑，略择著名之诗歌附焉。有篇幅短而词义浅，足以起学人之情兴者，又多先录于编。

——刘法曾等：《中华中学国文教科书·编辑大意》

独令学生感受文字之兴味，不可不求其充分，故所选录之文，无论深浅，力避干燥无味之弊。

诗亦韵文之一，间列一二，且非独助美术，供吟诵而已。古人所谓涵养性情宣导血气，端在乎诗？其裨益良非浅鲜。

——许国英：《中学校用共和国教科书国文读本·编辑大意》

诗者，韵文之一，其起先于无韵，虽分流已久，而察其组织犹深相出入。陶冶性情，又匪是莫赖倚声乐曲。则诗之流，虽勿责校生仿制，要不得不闲事诵习。

——刘宗向：《中等学校国文读本·叙例》

文章优劣，自不得不以文学上之价值定之。凡文章有形式之美，有内容之美，形式之美在辞藻，内容之美在义理。首二册固以二者并重；第三册尤会形式之繁变；第四册期极内容之大观。庶符智德兼启之方，以冀文质并茂之效。

——谢蒙：《中学校适用新制国文教本·编辑大意》

第一节 民国初期现代中学国文教育的政策性规定

一 民国初期现代中学规范化发展的制度保证

1911 年辛亥革命成功，南京临时政府成立，民国元年（1912）1 月 9 日设教育部于南京（3 月迁至北京），蔡元培被任命为教育总长。民国教育部为适应新的政体需要，于 1912 年 1 月 19 日颁布了《普通教育暂行办法》，其中规定："从前各项学堂，均改称为学校。监督、堂长，应一律通称校长。""小学读经科，一律废止。""中学校、初级师范学校，均改为四年毕业。""废止旧时奖励出身。初、高等小学毕业者，称初、高等小学毕业生；中学校、师范学校毕业者，称中学校及师范学校毕业生。"①这表明，随着封建帝制的推翻，与"民主共和"体制相适应的新教育体系也开始构建。

1912 年 9 月 28 日，教育部公布了《中学校令》：

第一条 中学校以完足普通教育，造成健全国民为宗旨。

第三条 中学校定为省立，由省行政长官规定地点及校数，报告教育总长。教育总长认为必要时，得命名各省增设中学校。

第七条 中学校之设立、变更、废止，须经教育总长认可。

第十二条 中学教员以经检定委员会认为合格者充之。②

从以上条目中可以看出，教育部对民初中学的宗旨、设立、行政管理、教员任教资格等，都做了明确的规范和说明。而中学校的设立、变更都须经教育总长认可，也表明中学（即使设在各省）在整个国民体系中居于重要的地位。

随后，教育行政部门又陆续出台了系列规章制度，从而进一步规范

---

① 《临时政府公报》第四号，载朱有瓛主编《中国近代学制史料（第三辑上册）》，华东师范大学出版社 1990 年版，第 1—2 页。

② 中国第二历史档案馆：《中华民国史档案资料汇编 第三辑 教育》，江苏古籍出版社1991 年版，第 282 页。

了中学校的发展。1912 年 12 月 2 日，颁布了《中学校令施行规则》，其中的第四十二条对中学校的入学资格进行了规定："中学校入学资格，须在高等小学毕业及与有同等学力者。如具有第一项第一条资格者超过定额时，应行入学试验，其试验科目为国文、算术二科。凡具有第一项第二种资格者，必须行入学试验，其试验科目为国文、算术、历史、地理、理科等，以高等小学校毕业程度为准。"[1] 1917 年 3 月 28 日，《教育部通咨各省限制中等学校招生资格》："中学为普通学校与专门学校枢纽，此时根基不固，毕业以后，影响于将来人才教育前途固大。""查教育部令有高等专门各学校招收新生时，未经中学及中学同等学校毕业之学生，不得逾定额十分之二之规定"，"现在各省高等小学毕业之学生为数渐多，供可给求，以前中学招收困难之问题，业经解决，拟即比照高等专门学校招生办法，略加限制。凡中等学校招生新生未经高等小学及高小同等学校毕业之学生，不得逾定额十分之二。而此十分之二之学生，尤比从严取录，庶可稍杜滥收之弊"。[2]

在一系列制度的保证下，民国初期的中学得到了一定发展，中学校数、教职员人数、学生人数及经费等都有了较快增长，尤其在校女学生的数量也在持续增长。

二　民国初期课程文件对中学国文教育的规定与要求

1912 年，民国政府教育部公布了国文要旨，以与"完足普通教育，造成健全国民"[3] 的中学校宗旨相适应：

> 国文要旨在通解普通语言文字，能自由发表思想，并使略解高深文字，涵养文学之兴趣，兼以启发智德；
> 国文首宜授以近世文，兼及于近古文，并文字源流、文法要略

---

① 《中学校令施行规则》，《政府公报》1912 年第二百十七号（十二月初四日）。

② 《大事记：教育部通咨各省限制中等学校招生资格》，《教育杂志》1917 年第九卷第五号。

③ 《教育部公布中学校令（1912 年 9 月 28 日）》，《中华民国史档案资料汇编　第三辑　教育》，江苏古籍出版社 1991 年版，第 282 页。

及文学史之大概，使作实用简易之文，兼课习字。①

"通解普通语言文字"，表明民国初年课程设计者中学教育大众化的理想；"略解高深文字"，又是为中学生修业期满升入高一级学校打基础；"涵养文学之兴趣"则表明国文学科的进一步独立，而曾经被赋予的道德教化等功能，要逐渐被修身等科目承担；"近世文""古文"的区分，则表明希望教科书选文突破"文非秦汉不读也"的狭隘认识。

1913 年 3 月，教育部又公布了中学校课程标准，对国文科的具体教学内容作了如下规定，见表2—1：

表2—1　　1913 年《中学校课程标准》规定的国文科教学内容②

学年	每周课时数	教学内容
一	七	讲读；作文；习字（楷书、行书）
二	男七；女六	讲读；作文；文字源流；习字（同前学年）
三	五	讲读；作文；文法要略；习字（同前学年）
四	五	讲读；作文；文法要略；中国文学史；习字（行书、草书）

从表2—1 中可以看出，民初时期中学国文课程，除了讲读、作文外，还包括文字源流、文法要略、中国文学史、习字等教学内容。

1913 年《中学校课程标准》规定的中学阶段各科目及周课时数见表2—2：

表2—2　　民初《中学课程标准》规定的课程设置及周课时数简表

科目	第一学年	第二学年	第三学年	第四学年
修身	1	1	1	1
国文	7	男 7 女 6	5	5

---

① 《中学校令施行规则》，《政府公报》1912 年第二百十七号（十二月初四日）。

② 《教育部公布中学校课程标准令（1913 年 3 月 9 日）》，《中华民国史档案资料汇编　第三辑　教育》，江苏古籍出版社 1991 年版，第 284 页。

续表

科目	第一学年	第二学年	第三学年	第四学年
外国语	男 7 女 6	男 8 女 6	男 8 女 6	男 8 女 6
历史	2	2	2	2
地理	2	2	2	2
数学	男 5 女 4	男 5 女 4	男 5 女 3	男 4 女 3
博物	3	3	2	
物理化学			4	4
法制经济				2
图画	1	1	1	男 2 女 1
手工	1	1	1	1
家事园艺		女 2	女 2	女 2
缝纫	女 2	女 2	女 2	女 2
乐歌	1	1	1	1
体操	男 3 女 2	男 3 女 2	男 3 女 2	男 3 女 2
合计	男 33 女 32	男 34 女 33	男 35 女 34	男 35 女 34

从表 2—2 可以发现，在课时量上，国文失去了"第一"的位置。但在实际教学中，国文的"老大"位置依然没有撼动，因为民初时期，师范教育的发展远远不能满足社会需要，据统计，至 1918 年，以培养中学校教师为主的高等师范学校有七所，在校学生数为 2402 人，毕业学生数为 377 人。[①] 民初各级学校缺乏合格的教师，暂时只能由旧时读书人——清朝的举人、秀才充当，而外语师资尤其匮乏，各地各校之间教学水平、教学效果差异甚大，外语课的教学很难落到实处。

---

① 谢长法：《清末民初中学的发展及其师资培养》，《焦作教育学院学报》2001 年第 2 期。

第二节　民初时期的现代中学国文教科书

一　重订清末时期的中学国文教科书

民国成立后，虽然很快出台了系列教育法令，但是"合乎共和民国宗旨"的教科书不是在短时间可以轻易编制出来的，而各级学校的教学活动又不能因此而停止。作为过渡，清末时期的一些教科书还被允许使用，但需要修订再版，民国教育部规定："凡民间通行之教科书，其中如有尊崇满清朝廷，及旧时官制、军制等课，并避讳抬头字样，应由各该书局自行修改，呈送样本于本部及本省民政司、教育总会存查。如学校教员遇有教科书中不合共和宗旨者，可随时删改，亦可指出呈请民政司或教育部通知该书局改正。"① 在这种背景下，清末时期由商务印书馆出版的两套中学国文教科书，经许国英重订后再版发行。重订本和清末原版的选文编排发生了一些变化，见表2—3：

表 2—3　　　　民初重订本与清末原版教科书选文编排对照表

学年	册别	中学国文教科书		册别	中学国文读本	
		原版	重订版		原版	重订版
一	1	清朝文	明清文	1	清文	清文
				2		元明文
二	2	金元明文	五代宋金元文	3	元明文	宋文
				4	宋文	
三	3	五代宋文	晋及唐文	5		唐文
				6	唐文	
四	4	晋及唐文	周秦汉魏文	7		六朝文
				8	六朝文	周秦汉魏文
五	5	周秦汉魏文		9	周秦汉魏文	
				10		

① 《临时政府公报》第四号，载朱有瓛主编：《中国近代学制史料（第三辑上册）》，华东师范大学出版社 1990 年版，第1—2 页。

从表 2—3 中可以发现，由于清末学制中学修业五年，而民国中学改为了四年，所以由原来的五册（或十册）变成了四册（或八册）。

由于要体现"共和宗旨"，反对"尊崇满清朝廷"，重订教科书不能是简单的改装，最明显的变化是重订版教科书大量删除了清代选文，尤其是曾国藩的奏折及纪念因镇压太平军而阵亡的将士的碑祭文，如《中学国文教科书》中的《应诏陈言摺》《敬陈圣德三端预防流弊摺》《复贺耦魏庚中丞书》《江忠烈公神道碑铭》《李忠武公神道碑铭》《台洲墓表》《林君殉难碑记》《何君殉难碑记》；《中学国文读本》中的《江忠烈公神道碑铭》《罗忠节公神道碑铭》《李忠武公神道碑铭》《李勇毅公神道碑铭》《季弟事恒墓志铭》《湖口县楚军水师昭忠祠记》《金陵军营官绅昭忠祠记》《金陵湘军陆师昭忠祠记》《金陵楚军水师昭忠祠记》《湘乡昭忠祠记》。

重订本教科书在民初得到了官方的认可。如《重订中学国文读本》在第一册封底，刊登了《教育部批词》："是选不拘古文宗派，由清明上溯，以至汉秦历代之文，皆备涯略，采录精审，其评语亦能抉发微隐，要言不烦，盖评选者本文学钜子，自与坊间选本有高下之别。"两套重订本教科书也得到了广大师生的认可，在民初时期依然畅销，以致多次再版，笔者所见到的《重订中学国文教科书》1913 年 3 月为 8 版，1914 年 2 月则为 10 版；《重订中学国文读本》1913 年 3 月 14 日 6 版，1914 年 3 月 10 版，1915 年 11 月 13 日 11 版。

二　民初时期新编现代中学国文教科书

虽然清末重订本教科书得到了官方和师生的认可，但时代的进步与形势的发展，呼唤着新教科书的出现。特别是曾在商务印书馆任出版部主任的陆费于 1912 年 1 月 1 日创立了中华书局，以编印新式中小学教科书为主要业务，提出"教科书革命"和"完全华商自办"的口号，与商务印书馆竞争，其率先编辑出版了《中华教科书》，迅速抢占了大部分教科书市场。面对竞争对手的强劲势头，商务印书馆不能守着重订本高枕无忧，迅速作出反应，着手编辑出版了《共和国教科书》。从此，中华书局和商务印书馆成为我国 20 世纪上半叶教科书阵地里两座比肩耸立的高峰。民初时期新编辑出版的中学国文教科书主要有以下几部（见表 2—4）：

表 2—4 　　　　　民初时期新编辑出版中学国文教科书概况

教科书名	初版年	编者	出版社	册别
《中华中学国文教科书》	1912	刘法曾等	中华书局	4
《中学校用共和国教科书国文读本》	1913	许国英	商务印书馆	4
《中学校适用新制国文教本》	1914	谢蒙	中华书局	4
《中等学校国文读本》	1914	刘宗向	宏文图书社	4

1. 《中华中学国文教科书》

该书是中华书局《中华教科书》系列的中学国文科用书。编者在"编辑大意"中分析总结了以前国文教科书选文编排的两大形式："或分朝而由后溯前"，"或分体而各从其类"。两者各有优缺点，"分体者，意取连类，藉便参观，然同一文体而义蕴之精粗异，文辞之深浅殊，其中固万难统一"；"分朝者，意在沿流溯源，用资进步，然秦汉以前不少简单之作，宋明而后亦多繁复之篇，强事区分，仍无当耳"。所以编者力图两者兼之，"斟酌深浅，编纂该书"，即在每一册都按照时代顺序甄录，即由先秦到清的顺序编排选文；而同一朝代之文，第一册浅易，后面几册依次递深，如先秦文；第一、二册多选《左传》《战国策》之文，而第三、四册则多选《周易》《尚书》之文。

《中华中学国文教科书》四册书中，第一册选文 185 篇，其中散文 132 篇，诗歌 53 首；第二册 141 篇，其中散文 90 篇，诗歌 51 首；第三册 142 篇，其中散文 86 篇，诗歌 56 首；第四册 135 篇，其中散文 90 篇，诗歌 45 首。从朝代上来看，先秦作品 86 篇（散文 68 篇，诗歌 18 首）；汉代 75 篇（散文 45 篇，诗歌 30 首）；魏晋南北朝 82 篇（散文 42 篇，诗歌 40 首）；隋唐 121 篇（散文 24 篇，诗歌 51 首）；宋金元 69 篇（散文 47 篇，诗歌 22 首）；明代 26 篇（散文 21 篇，诗歌 5 首）；清代 144 篇（散文 105 篇，诗歌 39 首）。[1]

该书突破了清末教科书古文独尊的格局，大量选入了诗歌。编者认

---

① 该教科书中有些以组篇方式的章节，在统计时具体到单篇，如《苏武诗四首》，计为 4；《休洗江二章》，计为 2。

为"诗歌者,古人所以涵养性情,宣导血气,不仅作文字美术作品观也",所以"略择著名之诗歌附焉","大率先近体,而后古风。取其声律和顺,易学易解,其在三代以下六朝之前之古诗,有篇幅短而词义浅,足以起学人之情兴者"。同时,还把庄子等人作品选入,"庄列申韩诸子,自成一家学说,文章亦皆卓然自立。爰辑其饶有古趣而不过于聱牙诘屈者著于篇"。① 从这些语句当中的"性情""情兴""古趣"字眼,可以看出民初中学国文教科书开始关注学习主题的个性、趣味,注意选取具有审美艺术性的选文。最后民国成立最先编辑出版的中学国文教科书,其编辑思想、编排体例等肯定会给随后的教科书编写者以新的启示。

2.《中学校用共和国教科书国文读本》

两套清末商务印书馆版中学国文教科书的重订者许国英,于 1913 年编纂了《中学校用共和国教科书国文读本》四册,由商务印书馆出版。该书的广告语道:"中学校生徒既毕业于高等小学,则其国文程度宜于普通文字之外,兼涵养其文学上兴趣,自非借径于选文不为功,顾坊间所刊之选本,或沿旧日姚氏之例,或以朝代为断,均不合于教育原理,况古代文字,多有与现在时势不合者,则选录诚非易言也。惟是书能以教育眼光,斟酌分量,既不泥于时代之升降,亦不囿于门类之分别,由近世以及近古、远古,上溯汉唐以及周秦时代,文体亦具备。而所甄录之文,尤能照顾现在时势去取,具见苦心。虽同为选本,而恰合于教科之用。此则近日流行中学国文读本中所创见者也。"② 其中提到中学国文教育的目标是"宜于普通文字之外,兼涵养其文学上兴趣",所以该书力求克服旧时选本"或沿旧日姚氏之例,或以朝代为断"的缺点,力求"以教育眼光,斟酌分量"。

该书"编辑大意"中指出,选文的原则不受时代、派别的局限,"独令学生感受文字之兴味","故所选录之文,无论浅深,力避干燥无味之弊"。这表明该书也把受教育者(中学生)的兴趣爱好作为选文的重要依据,正所谓"眼中有学生"。四册书中共 239 课 266 篇选文,其中第一册为宋代至清代作品,共 57 课 59 篇作品(散文 54 篇,诗歌 5 首);第二册

---

① 《中华中学国文教科书·编辑大意》。
② 《重订中学国文读本》第七册封底。

为唐至明代，共60课64篇（散文57篇，诗歌7首）；第三册为秦汉至明代，共56课63篇（散文51篇，诗歌12首）；第四册为先秦两汉作品，共66课80篇（散文59篇，诗歌21首）。

1914年2月，该教科书配套使用的《国文读本评注》四册也由商务印书馆出版。《国文读本评注》"参合教授书与参考书两例成之，足为教者及学者减省脑力、日力之助"，"凡文字内容，无论论事记事及引用关系之典故、作者之姓氏爵里，全书之义例起讫，兹具详加参考，梳栉缀次，要使教者与学者获事半功倍之效"，"注释不惮讲求音声，搜罗故训，又时采新说，变通而融会之，期增进学者之思辨力"。该书出版后，受到社会各界的广泛认可。教育部的审定批语为"查核各评语，详要浅显，颇合中学校教授之用，亦明核精审"。1917年清华中等科招生简章中，把《共和国教科书国文读本评注》列为国文科的考试参考书。[①] 该书多次再版，长期畅销，以笔者所见为例，1917年4月9版，1924年11月23版，1925年4月27版，1927年7月40版。

3.《中学校适用新制国文教本》

随着民国初社会形势的变化发展，中华书局逐渐意识到，"本局前出中华中学教科书出版已逾三载，按之目前趋势，不无稍有出入"，于是"特延专家另编新制各科教本"。新制中学各科教本"已蒙教育部陆续审定，并承海内学界纷纷评奖，许为最新最良第一适用之书"，[②] 其中由谢蒙编辑的《中学校适用新制国文教本》于1914年出版。

该书四册，第一册选近世至宋之文；第二册选近世至唐之文；第三册选近世至汉之文；第四册选宋唐至三代之文。该书"编辑大意"中说，选文"皆由后世渐及于古，期于部令相符，亦使学者收循序渐进之益"，"每册既由时代递推，复于册中各分深浅。第一册多史论及记事之文，使学者习于近世适用文体，能自由发表其思想；至二、三、四册，则由浅入深，使渐理解高深文字，以涵养其文学之兴趣"。从中可以看出，教科书编者已经开始把教科书选文分成两大类：应用类（"使学者习于近世适

---

① 朱有瓛主编：《中国近代学制史料（第三辑上册）》，华东师范大学出版社1990年版，第568页。

② 《中学校适用新制国文教本》第三册封底广告。

用文体，能自由发表其思想"）、文学类（"使渐理解高深文字，以涵养其文学之兴趣"）。文学类是"高深文字"，能"涵养兴趣"，而且四册中有三册是高深的、可以涵养兴趣的，表明该书注重培养中学生的文学审美鉴赏力，并对他们进行审美情感陶冶。"编辑大意"接着提到，"文章之优劣，自不得不以文学上之价值定之。凡文章有形式之美，有内容之美，形式之美在辞藻，内容之美在义理。首二册固以二者并重；第三册尤会形式之繁变；第四册期极内容之大观。庶符智德兼启之方，以冀文质并茂之效"。这又表明，选文之"美"要文质并重，要能启"智德"，还是要体现道德教育价值。这是不难理解的，因为这是中学生教学用书，不是文学青年的练笔范本，强调审美的同时还是不能忽略蕴于其中的道德教育价值的。如对于第一册的论说文，教科书评道"涤生《五箴》，则趋向可得而正也；次之以望溪之《原过》、牧心之《名说》，以达修身成名之要；而南雷《原君》，颇明古之所以为国家之义，成人者所宜知矣"。

该书编者认为文体知识教育还是非常必要的，"近时选本，每有次序凌杂之弊。如，今日读一论，明日复传授一序，则学者苦于不能骤明体制之要"，所以，"兹选仍以文学上之分类，略以体制为次，庶几先后相承，得以辨文章之流别"。该套教科书四册共选文 308 篇，第一册 98 篇，其中论著之属 18 篇，序录之属 14 篇，书牍之属 11 篇，传志之属 25 篇，杂记之属 30 篇；第二册 75 篇，其中论著 15 篇，序录 6 篇，书牍 7 篇，赠序 11 篇，碑传 19 篇，杂记 12 篇，杂文 5 篇；第三册 73 篇，其中论著 15 篇，序录 11 篇，书牍 22 篇，碑碣 14 篇，杂记 7 篇，杂文 4 篇；第四册 62 篇，其中论著 9 篇，序录 8 篇，书教 16 篇，碑刻 4 篇，铭颂 5 篇，杂记 5 篇，纪事 6 篇，诗赋 9 篇。每册书中，虽然把同一文体的选文编排在一起，但与旧时教科书不同的是，该书在每册的《目录》中，结合具体选文简洁明晰地介绍了文体的源流变迁，如第四册的 9 篇论著之属为《周敦颐·太极图说》《韩愈·原道》《葛洪·诘鲍》《韩非子·说难》《荀子·劝学篇》《庄子·天下》《孟子·齐桓晋文之事章》《论语·季氏将伐颛臾》《尚书·洪范》，《目录》中解说道："古之立言者，直说曰言，论难曰语。世称群论立名，肇自《论语》，述经叙理，是其用也，精微朗畅，是其体也。盖上圣立言，固莫不为论，而后人尊之曰经。《尚书·洪范》，尤先发于论难矣，诸子书皆论之余流也。夫孟荀本儒术尚已，至于百家各因所明立论。录庄周韩非二家，以见其端。后世有若葛洪之诘鲍、韩愈之原道、周敦颐之太极图说，又善契述经之谊者也。"这其实是国文教科书中，把文体知识与选文融为一体的尝试，即阅读选文的同时，顺便讲解其文体，体现选文的教学功能，而不是因文而学文；同时，把文体知识的点点滴滴融入一篇篇选文中，有了具体的例子，抽象的知识便于中学生理解，胜过再单独编纂一部文体、语法知识教科书。

1915 年与之配套使用的《新制国文教本评注》也编辑出版。由于编排精心，各具特色，中华书局版《新制国文教本》和商务印书馆版《共和国国文读本》成为民初时期影响最大的两套中学国文教科书，至 20 世纪 30 年代依然通行。①

4.《中等学校国文读本》

1914 年年初，方维夏、杨昌济、黎锦熙、徐特立、曾运乾等在长沙创办宏文图书社，图书社的主要任务是编辑共和国中小学各科教科书和翻译东西著述。② 由刘宗向编辑，黎锦熙、刘翰良参订的《中等学校国文读本》，于 1914 年 4 月在该社出版。

教科书编者认为在校学生"心力逐年以长，浅深单复宜有次序"，但并不赞同清末教科书编者"近文单浅，愈古则愈深复"的观点，又不能违背教育部明文规定的"先读近世文，渐及近古"之原则。于是在"叙例"中阐明了该书对于"近代文""古代文"的理解，"姑目宋以下为近代文，以往为古代"。四册书中，第一册选文 242 篇，其中古代文 125 篇，"博取经传语策诸子百家，上自隆古，下逮魏晋，皆记叙短篇，既兴趣浓深、领解甚易，又于古代群籍有尝鼎一脔之乐"，还有"励行明史"之近代文 81 篇、近代诗歌词曲 36 篇；第二册 151 篇，其中清文 31 篇，唐文 19 篇，宋元明文 15 篇，近体诗 66 首，词 20 首；第三册 94 篇，其中后汉三国两晋南北朝文 21 篇，西汉文 16 篇，《史记》《汉书》节抄 10 篇，古体诗 47 首；第四册 63 篇，其中尚书左传

① 黎锦熙：《三十年来中等学校国文选本书目提要》，《师大月刊》1932 年第 2 期。
② 郭平兴：《近代早期（1840—1919）湖南图书出版业研究》，湖南师范大学硕士研究生学位论文，2007 年；余习惠：《"五四"时期湖南〈大公报〉副刊研究》，湖南师范大学硕士研究生学位论文，2007 年。

国语国策文 10 篇，周易尔雅公羊穀梁周礼礼记文 22 篇，晚周诸子文 14 篇，秦文 4 篇，诗经楚辞文 10 篇，古代文附录 3 篇。[①] 从书中可以看出，选文的分类更细，如诗、词并列，史、文并列，经、文并列等；选文的范围也扩大很多，有《小学校学生相和歌》（五首），有神话传说（节自《穆天子传》的《西王母》），甚至还有佛经节选（《手书召世尊》《报波罗奈国金色女书》）。

教科书编者认为国文的盛衰与国家、民族的盛衰密不可分，"夫立国赖学，而文为之枢"，"明史立文之本也，国人明史，则亡灭之难，虽亡，有复机"，"夫文章良楛略与民族盛衰为比例，隆古而还，魏晋以往，文运历久不替，正诸夏之扬厉也。自五胡云扰，渐以不振。及南北末叶，淫靡之辞遂作。唐兴久之，元刘韩柳诸家相踵以起。虽宋法渐开，而先则未坠，赵宋有国，惴惴辽夏，时则欧苏王曾，义局于儒，言辞疏于节制，两汉典型，去之日远。金元入主，斯文几绝。明一兴而不昌，王李返古未遂。迄惟清世朴学，雅文相翼以起，斯为特列。然自谫陋之士，科举之徒，姑便宋文易于成幅，八家不伦之称义法自尊之说，苟有秉笔奉为神明，宿义陈词，前篇一律。汪（中）李（洛兆）之徒，力欲返古，众寡强弱，卒相悬殊。考其风习，知清文之犹未大盛也。夫是二者，消息之原，诚难妄揣，然苟详观盛世之文，自明衰之不足绍，盛衰既辨，黜伸有则矣"。

教科书编者在"叙例"中多次提到中学生、小学生的区别，突出中学在整个三段制教育体系中的特点："中等教育殊于小学，不专重利导，其于国文则尤贵强注，俟其贯通也"；"况中等校生，皆自高等小学，其于短札，岂不略习，长年授此，徒启厌倦"；"中学初年，科目较简，幸足专力治文，急宜传以古泽，惟繁复之篇，在所避忌"；"男女中学、师范及中等工业商业皆同等之校，其于国文，仅每年时数多寡略异，本书虽为中学编辑，然他校皆可通用，如或时数不足，可择授之……"可见，小学、中学、大学的学校体系概念已经深入人心，而教科书编者也开始对各学段的衔接、各学段学生的心理特点进行探讨。

---

① 统计中的"古体诗""词""古代文""秦文"等项目名称，似有重复和交叉，但教科书原标题即是如此。为尊重原教科书，以便管窥其分类标准，保持了教科书自身的项目名称。

值得一提的是，该书"叙例"中还多次提到中国与西方国家在国文（国家通用语言文字）教育方面的异同："神州学术之绌，端在正名辨物，孙卿墨翟比于亚里斯多德矣"；"欧洲民性富于树立，故政趋共和而文多社会之作，吾民之性毗于倚怙，故政尚一王而文多国故之作，多社会之作者人勤于事业，多国故之文者士化于虚荣"；"诗之流，虽勿责校生仿制，要不得不闲事诵习，欧西读本均有诗歌"。从中不难发现，在现代教育学习借鉴外国方面，已经产生了由清末时期学习日本到学习欧美的转变倾向。而历史证明已经证明，距离宏文图书社《国文读本》编辑出版还不足十年的时候，伴随着大量游学欧美的年轻人回到祖国，终于促成了"美式"新学制。

三　现代中学国文知识教科书

1912 年颁布的《中学校令施行规则》及 1913 年《中学校课程标准》规定中学国文科的教学内容包括文字源流、文法要略、文学史、作文、习字。商务版《国文读本·编辑大意》中提到，"国文每周七时（一二年）及五时（三四年），除作文、习字、文法、文学史等子目外，讲读系每周三时及二时计"，这表明国文知识是需要专门的课时单独讲解，和讲读课文没有融合。同样，宏文图书社版《国文读本》还在"叙例"中设计了课程表（见图 2—1）：

所以，民初时期一些出版社还编辑出版了用于国文知识及作文教学的教科书。如图 2—2 中的《国文讲义》就是宏文图书社编辑的把文字源流、文法要略、文学史"一取简约，于三者合为一册"的国文知识教科书。

文法教科书主要有商务印书馆出版的《国文典》《中等国文典》。《中等国文典》由章士钊编于 1907 年，民国成立后又再版发行，共一册，包括名词、代名词等九章。《国文典》，戴克敦编，1912 年 12 月由商务印书馆出版。该书共一册，分上、下两编，上编是词性篇，包括名词、代名词、动词、形容词、状词、介词、接续词、助词、叹词九章；下编是修词篇，包括句读、篇章、章法、篇法四章。教育部对该二书的审定批词为"吾国向无文法专书，初等作文苦无标准，该二书本之西洋文法规律，而纯以国文风味出之，征引详审，解说明晰，绝无牵强晦涩之弊。

時間	月	火	水	木	金	土
九至十		國文本読		國文本読		
十至十一		國文本読		國文講読		
十一至十二				國文聴考		
十二至一		國文字習				
一至二						
二至三						
三至四					國文作敬	

图 2—1　民初时期国文课程表举例

其《国文典》一书兼论修词,尤足以资深造"。《国文典》至 1919 年 10 月 9 版,《中等国文典》至 1925 年 12 版。

文学史教科书。上海会文堂书局出版的《中国文学指南》二册,"泛稽往籍,上起三代,下迄明季,其间圣哲贤人鸿生钜儒之所评论凡有涉及文学而可供后生之探讨者,则缀而录之"。该书本于 1911 年 3 月就出版了,民国后仍受各学校欢迎,至 1925 年 3 月已达 48 版。商务印书馆于 1914 年出版了王梦曾编制、蒋维乔校订的《中学校用共和国教科书中国文学史》,该书"准诸文学变迁之大势划分为四编",即孕育时代、词胜时代、理胜时代、词理两派并胜时代,"凡遇变迁之际,皆援证分明,俾使教者便于指授,学者易于领会";编辑方法"以文为主体,史学、小说、诗词歌曲等为附庸文字,写文章之源,亦著其变革,其他经学理学等只旁及焉";态度严谨,"凡文章诗词歌曲之源流悉博核精稽著之"。该书由于是专门为共和国中学量身打造，"本书恪遵部定中学章程，编纂以供中学校学生之用，部定中学章程中学第四年国文科兼授中国文学史，每周约占一时，本书共两万余言，以全年四十周计，每周约授五百言，足供一年之用"，该书迅速通过了教育部的审定，教育部审定批词为"教科书简括得要，于学者教者皆足资研究"。该书出版后，大受欢迎，至1923 年已经达 17 版，1924 年 18 版。

作文教科书。如 1912 年上海会文堂书局出版的由蔡锷编著的《中等新论说文范》分为四卷，每卷八十篇，每篇自四百字起递相衔接至八百字止，末数篇较为展长，皆是"畅达之作，便于模仿"，能令读者"神会辞来，自由滔滔不尽之致"；有"记叙文，说明文，通讯文，雄辩文"，立论以"发明道德，讨论政治为主，凡有关一身一家一国之大道皆包含其中，青年学生读之，能令爱身爱家爱国之思想油然而生"。从该书封底的广告来看，该书局还编辑出版了《国文新范》《论说范本初集》（四册)、《论说范本二集》（四册），广告语曰"学校必需，考试必读"。

四 民初时期现代中学国文教科书编排的进步

（一）编排体系的科学化追求

民国成立后，由于取消了读经，所以经籍选文进入了国文教科书中，再加上诗歌，使民初国文教科书选文更加多元。黎锦熙在 20 世纪 30 年代就指出，"中学学制无甚更张，所出国文选本，惟内容稍稍扩大，高年级略选经籍，似至此始知由姚选进而取法乎曾选之《经史百家杂钞》也者，又稍稍羼入诗歌"[①]。实际上，除了"内容稍稍扩大"，当时的教科书编写者已经进行了可贵的探索，朝着科学化的方向前进。首先，民初的教科书编者"眼中有学生"，多部教科书在其"编辑大意"中都用到了"兴趣""兴味""性情"等词汇，提到了"以求合学者之心理"（《中华中学国文教科书》)、"兴趣浓深领解甚易"（宏文版国文读本)、"为教者学者减省脑力"（商务版国文读本）等原则。

其次，民初教科书编者已经具有了明确的教学计划、课时等观念。他们能自觉地遵守课程标准，并根据课程标准规定的课时编排适量的选

---

① 黎锦熙：《三十年来中等学校国文选本书目提要》，《师大月刊》1932 年第 2 期。

文，如商务版国文读本以"中学一二年级讲读每周三时计算，每学年一百二十小时，每小时讲授二百数十言"的标准编排选文的数量；而宏文版国文教科书在目录中，不厌其烦地标识了每篇选文的教学用时，如《楚王戏晏子》《烛邹王鸟》两篇选文 1 个小时，《愚公移山》单篇 1 个小时，《信陵君列传》单篇 5 个小时，《项羽本纪》单篇 13 个小时。

最后，文学史、文法、作文教科书的编排，表明时人对学校"国文"科目的理解在逐渐摆脱传统的"经文""国粹"概念，走向真正的具有独立学科意义的"国文"。而且他们还开始思考适于中学教学需要的教学方法，如"既存圈点，更以段落提顿之说明及评骘之要语，为读者得一良友"（商务版"国文读本"）、"每篇文字分段落处，逐段划分注明，以便教授"（《中华中学国文教科书》），这表明民初的教育者已经开始了划分段落、逐层分析等方法探讨。

当然，走向科学、走向规范不是一蹴而就的，民初的教科书中虽然选入了诗歌，但还是以古代散文为主，像宏文版国文读本则把诗词曲列入"别录"，和古文所在的"甲集""乙集"有所区别；再如商务版《中国文学史》，明确表示"以文为主体，史学、小说、诗词歌曲等为附庸文字"。另外，民初课程标准中的相关规定还比较模糊，就像宏文版国文编者所迷惑的，到底课程标准中所指的"近世文""近古文""远古文"分别指的是哪个时期的文字？

历史前进的车轮是无法阻挡的，能否让散文、小说、诗歌作为一种平等的文体进入国文教科书，是否要明确中小学的选文来源、阅读书目等一系列问题，在 20 世纪 20 年代前后，随着大量从欧美尤其从美国游学人员的归来，即将以课程文件的形式做出说明，以保证全国中小学教学的整体性、协调性、统一性。

（二）教科书选文注重审美性、情感性

民初时期，古代诗歌的地位得到了大大提高，"诗言性情，舒胸中之抑郁，表平生之志行；诗以讽谏，叙民生之疾苦，见时运之隆替。一以自娱，一备采风，其用皆同于乐。盖诗为文学中之最有美感而足以动人者。其用虽不如文之广，要不可废"[1]。民初的国文教科书编者也非常重

---

① 霄客：《古诗十九首诠释》，《学艺杂志》1920 年第二卷第四号。

视诗歌的功用，他们普遍认为诗歌可以涵养性情、宣导血气。此时入选的古代诗歌大多语言质朴，感情真挚，如被奉为"古诗之祖，全系性情之作"①的《古诗十九首》就备受青睐，中华版教科书阅读提示写道："十九首中，大率逐臣弃妇以及朋友聚散存亡之感，中间或显言或寓言，反复低徊抑扬不尽，使人无端俯仰自失，真可上继三百篇者。"再如《苏武与李陵诗四首》分别写别兄弟、别妻子、别友人，尽管诗中的主人公为离别所伤，但诗中却没有埋怨、没有哀号，只是殷殷嘱托和良好祝愿；《李陵与苏武诗三首》也是描写妻友之别、游子辞乡，情意缠绵，思致凄婉，中华版教科书评语道，"此五言古诗之祖也，音极和，调极谐，字极稳，绝无难解之处，棘口之句，然是汉人古诗，后人模仿不得"。从教科书的阅读提示中可以看出教科书编者鲜明的文学审美倾向，少了道德教化之语。

　　该时期教科书选文增幅较大的还有抒情散文，这些文章有表达友情的，如《山中与裴秀才迪书》充满诗情画意，表现出作者与裴迪意趣相投、友情深厚，中华版教科书评道，"诗情画意，与建安书札格韵有别"。该文备受当时的中学生喜爱，其中不乏仿作者，"近腊将终，岁云暮矣。梅初破蕊，柳乍舒条，辋川风味绝佳。拟邀足下过故山，同领个中深趣……足下天机清妙，果能同我游乎？当必执鞭以待"②。有的选文是表达亲情的，如刘令娴《祭夫徐敬业文》，中华版评语"简澹哀恤，弱女子乃有此瑰制"，该文还深深打动了商务版的教科书编者，"本欲为哀辞，见此文乃搁笔"，篇末评道，"以同穴收结，文情并至"。还有选文表达了对不良社会现象的不满，如《酒德颂》以颂酒为名，"贵介公子""缙绅处士"们的丑态和"大人先生"的悠然自在相对比，表达了作者蔑视礼法的态度，并对封建礼法和士大夫们作了辛辣的讽刺。

五　民初代表性现代中学国文教科书概貌

　　民国成立后，教科书出版机构越来越多，它们为提高竞争优势，不断推陈出新，各具特色。但其中影响较大的出版机构，唯有商务印书馆

---

①　霏客：《古诗十九首诠释》，《学艺杂志》1920 年第二卷第四号。

②　龚赞成：《拟王维山中与裴秀才迪书》，《学生杂志》1918 年第五卷第四号。

从清末至民国一直从事教科书出版业务，如中华书局，民国时期才成立；再如文明书局，清末时影响很大，而民国成立后，因教科书领域的激烈竞争营业日衰，于 1915 年 9 月并入中华书局。① 所以，为了更客观地对比关照清末、民初时期现代中学国文教科书的延续性、差异性，对于代表性教科书个案的考察，皆选用商务版教科书。

中华民国建立后，不是简单的更朝换代，而是推翻了两千多年的封建君主制度。每当社会发生革命或变革，总会迅速影响到教育，而教育上的革新，从根本上来说是教育内容的革新，这又集中体现在教科书的变化上。② 作为清末民国时期影响力最大的商务印书馆，迅速重订了清末时期的教科书，并通过了教育部审定，获得了不错的发行量。但是，商务印书馆编者还是不满足于止步不前，尤其强劲对手中华书局在民国时期的"横空出世"。最终，商务印书馆编辑出版了"共和国教科书"系列，其中《中学用共和国教科书国文读本》于 1913 年 8 月初版，第二年还配套出版了《国文读本评注》。

《共和国国文读本·编辑大意》第一条即提到："矧值共和建设，一切文字应用，时异势殊，非复窜改涂抹所能供给。兹编特创新例，斟酌分量……"从中可以看出，编者认为既然该教科书冠以"共和国"之名，不能仅仅"窜改涂抹"，而要"创新"。下面就对该书的选文情况做一简要分析。

1. 选文概况：倾向文学性，注重教学用

四册《共和国国文读本》中，选文的朝代分布及作者概况见表 2—5：

从表 2—5 中作家数、作品数的比例可以看出，在四册书 239 课选文中，共选入了 127 位作家的作品，很少出现大量集中入选某类作家选文的情况。从朝代来看，民初教科书中作家数、作品数位居第一的都是先秦时期。《共和国读本·编辑大意》中说道，"今制定中小学校废止读经，而经典文辞有可节取者"，所以"略及经史，兼及周秦诸子，以助尚友之兴味"。可见，昔日的神圣之"经"，在民初教科书中是为了"助兴味"的，这说明儒家经典的地位在逐渐下移，以普通选文的形式被选入教科

---

① 周利荣：《文明书局考》，《出版史料》2007 年第 2 期。

② 石鸥、吴小鸥：《中国近现代教科书史》（上），湖南教育出版社 2012 年版，第 157 页。

书。教科书也开始了由"经典选本"到"美文选本"转变的进程。《共
和国国文读本》中的先秦作品，既有孔孟之言，也有庄骚之作，而且节
自《论语》2 篇，选了包括长篇《离骚》在内的屈原之作 3 篇，不论从
数量还是篇幅都没有凸显孔子的尊位。

表 2—5　　　　　　　《共和国国文读本》选文概况①

朝代	作品数	作家数	代表作家（及选文数量）
清	40	23	梅曾亮（5）；姚鼐（4）
明	23	14	归有光（4）
金	2	2	赵秉文；元好问
宋	38	15	苏轼（14）；欧阳修（4）
五代	1	1	王朴
唐	40	16	韩愈（12）；柳宗元（10）
南北朝	4	4	刘令娴等
晋	8	6	陶潜（3）
三国	6	4	曹植（2）
汉	25	17	司马迁（7）
秦	2	1	李斯（2）
先秦	51	24	《左传》（7）；《国语》（4）；《孟子》（5）

再如《共和国国文读本》中的清代选文，曾国藩作品一篇也没有入
选，而他在清末时期商务版教科书中有 13 篇入选，仅次于姚鼐（15 篇），
排名第二，对晚清"中兴之臣"的回避也是该书一大"新"点，因为语
文教科书在选择课文时必须同时考虑审美因素和道德因素，课文的调整
也就不仅仅涉及文学问题，也涉及公民教育理念等问题。② 所以，接下
来，再来对比一下清末、民初两套商务版中学国文教科书中入选频次较

---

① 表 2—5 统计的以《国文读本》的实际编排为准，如诸葛亮《出师表》《后出师表》编
排为两课，则统计为 2；再如《古诗十九首（录其四）》虽然四首，但安排为一课，统计为 1；
还有 2 课分别排了不同作家的作品，第一册 26 课《少年行　城上草歌》分别是孙枝蔚（清）、
刘俣（南北朝）的作品，第二册 60 课《行路难　梦李白二首》分别是李白、杜甫的作品，每课
则按照 2 篇选文统计。

② 陶东风：《作为媒介化公共事件的文学》，《文艺争鸣》2010 年第 1 期。

多的作家之异同（见表 2—6）。

表 2—6　　　清末、民初商务版中学国文教科书中受青睐作家概览

朝代	民 初 版	清 末 版
清	梅曾亮（5）；姚鼐（4）；曾国藩（0）	梅曾亮（11）；姚鼐（15）；曾国藩（13）
明	归有光（4）；宋濂（2）；王守仁（2）	归有光（15）；宋濂（12）；王守仁（10）
宋	苏轼（14）；欧阳修（4）	苏轼（24）；欧阳修（28）
唐	韩愈（12）；柳宗元（10）	韩愈（23）；柳宗元（20）
晋	陶潜（3）；王羲之（1）	王羲之（6）；陶潜（1）
三国	曹植（2）；应璩（0）	曹植（5）；应璩（4）
汉	司马迁（7）	司马迁（15）
秦	李斯（2）	李斯（8）
先秦	《左传》（7）；《国语》（4）；孟子（5）	无

从表 2—6 可以看出，除了曾国藩外，备受清末版教科书青睐的王守仁、宋濂、应璩、李斯及欧阳修等唐宋古文家的选文数量下降幅度较大；在选文总量下降而同时增加了大量先秦作品的情况下，民初教科书中的陶渊明作品反而增加了。《共和国读本·编辑大意》中阐述了该书的选文原则："时代不必尽历，派别不必悉备，奏议、碑志等鸿篇锯制不妨阙如，独令学生感受文字之兴味，无论深浅，力避干燥无味之弊。"这里再次提到了"兴味"，显然陶渊明的作品是符合标准的，所以要多选；力避干燥无味，一些古文在"共和"时代已经因"时异势殊"而不适宜计入中学国文教科书了；奏议、碑刻阙如，擅于撰写书奏的应璩、石刻文的李斯在民初中学国文教科书中的频次降低也就不难理解了。这再次表明，民初的教科书编者开始自觉地意识到，教科书为适应培育"健全新国民"的需要，一些古代应用文及深涩难懂之作要被排斥在教科书之外。再如民初版中，苏轼（14 篇）、柳宗元（10 篇）的选文数量大大超过了欧阳修（4 篇），入选的苏轼作品多是《范增论》《贾谊论》《晁错论》《荀卿论》这类评论历史人物的文章，深入浅出，见解独特，且符合民初社会情势；入选的柳宗元之文则是《种树郭橐驼传》《鹘说》《梓人传》《蝜蝂传》等寓言体散文，结构短小，生动形象，具有鲜明哲理和政治性，

还有《钴鉧潭记》《至小丘西小石潭记》等山水游记散文，情景交融，韵味十足，富有情趣。

民初商务版《共和国读本》该书在选文数量、篇幅的编排设计时，充分考虑了中学的学习时间及课时分配，具备了鲜明的"教学计划""课时安排"思想。"兹编按中学年级分为四册，每册供一学年之用。谨查部定中学校课程标准时间，国文为每周七时（一二年）及五时（三四年）。除作文、习字、文法、文学史等子目外，讲读系每周三时及二时，计一二年每学年得百二十小时，三四年每学年得八十小时。故是编每册分量定为三万言左右。则一二年每小时讲授二百数十言。三四年程度较高，可递加至三百数十言。其有多余时间，即归诵读（诵读不可不实行，于作文进步甚有关系）。约三时间必酌留一时间专供诵读之用，大致适相符合其时间篇数、字数。不能不无伸缩，可由教员临时酌定。"从中可见，教科书编者从课时、篇数、每篇的字数都做了总体规划，并倡导诵读，还给教员刘向伸缩时间。《国文读本》每册选文都以"课"的方式编排，并标识数字，诸如《第一汉高帝论》《第二海瑞论》之类，不像在此之前的教科书，只是把选文罗列。这充分体现了教科书的"教学用书"性质，而不是简单的文学选本。由于一些古诗篇幅短小，就把两篇或数篇编排成一课，如《第二十六少年行 城上草歌》《第十五感遇（录三首）》《第六十行路难 梦李白二首》等。

尤为可贵的是，为便于教学，该书还进行了选文编排形式的探索。"文与文之排比次第，不仅用浅深分量为主，且暗含意义比较或事实互相衔接之作用。"这表明开始了早期的"主题单元"编排尝试，如第一册第十五课、第十六课分别是苏轼、官同创作的《范增论》，第三十二课、第三十三课分别是梅曾亮、苏轼创作的《晁错论》；第二十课至第二十四课，分别是《大铁椎传》《秦士录》《吴士》《蹙盗》《沈云英传》，以记人为主的文章；第五十二课、第五十三课分别是《说居庸关》《记新疆边防二则》两篇有关边防的文章。

2. 教科书中的女性形象：真、拟女性，情意浓浓

《共和国国文读本》中以描写女性为主的选文主要有以下篇目（见表2—7）：

表2—7   民初商务版《共和国国文读本》女性题材选文概览

选文名称	朝代	作者	体裁
《插秧女》	清	陈文述	诗歌
《沈云英传》	清	夏之蓉	传记
《先妣事状》	清	归有光	祭文
《泷冈阡表》	宋	欧阳修	祭文
《孝女曹娥碑》	三国	邯郸淳	碑文
《行行重行行》	汉代	佚名	诗歌
《庭中有奇树》	汉代	佚名	诗歌
《饮马长城窟行》	汉代	蔡邕	诗歌
《南国有佳人》	三国	曹植	诗歌
《湘君》	先秦	屈原	诗歌
《山鬼》	先秦	屈原	诗歌
《少司命》	先秦	屈原	诗歌

从表2—7中发现,《共和国国文读本》选文中的女性形象可以分为两类:

(1) 现实生活中的真实女性。如沈云英、曹娥及《先妣事状》《泷冈阡表》中的母亲。其中沈云英能文能武、忠孝两全,曹娥是孝顺女儿,后二篇中的母亲形象以儿子回忆的形式呈现,朴实而崇高。教科书中把《沈云英传》与《大铁椎传》《秦士录》《吴士》《蹩盗》并列编排,栩栩如生地呈现了沈云英才兼文武、忠孝两全的巾帼豪杰形象;《孝女曹娥碑》与《为兄上书》(班昭)编排,一是为父不惜献出年轻生命,一是为兄上书,文中充满骨肉深情,令读者戚然动容;《先妣事状》《泷冈阡表》《祭十二郎文》三篇祭文并列编排,表达了作者对亲人的思念。总之,这类选文都亲情浓郁,感人至深。

(2) 拟女性。拟女性写作就是男性作者用女性的视角看待事物、体验感受,然后以女性的心态、口吻书写出来。这种手法在《诗经》中就已出现,《楚辞》中更加清晰,及至汉代,大量游子借妻子之口写出了众多诗篇,以《古诗十九首》最为典型。拟女性写作是中国早期朴素的女

性意识在男性思想中的展现。① 表 2—7 中的《湘君》《山鬼》《少司命》
（选自《楚辞》）、《行行重行行》《庭中有奇树》（选自《古诗十九首》）
及曹植的杂诗《南国有佳人》都属于拟女性写作。这类选文，在该书中
还有《秋风辞》（汉武帝）、《离骚》及《李陵与苏武诗三首》之一、《苏
武诗四首》之二。《共和国国文读本·编辑大意》中一再强调古代诗歌
"其裨益良非浅鲜"，所以"三代以来汉魏六朝，词义浅显情韵并佳者，
无不采录"。显然这些拟女性诗歌"情韵并佳"，它们都是抒情言志的
佳作。

　　总之，选文中的真实女性，多是日常家庭中女儿、母亲，她们的故
事真实感人；拟女性诗歌中也多是感情上忠贞的女性形象，具有崇高的
道德力量。民初时期中学国文教科书中女性选文，正逐渐摆脱宣扬封建
伦理道德的工具角色，开始朝着"文质兼美"的方向迈进。

第三节　民国初期的现代中学国文考试

一　民初大学预科招生考试中的国文试题

1. 国文是必考科目，以论说文为主。

1913 年 1 月 12 日，教育部颁布《大学规程》，规定"大学学生入学
之资格须在预科毕业或经试验有同等学力者"，而"预科学生入学之资
格，须在中学校毕业，及经试验有同等学力者"。预科分为三部，"第一
部为志愿入文科、法科、商科者设之；第二部为志愿入理科、工科、农
科并医科之药学门者设之；第三部为志愿入医科之医学门者设之"。值得
一提的是，预科三部的学习科目均有"国文"。② 既然大学预科都要必修
国文，预科的入学考试把国文列为考试科目也就顺理成章了。如 1914 年
清华中等科招生，要考《国文论说》。③ 黄炎培回忆清华学校考试，即使

---

　　① 刘建波：《女性主义视角下先秦两汉文学中的女性形象研究》，山东大学，比较文学与
世界文学专业博士论文，2008 年，第 158 页。

　　② 杨学为、朱仇美、张海鹏主编：《中国考试制度史资料选编》，黄山书社 1992 年版，第
572 页。

　　③ 《教育杂志》第六卷第三期"记事"，第 23 页，转自朱有瓛主编《中国近代学制史料
（第三辑上册）》，华东师范大学出版社 1990 年版，第 565 页。

外国文及格，如果国文相差甚远，也不予毕业。陈鹤芹回忆清华学校入选考试，第一场有国文、英文、算学，第一场不及格，第二场不得参加。① 1916 年 4 月 18 日《清华学校中等科招考南洋学生规约》中对国文的程度要求做了明确规定，即"国文须能作短篇论说，并略知中国历史、地理之大概"②。再如，交通部上海工业专门学校在民国初年蜚声国内，凡有志于学习工程技术的青年学生，莫不远道慕名而来。即使这样的理工科为主的学校，非常重视国文，其附属中学、小学招生时，录取与否，首先决定于考生的国文成绩。招考时，试卷先批阅国文，国文成绩不好其他试卷不再批阅，考生也就失去了录取的希望。③ 沈阳高等师范学校招考预科学生，考试科目，第一次也是国文，试题为"五百字以上之作文（志愿入国文史地部者加试讲读）"④。1919 年《北京大学招生简章》：投考预科者，其入学试验科目，第一场为国文、外国语、数学；第二场为中外历史、中外地理、理化、博物。"第一场若不及格，即不录取，毋庸再考第二场。"国文考试题型为"解释文义，作文及句读（读用点，句用圈）"。投考本科法文学、德文学者，试验科目第一场为国文，还明确规定其程度为"须略通中国学术及文章之流变，可参考文史通义，国故论衡及本校预科所用之程本"⑤。1920 年北京大学预科入学测验科目，初试包括国文、外国语、数学。国文主要是"解释文义，作文及句读"，并规定"国文，应试程度须略通中国学术及文章之流变"。⑥

由此可见，民初的中学生若要升入高一级学校，国文是必考科目，而且有不少学校甚至会因考生国文成绩不理想直接取消其入学资格。而

---

① 《黄炎培考察教育日记》第二集，第 107—110 页；陈鹤芹《我的半生》，第 109—128 页，转自朱有瓛主编《中国近代学制史料（第三辑上册）》，华东师范大学出版社 1990 年版，第 574—575 页。

② 杨学为、朱仇美、张海鹏主编：《中国考试制度史资料选编》，黄山书社 1992 年版，第 596 页。

③ 同上书，第 577 页。

④ 中国第二历史档案馆藏：北京民国政府《政府公报》第 1178 号，1919 年 5 月 16 日，转自刘昕《中国考试史文献集成（第十七卷）》，高等教育出版社 2003 年版，第 37 页。

⑤ 《北京大学日刊》1919 年 4 月 24 日，转自刘昕《中国考试史文献集成（第十七卷）》，高等教育出版社 2003 年版，第 36 页。

⑥ 《北京大学招考简章》，《北京大学学生周刊》（民国九年）第 16 号第 12 版，转自杨学为、朱仇美、张海鹏主编《中国考试制度史资料选编》，黄山书社 1992 年版，第 579 页。

考试的科目，尤以解释文义、论说文写作为主。显然，解释文义，大多是文言文的翻译；作文还没有出现"文、白不拘""文、白皆可"的要求，还是以文言文写作为主，尤其偏重论说文。

即使各类学校的入学考试都把国文列为必考科目，但政府依然没有忽视对国文的监督、评价。1919 年 1 月 29 日，教育部调阅了 1918 年各专门学校新生入学试卷，经过统计分析后，认为中学校国文科成绩"欠优长"，于是发布了《增进中学校国文程度办法训令》，其中要求①：

甲、注重办法　中学校国文科，宜特设学科主任
乙、改进教授方法①宜多选应用文字，不宜偏重理论。②所授之文宜熟读。③作文宜多作，其命题必须切近普通常识。④文法须详细讲解，并须注重虚实字。⑤讲求课外之补助。

值得一提的是，如果不熟悉国文，想要通过其他科目的考试也是不容易的。如燕京大学英文系汉译英试题②：

预科汉译英试题：
（一）孔子曰：吾尝终日不食，终夜不寝，以思无益，不如学也。
（二）心术平易，制行诚直，语言疏爽，文章明达，其人必君子也。
（三）李太宰邦彦父曾为银工。或以为诮，邦彦羞之，归告其母。母曰：宰相家出银工，乃可羞耳；银工家出宰相，此美事，何羞焉？
（四）孙侍读公甫。人尝馈一砚。直三十千。公曰：何贵也？客曰：砚以石润为贵，此石呵之水流。公曰：京师一担水才直三钱，

---

① 《教育杂志》第十一卷［1919］第三号"法令"第 7 页，转自朱有瓛主编《中国近代学制史料（第三辑上册）》，华东师范大学出版社 1990 年版，第 366 页。
② 中国第二历史档案馆馆藏：全宗号一〇五七，卷宗号 481，转自刘昕《中国考试史文献集成（第十七卷）》，高等教育出版社 2003 年版，第 50 页。

要此何用？竟不受。

（五）凡写字未问写得工拙如何，且要一笔一画，严正分明，不可潦草。

一年级汉译英试题：

（一）孟子曰：君子有三乐。父母俱存，兄弟无故，一乐也；仰不愧于天，俯不怍于人，二乐也；得天下英才而教育之，三乐也。

（二）人莫乐于闲闲者，非无所事事之谓也。闲则能读书，闲则能游览名胜，闲则能交益友，闲则能著书，天下之乐，孰大于是。

（三）处士萧彝尊，陕西奉元人。初为府史，语当道不合即引退。力学三十年不求进。乡有暮行遇盗，诡曰：我萧先生也。盗警愕释去。

（四）处贫贱之日，不可轻於累人；累人则失义；处富贵之日，则以及人为念，不然则害仁。

（五）心不公则不能裁度可否，惟理明心公，则于事无所疑惑，而处得其当矣。

这就不难理解，民初的中学国文教科书选文，还是以古代散文为主，再加上少量的古代诗歌。如《新制国文教本》四册除两篇节选自《诗经》的古诗外，全部为古代散文，而每册的第一单元均为"论著之属"；《共和国国文读本》四册也是由古代散文和诗歌组成，在239课选文中，其中古代散文218课，古代诗歌仅仅21篇。

2. 升学考试国文试题举例

1920年国立北京大学预科试验国文试题①：

（甲）左列之文，译为白话：

王蓝田性急。尝食鸡子，以箸刺之，不得，便大怒，举以掷地。鸡子于地圆转未止，仍下地以屐齿蹍之，又不得，瞋甚，复于地取纳口中，啮破，即吐之。王右军闻而大笑曰："使安期有此性，犹当

① 《北京大学日刊》1921年9月15日，载刘昕《中国考试史文献集成（第十七卷）》，高等教育出版社2003年版，第49页。

无一豪可论，况蓝田邪？"

（乙）左列之文，译为文言：

娄三公子和四公子出了镇市，沿着大路走去，有一里多路，遇着一个挑柴的樵夫，问道："这里有个杨执中老爷，住在哪里？"樵夫用手指着道："远望着一片红的便是他家屋后，你们打从这小路穿过去。"两位公子谢了樵夫，披榛觅路，到了一个村子，不过四五家人家，几间茅屋。屋后有两棵大枫树，经霜后，枫叶通红，知道这是杨家屋后了。又一条小路，转到前门，门前一条涧沟，上面小小板桥。两公子过得桥来，看见杨家两扇板门关着。

（注意）：（甲）、（乙）二题，无须将题文钞入卷中。

1921 年 9 月北京大学试验预科国文试题①：

（甲）左列之文，译成白话

陵云台楼观精巧，先称平众木轻重，然后造构，乃无锱铢相负揭。台虽高峻，常随风摇动，而终无倾倒之理。魏明帝登台，惧其势危，别以大材扶持之，楼即颓坏。论者谓轻重力偏故也。

（乙）左列之文，译成文言

马二先生起身出来，又往上走，过这一条街。上面无房子了，是极高的个山冈，一步步走去，走山冈上，左边望着钱塘江。那日，江上无风，水平如镜，过江的船，船上有轿子，都看得明白。再走上些，右边又看得见西湖，雷峰一带湖心亭都望见。那西湖里打鱼船，一个一个如小鸭子浮在水面。马二先生心旷神怡，只管走上去，又看见一个大庙：门前摆着茶桌子卖茶，马二先生两脚酸了，且坐吃茶。吃着，两边一望，一边是江，一边是湖，又有那山色一转围着，又遥见隔江的山高高低低，忽隐忽现。

---

① 杨学为、朱仇美、张海鹏主编：《中国考试制度史资料选编》，黄山书社 1992 年版，第585 页。

二 民初研究生入学考试、留学生考试中的国文试题

1919 年《北京高等师范学校教育研究科简章》，虽然研究科入学资格须是高等师范本科毕业生、各专门学校毕业生、大学本科毕业生，入学试验科目为国文、英文、伦理、生物学。① 也就是说，研究生入学考试，国文也是必考科目。

在民初时期的留学生考试中，国文仍然有着重要地位。如 1914 年 1 月 22 日《同文书院陆军班奉令回国之学生试验办法》中规定的试验科目有：国文、外国语、历史、地理、数学、格致、图绘。国文试验提醒及程度："甲种：史论长五百字以上。乙种：短论长三百字以上。各一题。""凡认定甲种者，各项甲种问题必须一律作完，平均分六十分以上，作为甲种及格学生。其余乙种，各项乙种问题必须一律作完，平均分六十分以，及甲种之不及格而平均分在四十分以上者，一律作为乙种及格学生。乙种问题平均分六十分以下者，作为落第学生。"②

1916 年 10 月 18 日教育部颁布第 22 号令《选派留学外国学生规程》，要求"检定试验选拔分第一试、第二试。第一试由各省行政长官行之，试验科目：一、国文；二、外国文。第二试由教育部在京行之，试验科目：一、国文；二、外国文；三、调验成绩；四、口试"。并明确规定"第一试不及格者，不得与第二试"。③ 国文试验题目为"论说"。

再如，1920 年 7 月出台的《南洋兄弟烟草公司选派留学生试验办法》，选派留学生共四试，第一试为国文④；1921 年出台的《北大史学系派遣学生留学史学地理学办法》，规定考试科目共五门，而国文占据其

---

① 中国第二历史档案馆馆藏：全宗号一〇五七，卷宗号 40，转自刘昕《中国考试史文献集成（第十七卷）》，高等教育出版社 2003 年版，第 39 页。

② 中国第二历史档案馆馆藏：北京民国政府《政府公报》第 614 号，1914 年 1 月 22 日，转自刘昕《中国考试史文献集成（第十七卷）》，高等教育出版社 2003 年版，第 44 页。

③ 杨学为、朱仇美、张海鹏主编：《中国考试制度史资料选编》，黄山书社 1992 年版，第 615 页。

④ 《北京大学日刊》1920 年 7 月 6 日，转自刘昕《中国考试史文献集成（第十七卷）》，高等教育出版社 2003 年版，第 46 页。

一，考试方式为"作文"①；1921 年出台的《省费留学欧美学生考送细则》，要求参加省费派遣留学生考试分第一试、第二试，分别由本省、教育部主试，考试科目均为两门，即国文、外国文。②

综上所述，国文在民初出国留学考试中地位之重要是不言而喻的。

三 公务员考试中的国文试题

1913 年 1 月，民国政府颁布了《文官考试法草案》，文官考试包括文官高等考试即文官普通考试，"考试及格者，授以试补官证书，按照其等第之高下，依文官任用法叙补"。文官高等考试包括甄录试、初试、大试。甄录试科目为："一、国文，二、历史，三、地理，四、笔算。并明文规定'凡甄录试落第者，不得应初试'。文官普通考试的科目则为：一、国文；二、历史；三、地理；四、笔算；五、法学通论；六、经济学"。③ 1915 年 9 月 30 日，颁布的《文官高等考试令》规定：文官高等考试分为第一试、第二试、第三试、第四试。其中一、二、三试为笔试，第四试为口试，四试平均合区者为及格。第一试的内容包括"合试经义一道，史论一道，现行法令解释一道"④。1919 年 8 月 27 日，又颁布了《文官高等考试法》《文官普通考试法》，分别规定文官高等考试、文官普通考试都分为第一试、第二试、第三试、第四试，第一试的科目均为"国文一道"。⑤ 再如 1917 年公布的《司法官考试令》中规定，司法官考试次第为甄录试、初试、再试。甄录试以笔试行之，其科目为两门："国文""法学通论"。甄录试不合格者，没有资格参加后续的考试。⑥ 很明

---

① 《北京大学日刊》1921 年 2 月 1 日，转自刘昕《中国考试史文献集成（第十七卷）》，高等教育出版社 2003 年版，第 46 页。

② 《北京大学日刊》1921 年 8 月 27 日，转自刘昕《中国考试史文献集成（第十七卷）》，高等教育出版社 2003 年版，第 48 页。

③ 《政府公报》命令第 243 号（民国二年一月九日），转自杨学为、朱仇美、张海鹏主编《中国考试制度史资料选编》，黄山书社 1992 年版，第 629 页。

④ 《政府公报》命令第 1221 号（民国四年十月一日），转自杨学为、朱仇美、张海鹏主编《中国考试制度史资料选编》，黄山书社 1992 年版，第 636 页。

⑤ 《东方杂志》第 16 卷第 10 号"法令"，转自杨学为、朱仇美、张海鹏主编《中国考试制度史资料选编》，黄山书社 1992 年版，第 641，644 页。

⑥ 《东方杂志》第 14 卷第 11 号"法令"，转自杨学为、朱仇美、张海鹏主编《中国考试制度史资料选编》，黄山书社 1992 年版，第 651 页。

显，如果国文考得不好直接就被淘汰了。

民国初期，即使外交官、领事官这类对外语专业要求很高的涉外职位考试，仍然要考国文。1915 年 9 月 30 日颁布的《外交官领事官考试甄录规则》中规定，应试者"须具亲笔愿书及履历书，附以所著论文，并用英法德俄日本等一国之文字之译文，送达外交部"。经甄录委员会阅定后，认为可受试验者，再行定期面试，面试科目为："一、作文，国文及第一条译文所用之外国文；二、外国语，第一条译文所用之外国语以口试法试验之。"①

综上所述，民初时期，国文在留学生考试、公务员考试中都是必考科目，考试以写作论说文及应用文为主。在白话文还没有获得"合法地位"的民国初期，文言文还是通用的公文文体，因此文言文写作还有非常大的市场。如民国八年（1919）的文官普通考试第二试分行政职、技术职两类，行政职考试科目为："一、宪法大纲；二、现行法令之解释；三、策问；四、文牍"②，其中的"策问"一科其实就是晚清时期考试文体的延续，而文牍的写作肯定是用文言文体。

这再次说明，在刚刚推翻封建帝制，民主共和体制并未真正贯彻实施的民国初期，文言文仍是社会上层书面交际活动中的重要工具。显然，这些都会影响着民初时期的国文教学及教科书编制。再联系到当时社会上的非学历教育以识字为主，还有通过小说、戏曲、讲演等方式进行宣讲的通俗教育，就不难理解，在民初的"民主共和体制"下，文言仍然是一种典型的权力话语。文言话语已经超越了生命个体，而成为思想的附属物，成为一种抽象的权威，它使一般民众的意志和创造力必须受到严格限制与束缚，从而使社会上层根据自己的利益压抑那些非正统的思想和情绪，使之成为无名的存在，进而约束着整个社会。③ 所以民初的中学国文教科书编者和清末时期相比，有了较大的进步，尤其开始关注学

---

① 《政府公报》命令第 1221 号（民国四年十月一日），转自杨学为、朱仇美、张海鹏主编《中国考试制度史资料选编》，黄山书社 1992 年版，第 646 页。

② 《东方杂志》第 16 卷第 10 号"法令"（民国八年十月），转自杨学为、朱仇美、张海鹏主编《中国考试制度史资料选编》，黄山书社 1992 年版，第 644 页。

③ 赵静：《话语权力的交锋——对白话文运动的重新解读》，《西南民族大学学报》（人文社科版）2003 年第 6 期。

生的"兴味"，涵养文学的兴趣，但依然不敢有大的突破，还是以古代散文为主，且"各体略备"。

小　结

中华民国成立，推翻了中国两千多年的封建帝制，"民主共和"思想深入人心，虽然民初政局动荡，还出现了袁世凯、张勋等人的复辟，但同时也没有诞生一个足以控制全国政治、经济、文化的强力政权。所以，以民间力量为主导的教科书编写者进行了可贵的探索。他们开始关注学生，提出了"兴趣""情致"的概念；他们开始打破按照时代顺序选文，尝试单元主题编排方式；他们有了明确的教学计划思想，按照课时数及学生的总科目数确定选文数量。政权能控制教科书的编辑出版。在中学国文教科书中，"鲜活"的选文逐渐增多，出现了诗歌，增加了抒情散文。

然而，民初的中学数量有限，青少年家庭的经济、政治资源成为能否进入中学的重要因素，同时，是否接受过中学教育又成为他们将来能否跻身社会上层的重要因素。在升学考试、文官考试国文试题中，多考中文论说之类，是否掌握了文言文话语也影响青少年能否成为社会中坚的核心要素。所以，在中学国文教科书中，还是以古文为主，诗歌的比例还很少。但是，没有什么力量能够阻碍时代前进的步伐，学校平民化、教育大众化的思潮即将到来，"贩夫走卒、引车卖浆者之语"也即将进入教科书。

第 三 章

古今并选 大众经典（1920—1927 年）

目的：①使学生有自由发表思想的能力；②使学生能看平易的古书；③引起学生研究中国文学的兴趣。本科要旨在与小学国语课程衔接，由语体文渐进于文体文，并为高级中学国语课程的基础。

作文要求：第一学年，以语体为主，兼习文体文；第二学年，仍以语体为主，兼习文言文；第三学年，语体、文体并重。

——《初级中学国语课程纲要》（1923）

外面有许多人误会我们的意思，以为我们既提倡白话文学，定然反对学者研究旧文学。于是有许多人便以为我们竟要把中国数千年的旧文学都丢弃了。这都由于大家把题目弄混了，故说不清楚。现在中国人是否该用白话做文学，这是一个问题。中国现在学堂里是否该用国语作教科书，这又是一个问题。如果用了国语做教科书，古文的文学应该占一个什么地位，这又是一个问题。我们研究文学的人是否该研究中国的旧文学，这另是一个问题。

——《胡适答黄觉僧君》

国语运动是"为教育的"，是用国语为"开通民智"的工具，国语文学运动是"为文学的"，是用国语为"创造文学"的工具。前者是提倡白话，不废古文；后者是提倡白话，攻击古文为死文学。

——陈子展《最近三十年中国文学史》

第一节　民国新学制时期现代中学
国文教育的政策性规定

一　中国"三三"制现代中学教育体制的确立

随着辛亥革命期间赴美留学生的陆续归国，中美教育界的联系已经非常密切，美国教育改革的理论与实践被迅速介绍到中国。1917 年黄炎培等人共同编辑出版了《美利坚之中学》一书介绍美国中学概况，包括分科选科及"三三"制中学的理论和实践情况。[1]《教育杂志》开辟了"新刊介绍"专栏，胡家健翻译推介了时任加利福尼亚坡摩那（Pomona）教育局长、加利福尼亚大学教育讲师本涅特（G. V. Bennett）的《初级中学教育》（*The Junior High School*）、哥伦比亚大学师范院教育教授布立葛兹（Thomas H. Briggs）《初级中学教育》（*The Junior High School*）[2]；华格心推介了美国米芝干大学教育科中等教育教授大卫斯（Calvin Olin Davis）的《初级中学教育》（*Junior High School Education*）[3]，这些书籍详尽介绍了初级中学的职能、课程、教学方法、行政组织等多方面的知识，为中国的"三三"制中学教育实践带来了诸多有益的启示。

最早开展"三三"制实践的是廖世承，1919 年他从美国留学归来，任南京高等师范学校（1920 年改为国立东南大学）教育科教授暨附属中学主任，他开展了一系列的教学改革试验，使东大附中成为中国现代中等教育实验的中心。1921 年，他在广州第七届全国教育联合会上发表有关中小学实行"六三三"制的演讲；1922 年秋，在新学制尚未正式公布前，东大附中正式实行"三三"制。[4]

1922 年 10 月 11 日，全国教育会联合会在济南召开第八届成立大会，参加者既有来自全国各省教育会的代表，也有教育部特派员，大会的重

---

① 王伦信：《清末民国时期中学教育研究》，华东师范大学出版社 2002 年版，第 53 页。
② 胡家健：《介绍两本专论初级中学教育的名著》，《教育杂志》1925 年第十七卷第六号。
③ 华格心：《大卫斯的初级中学教育》，《教育杂志》1926 年第十八卷第十号。
④ 廖世承等：《施行新学制后之东大附中》，中华书局 1924 年版，第 55—60 页。

要问题是讨论学制问题，经过多次讨论、调和，于 20 日通过了《学校系统草案》。① 同年 11 月 1 日，北洋政府以《大总统令》的形式颁布了《学校系统改革案》②，由于 1922 年是壬戌年，又称"壬戌学制"或"新学制"。

1922 年壬戌学制是中国现代教育史上一次影响深远的变革，它结束了辛亥革命以后教育新旧交叉的状态，标志着中国现代学制体系建设的基本完成。《学校系统改革案》中列有七条标准为：

（一）适应社会进化之需要；

（二）发挥平民教育精神；

（三）谋个性之发展；

（四）注意国民经济力；

（五）注意生活教育；

（六）使教育易于普及；

（七）多留各地方伸缩余地。

这些标准表现了教育重心的下移，明确提出了平民教育、生活教育、个性教育的理念。该学制简明而又留有充分的灵活性，如规定"中学修业年限六年，分为初高两级：初级中学三年，高级中学三年。但依设科性质，得定为初级四年、高级二年，初级二年、高级四年"。因此，这个学制后来除了在某些方面小有改动外，它的总体框架一直延续下来。

二　新学制时期对现代中学国文教育的政策性规定与要求

1. 新学制时期的课程设置情形

1923 年颁布的《新学制课程纲要》中对小学和中学的课程设置及课

----

① 胡适：《记第八届全国教育会联合会讨论新学制的经过》，《努力周报》第 25 期，1922 年 10 月 22 日。

② 《大总统令（中华民国十一年十一月一日）：教令第二十三号：学校系统改革案》，《政府公报》第 2393 号，1922 年 11 月 12 日。

时分配的表述方式略有不同。小学校分 11 目，授课以分数计。① 各科比例见表 3—1：

表 3—1　　　　　　　新学制时期小学校授课科目及课时比例

学科	国语				算术	卫生	公民	历史	地理	自然	园艺	工用艺术	形象艺术	音乐	体育
	语言	读文	作文	写字											
% 初级小学	30				10	（社会）20				12		7	5	6	10
高级小学	6	12	8	4		4	4	6	6	8	4				

初级中学课程分为六大学科，授课以学分计，② 其必修科目学分分配见表 3—2。

表 3—2　　　　　　　新学制时期初级中学课程设置及学分分配表

学科	社会科			言文科		算学科	自然科	艺术科			体育科		共计
	公民	历史	地理	国语	外国语			图画	手工	音乐	生理卫生	体育	
学分	6	8	8	32	36	30	16	12			4	12	164

高级中学学科设置更为繁复（见表 3—3）③：

----

① 初小前两年每周至少一〇八〇分钟，后三年每周至少一二六〇分钟，高级小学每周至少一四四〇分钟，即以每周分数分配六日，每日为二百四十分，每日酌分若干节，间以休息，三十分、四十五分或六十分为一节，每节的教学得视其性质，授一种或两种以上之学科目，例如每种十分，或十五分者。各科约定百分比，实际计算如有除不尽者，应加成整数，以符至少之意。详见《新学制课程纲要总说明》，商务印书馆 1925 年版，第 6 页。

② 每半年度每周上课一小时为一学分。详见《新学制课程纲要总说明》，商务印书馆 1925 年版，第 7 页。

③ 详见《高级中学课程总纲》，全国教育联合会课程标准起草委员会：《新学制课程标准纲要》，商务印书馆 1925 年版，第 75—81 页。

表3—3　　　　新学制时期高级中学普通科课程设置及学分分配表

组别	科目（学分）		
第一组 （注重文学及 社会科学）	公共必修	一、国语（16）；二、外国语（16）；三、人生哲学（4）；四、社会问题（6）；五、文化史（9）；六、科学概论（6）；七、体育（包括①卫生法②健身法③其他运动，10）	
	分科专修	必修	一、特设国文（8）；二、心理学初步（3）；三、伦理学初步（3）；四、社会科学之一种（至少4）
		选修（32 或更多）	
	纯粹选修（30 或更少）		
第二组 （注重数学及 自然科学）	公共必修	一、国语（16）；二、外国语（16）；三、人生哲学（4）；四、社会问题（6）；五、文化史（6）；六、科学概论（6）；七、体育（包括①卫生法②健身法③其他运动，10）	
	分科专修	必修	一、三角（3）；二、高中几何（6）；三、高中代数（6）；四、解析几何大意（3）；五、用器画（3）；六、物理、化学、生物三项选习两项，每项六学分（至少12）
		选修（23 或更多）	
	纯粹选修（30 或更少）		

　　从表3—1、表3—2、表3—3 中不难看出，国文在各级学校中依然是最主要的科目，但由于新学制时期各级学校设置的课程科目相对于清末民初时期增加了许多，所以国文科的课时量在递减：小学时课时量最多，占总课时的 30%；初中不到总课时的 20%，而且低于外国语的课时量；高中时由于设置了必修、专修、选修课程，作为公共必修科目的国文和外国语一样占据 16 学分。

　　显然，在新学制时期，课程设置更为丰富和科学，以前国文一科包揽语言文字教育、思想道德教育、历史地理博物教育乃至哲学教育的"大"而"全"时代即将结束，比如偏重史事记叙的教学内容将更多地出现在历史教科书中，宣扬道德模范的教学内容将更多地出现在修身或公民教科书中，"鸟兽草木之名"将更多出现在地理、自然教科书中；从另一个角度来讲，即便国文教科书中出现了描摹山水、叙述历史的选文，但它首要被赋予是语言文字学科所特有的教育功能（如学习写作技巧、文学艺术审美鉴赏等），而不是普及自然、地理、历史知识功能。

2. 新学制《国语课程纲要》对现代中学国文教育的要求

1922 年在济南召开的第八届全国教育会联合会议，还提议组织新学制课程标准起草委员会，并投票选举产生了委员五人：袁希涛、金曾澄、胡适、黄炎培、经亨颐。1923 年 6 月，小学、初中、高中各科目纲要核定完竣，并予以刊布。小学、初中、高中《国语课程纲要》分别由吴研因、叶绍钧、胡适起草。

初级中学国语课程纲要

（一）目的

1. 使学生有自由发表思想的能力。

2. 使学生能看平易的古书。

3. 引起学生研究中国文学的兴趣。

（二）内容和方法

本科要旨在与小学国语课程衔接，由语体文渐进于文体文，并为高级中学国语课程的基础。

甲．作业支配

（子）读书

1. 精读选文（由教师拣定书本），详细诵习，研究；大半在上课时直接讨论。

2. 略读整部的名著（由教师指定数种），参用笔记，求得其大意；大半由学生自修，一部分在上课时讨论。

（丑）作文

1. 定期的作文。

2. 无定期的作文和笔记。

3. 定期的文法讨论。

4. 定期的演说辩论。

（寅）习字

1. 楷书或行书的练习。

2. 名人书法赏鉴。

乙．学分支配

（子）读书

1. 精读　占十四学分。

2. 略读　占六学分。

(丑) 作文

1. 作文和笔记　占四学分。

2. 文法讨论　占三学分。

3. 演说辩论　占三学分。

(寅) 写字　占二学分

丙. 教材支配

本科教材分三大段落，以便三学年酌量支配：

第一段落

(子) 读书

1. 精读　传记，小说，诗歌，兼及杂文，语体约占四分之三；取材偏重近代名著。

2. 略读　于附表所列书籍内，选读若干种。

(丑) 作文　命题的或不命题的作文，文体译作语体的译文，及笔记，演说，辩论等；并随时用比较和归纳的方法，作文法的研究。作文以语体为主，兼习文言文。

(寅) 写字　练习楷书，行书。注重正确，洁净，敏捷。得兼及名人书法的赏鉴，和碑帖的临写。

第二段落

(子) 读书

1. 精读　记叙文，议论文，小说，诗歌，杂文。取材不拘时代。语体约占四分之二。

2. 略读　同第一段落。

(丑) 作文　作文，译文，笔记，演说，辩论和归纳的文法研究。作文仍以语体为主，兼习文言文。

(寅) 写字　同第一段落。

第三段落

(子) 读书

1. 精读　记叙文，议论文，小说，诗歌，杂文，语体约占四分之一。余同第二段落。

2. 略读　同第一段落。

（丑）作文　作文，译文，笔记，演说，辩论，和系统的文法研究，兼及修辞学大意。作文语体文体并重。

（寅）写字　同第一段落。

（三）毕业最低限度的标准

（子）阅读普通参考书报，能了解大意。

（丑）作普通应用文，能清楚达意，于文法上无重大错误。

（寅）能欣赏浅近文学作品。

略读书目举例

（一）小说：

1. 西游记。

2. 三国志演义。

3. 上下古今谈。（吴敬恒）

4. 侠隐记。［法国大仲马原著。君朔（伍光建）译。］

5. 续侠隐记。（同上）

6. 天方夜谭。（有文言的译本。）

7. 点滴。（周作人）

8. 欧美小说译丛。（周作人）

9. 域外小说集。（周作人）

10. 短篇小说。（胡适）

11. 小说集。（尚未出版）（鲁迅）

12. 阿丽思梦游奇境记。（赵元任）

13. 林纾译的小说若干种。

（二）戏剧：

1. 于元明清词曲内酌选其文辞程度为初中学生所能了解，而其意义无悖于教育者，如《汉宫秋》《牧羊记》《铁冠图》之类。

2. 于近译西洋剧本内酌选如易卜生集第一册（潘家洵译）之类。

（三）散文：

（注意：散文已有"精读"之选本了；此间拟分略读之散文选本为三类。）

甲．以著作人分类：

例如梁启超文选，章士钊文选，胡适文选之类。

乙．以文体分类：

例如议论文选本，传记文选本，描写文选本之类。

丙．以问题分类：

例如文学革命问题讨论集；社会问题讨论集等。

高级中学公共必修的国语课程纲要
胡适起草

（一）目的

（一）培养欣赏中国文学名著的能力。

（二）增加使用古书的能力。

（三）继续发展语体文的技术。

（四）继续练习用文言作文。

（二）内容与方法

甲．读书　分精读与略读两种，都用已经整理过的名著，学生自己研究；略读的书，但求了解欣赏书中大体；精读的书，则须有详细的了解，并应注重文学的技术。上课时，由教员与学生讨论答问。

（附注）此处所谓"整理过的古书"约含五个条件：（1）标点；（2）分段；（3）校勘；（4）简明注释；（5）详明的引论。古书不经这样的整理，皆不便于学生自修。

精读和略读，每项暂定八种名著为最低之数。其取材如附表所举的例。

（附录）高级中学应读的名著举例

组一　1. 水浒传

2. 儒林外史

3. 镜花缘

4. 古白话文选

5. 近人长篇白话文选

以上各种中，略读一种。

6. 诸子文粹

7. 四书（节本）

8. 古史家文粹（国策，左传，史记，汉书，后汉书，晋书）

9. 王充

10. 史通

11. 韩愈

12. 欧阳修

13. 王安石

14. 苏轼

15. 朱熹

16. 王守仁

17. 清代经学大师文选

18. 崔述（以考信录提要为主，而采他文附之。）

19. 姚鼐

20. 曾国藩

21. 严复的译文选录

22. 林纾译的撒克逊劫后英雄略

以上各种中，精读六种，略读五种。

组二　23. 诗经（节本）

24. 唐以前的诗（选本，注重古乐府）

25. 唐诗（选本，注重李白，杜甫，张籍，韩愈，白居易，杜牧诸大家。）

26. 唐以后的诗（选本，注重苏轼，陆游，范成大，杨万里，李东阳，吴伟业，黄景仁……诸大家。）

27. 词与曲（选本）

28. 戏曲（杂剧，传奇）

以上各种中，精读二种，略读三种。

乙．文法　注重语体文与古文文法的比较的研究。最好是用学生所习的外国文和本国文作文法的比较研究。修辞学不必独立教学，可于读书时随时提出讨论。

丙．作文　应注重内容的实质和文学的技术。精读名著的报告或研究，可代作文。

（三）毕业最低限度的标准

（一）曾精读指定的中国文学名著八种以上。

（二）曾略读指定的中国文学名著八种以上。

（三）能标点与唐宋八家古文程度相等的古书。

（四）能自由运用语体文体发表思想。

从初级中学《国语纲要》中相关规定中可以看出：其"毕业最低限度的标准"，的确是考虑了初级中学的普通教育特点，要求还是很低的，尤其没有明确提到必须要掌握文言文写作；"教材支配"部分，精读文言文递增，作文由语体为主到语体文体并重，说明在国语运动的大背景下，还是把文言文看作重要的学习内容。到了高中阶段，毕业的最低限度就有"能标点与唐宋八家古文程度相等的古书"一项，对文言文学习的重视就不言而喻了。

第二节　新学制时期的现代中学国文教科书

一　自修用补充教材

民国十年（1921），教育部命令国民学校一、二年级改用国语后，"这就是说，民国十一年（1922）以后，国民学校一律都要改用国语了。依这例推下去，到了民国十四年（1925），高等小学的教科书也都已改成国语了"①。同样，教育界、出版界预感到语体文进入中学的时日也即将到来，所以，在新学制正式颁布之前，以白话文为主的中学国文教科书率先出版（见表3—4）。

表3—4　　　　　　　新学制颁布前中学白话教科书概览

教科书名	初版年	编者	出版社	册别
《中等学校用白话文范》	1920	洪北平、何仲英	商务印书馆	4

---

① 胡适：《国语讲习所同学录序》，《胡适教育论著选》，人民教育出版社1994年版，第122页。

续表

教科书名	初版年	编者	出版社	册别
《国语文类选》	1920	朱毓魁	中华书局	4
《中学国语文读本》	1922	秦同培	世界书局	4

《白话文范》依照民初旧制中学，编成四册，另有参考书四册。书中的选文有旧时的白话小说（如《西游记》）、语录（《象山语录》）、家书（《板桥家书》）节选；也有摘自当时报纸杂志的文章（如《〈每周评论〉发刊词》、《〈社会主义史〉序》）、时人创作的白话文学作品（如沈仲九《自决的儿子》、周作人《两个扫雪的人》），还有翻译的外国作品（如张三眼翻译的托尔斯泰《三问题》、胡适翻译的都德《最后一课》）。该书被黎锦熙看作"专选语体文作中学课本之最早者"，但由于新学制尚未颁布，所以"但仅认为补充的教材耳"①。但该书开始采用新式标点，提行分段，此后的教科书选本大率都如此了，该书第一册"编辑大意"中还专门介绍了"字句符号"十二种：结点，表一句的结束；逗号，表一顿或一读；分点，表含有几个小读的分读；冒点，表冒下文或总结上文，等等。

《国语文类选》在"例言"中道："自从《新青年》提倡文学革命以来，出版界大为刷新，《新潮》《每周评论》等大都变为'国语文'了，这'国语文'底发达和'新思潮'底澎湃恰好做个正比例，真是国民自觉地表现，群制改善底先声。"该书重论理而略叙事，主要是在宣传新思想，如第一卷包括"文学""思潮""妇女"三大类，文学类中有《文学改良刍议》《白话文学的价值》等文，妇女类中有《妇女解放》《女子教育的急务》等文。书中每篇选文都注明了原文出处，"一则不忘所自，二则使读者容易查考"。

《中学国语文读本》由世界书局出版。曾先后在商务印书馆、中华书局任职的沈知方，于 1917 年在上海创办了世界书局，1921 年该书局扩大经营，从独资企业改组为股份有限公司，在各大城市设分局 30 余处，并编辑出版中小学教科书，逐渐在教科书市场形成了与商务印书馆、中华

---

①　黎锦熙：《三十年来中等学校国文选本书目提要》，《师大月刊》1933 年第 2 期。

书局三足鼎立的局面。《中学国语文读本》的封皮上明确标识了"教科自修适用"字样，该书"编辑大意"中说"国语文的推行，稍有知识的，都已觉得急不容缓，现在不但小学中急需要，像在中学的也感到非用国语不可"，该书选文都以"最近的新人物"之作品为主，如鲁迅发表于1921 年的《故乡》。

表3—4 中的教科书虽然出现在新学制前，被认为"非教科书体例"，有的自身也标识"自修用"，但这些教科书多选时人最新发表于报刊中的文章，大都包含文学改良、妇女解放、认识科学等主题，还选入了西方翻译作品，它们的编辑出版，体现了社会各界对中学生开展国语教育、传播新知的迫切性，也为新学制颁布以后的教科书选文提供了丰富的素材。

二 新编现代中学国文教科书

新学制颁布后，中学六年分为初级、高级两段，"初级""高级"国文教科书陆续编辑出版（见表3—5）。

表3—5　　　　　　　新学制时期现代中学国文教科书概况

教科书名	初版年	编者	出版社	册数
《初级中学国语文读本》	1922	孙俍工、沈仲九	民智书局	6
《初级中学适用言文对照国文读本》	1923	秦同培	世界书局	3
《新学制国语教科书（初级中学用）》	1923	范祥善等	商务印书馆	6
《新中学教科书初级古文读本》	1923	沈星一	中华书局	3
《新中学教科书初级国语读本》	1924	沈星一	中华书局	3
《现代初中教科书国文》	1925	庄适	商务印书馆	6
《新中学教科书国学必读》	1924	钱基博	中华书局	2
《新中学古文读本》	1925	穆济波	中华书局	3

从表3—5 中可以看出，此时的教科书出版机构除了民初的中华书局、商务印书馆，还增加了世界书局、民智书局等新兴的出版商。

在教科书选文方面则出现了不一致的情况，有的教科书全由古文组成，有的是全白话文，还有的文、白混编，这是因为《新学制初级中学国语课程纲要》中的"教材支配"部分，对精读的规定只是语体文递减（三年分别为四分之三、四分之二、四分之一），但对于语体文和文言文的混编还是单独成册未做说明。

下文简单地介绍表3—5 中的初级中学国文教科书（《新中学教科书国学必读》《新中学古文读本》为高级中学用书）：

1.《初级中学国语文读本》。该书六册，专门为教授"国语文"而编。编者在"编辑大意"中阐述了对中学国文教学的见解，"初级中学对于各种文体，都应注重；高级中学则因彼底分科的性质，而注重彼所特别需要的。在理科则注重解释文，在文科则注重文艺，在教育科则注重儿童文学等等"。全书的选文分配，第一、二册注重记叙文；第三、四册注重论说文，而各以文艺为辅；第五、六册则为国外小说名作底翻译；长篇剧本多有单行本，不再选入。文章的次序，第一、二册以文理浅洁篇幅短长为准；第三、四册以问题为准；第五、六册以作家底国别和时代为准。

2.《初级中学适用言文对照国文读本》。该书共三册，每册 32 课，均为古代诗文，同时以"初级中学适用译俗"的方式在正文后附有语体文翻译。正文均用旧式圈点，译俗则用新式标点符号，"庶几相得益彰，亦复各适其宜"。第一册叙记文稍多；第二册多加说明文；第三册方渐渐增多议论文及应用文、诗歌等。此书还提及其最注意的一点是：第三册中加入的议论体文，均以辨事类为多，论理者次之，因为辨事文开发思想之效力较论理为大，儿童脑力未达于十分成熟之域，仅可用浅近事引使入于理想，不当纯用抽象的为凭空之臆说，转使入于幻想。

3. 中华书局版《新中学教科书初级国语读本》《新中学教科书初级古文读本》。二书均由沈星一编辑，一"语"、一"文"各三册，在"编辑大意"中分别说明是为新学制初级中学国语科、国文科教学之用。《新中学教科书初级国语读本》选材注重"内容务求适切于现实的人生，文章务求富有艺术的价值"，内容以记叙文、抒情文为主，参用议论文、说明文，第一册都是当时人浅显的作品，以期和小学衔接；第二册兼采旧说部，使学者略识国语文演进的历程；第三册兼采译作，并略注重于讨论问题研究学理之文，使学者益了然于国语文在先进实际上的应用。

《新中学教科书初级古文读本》注重"养成读书之能力"的国文教学

目的，"系为衔接高级小学之用，所选文字务求浅显，且合于近代文法"，第一、二两册专以文之浅深为编次之序，不依时代为先后；第三册从古到今，顺次排列，俾学者略明文学之源流及变迁。还将"内容性质相近者或相发明者，比属排列，俾学者借有瀿发思想，比较判断之便利"，如第一册25—30 课分别为《卿云歌》《沧浪歌》《淮南民歌》《匈奴歌》《李小波歌》《敕勒歌》组成的一组民歌，再如第二册38—42 课分别为《与弟季书》《夜渡两关记》《诫兄子严敦书》《触龙说赵太后》《鸣机夜课图记》组成的一组描写家庭亲情的古文；文中精要之处旁加圆点，以助欣赏。

4. 商务版《新学制国语教科书》《现代初中教科书国文》。《新学制国语教科书》选文的标准是具有真见解、真感情、真艺术，不违反现代精神，而又适于学生的领受，不选高深的学术文；选文约分记叙的、写景的、抒情的、说理的、议论的五种。第一、二册文言文占十分之三；第三、四册文言文占十分之五；第五、六册占十分之七，如此配置是要与小学及高级中学相衔接。该书非常畅销，据笔者所见，至1930 年6 月已经是172 版了。

《现代初中教科书国文》则多选古文及旧体诗，六册共274 课，现代及外国作品仅仅17 课。选文编排不拘时代、文体，而主题相近的选文并列排列，以便比较，如第一册1、2 课为《桃花源记》（陶渊明）、《桃源行》（王安石）；第二册37、38 课分别为王安石、方苞的《原过》；第三册43、44 课为《蔺相如完璧归赵》（《史记》）、《蔺相如完璧归赵论》（王世贞）；第四册33、34 课分别为姚鼐、薛福成《登泰山记》，45、46 课为《费宫人传》（陆次云）、《费宫人刺虎歌》（袁枚）；第五册17、18 课分别为韩愈、汤鹏《师说》，29、30 课为《信陵君传》（《史记》）、《信陵君颂》（储大文）；第六册35、36 课为《荆轲刺秦王》（《战国策》）、《咏荆轲》（陶潜）等。该书出版后也非常畅销，笔者所见，至1927 年10 月已达70 版；1932 年1 月29 日，商务印书馆遭日军轰炸，该书于1932 年11 月重新制版印刷，为"国难后"第1 版，在当年12 月已达"国难后"第5 版。

该时期由于新学制刚刚颁布，初级中学、高级中学分设，再加上白话文正式、"合法"地进入中学国文教科书，不同出版社、不同编者编辑出版的教科书在选文的文、白搭配方面都各自摸索，没有达成一致。阮真在 1929 年选择当时较为畅销的由商务印书馆、中华书局出版的四套教科书，从选文分量、内容等诸多方面进行了比较分析，发现四套教科书存在着较大差异，现在就从分量、内容两方面来看一下阮真的统计分析（见表3—6、表3—7）。

表3—6　　　　　新学制时期初中国文教科书分量分析表①

教　科　书	篇目数	字数	平均每小时学习分量②
《新学制国语》（商务）	260	243769	508 字（文、语并选）
《现代国文》（商务）	274	112537	234 字（文言的）
《初级国语读本》（商务）	118	252829	527（语体的）
《初级古文读本》（商务）	245	78283	163（文言的）

表3—7　　　　　新学制时期初中国文教科书内容价值分析表③

教　科　书		文育的	社化的	道德的	预备的	其他的
《新学制国语》（商务）	篇数	81	58	66	10	45
	字数	56850	64607	60442	15760	45453
	比例	23.2%	26.6%	24.9%	6.5%	18.8%
《现代国文》（商务）	篇数	93	27	93	2	59
	字数	55759	8525	43745	1294	23008
	比例	31.2%	7.7%	39.1%	1.3%	20.7%
《初级国语读本》（商务）	篇数	41	28	11	8	30
	字数	59797	102237	21389	42753	46203
	比例	21.2%	37.7%	8.1%	15.9%	17.1%
《初级古文读本》（商务）	篇数	121	26	53	3	42
	字数	29772	9756	19268	2310	15320
	比例	38.9%	12.8%	25.2%	3.0%	20.1%

---

① 阮真：《几种现行初中国文教科书的分析研究》，《岭南学报》1929 年第一卷第一期。
② 按每学期实足上课十六周，每周读文五小时计算。
③ 阮真：《几种现行初中国文教科书的分析研究》，《岭南学报》1929 年第一卷第一期。

从表3—6、3—7 中可以看出各教科书的分量、内容价值分配，出入甚大。

但是，如果考虑到《现代国文》《初级古文读本》是文言为主的教材，《新学制国语》《初级国语读本》是以国语文为主的教材，又可以发现其中有规律可循。在分量方面，语体教材每小时 500 字左右，文言教材每小时 200 字上下，语体选文浅显简易，"教授时毋庸咬文嚼字，且有可令其自读者"①，所以分量超过了文言一倍还多。在内容价值方面，如图 3—1 所示：

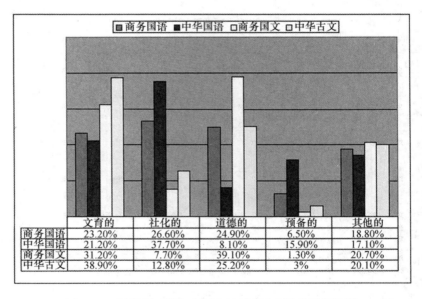

	文育的	社化的	道德的	预备的	其他的
商务国语	23.20%	26.60%	24.90%	6.50%	18.80%
中华国语	21.20%	37.70%	8.10%	15.90%	17.10%
商务国文	31.20%	7.70%	39.10%	1.30%	20.70%
中华古文	38.90%	12.80%	25.20%	3%	20.10%

图 3—1　新学制时期初中国文教科书内容价值比例概览

从图 3—1 可以看出，文言为主的教材中文育、道德的分量较多，而语体为主的教材中社化、预备的分量大。阮真还对各教科书的文体情况进行了统计，发现序跋、书札类以古文居多，演讲类全是语体，没有古文；诗歌中以文言诗词居多，小说则语体居多。② 这些都能够表明在语体

①　黎锦熙：《三十年来中等学校国文选本书目提要》，《师大月刊》1933 年第 2 期。
②　阮真：《几种现行初中国文教科书的分析研究》，《岭南学报》1929 年第一卷第一期。

文得以"合法"进入初中国文教科书后，教科书编者有了语体、文言分别承担不同教育价值的选文倾向，文言选文主要承担学生进行道德、教化功能，语体选文则传播新知、认识社会，为学生尤其不能升入高中的学生提供用于适应社会之"预备"的语言、思想技能。

三　新学制时期代表性现代中学国文教科书概貌

新学制时期商务、中华版初中国文教科书出版后，大受欢迎，销量倍增，多次再版：如中华版《初级古文读本》第一册版权页显示，1923年1月初版发行，1926年5月14版；《初级国语读本》1924年8月初版，1929年7月11版；1925年商务版《现代国文》1925年1月初版，1928年10月70版；《新学制国语教科书》1923年2月初版，1930年6月达到了172版。这四套教科书各具特色，但唯有商务版《新学制国语教科书》是严格按照新学制课程纲要编辑出版：

该书"编辑大意"首条即为"本书依照全国省教育会联合学程起草委员会所定初级中学《国语课程纲要》编辑"，封底有"教育部审定"字样；尤其该书明确标识了六册（三学年）书中的文言文比例，并逐年递增；该书也明确表示该书的编辑要"与小学及高级中学相衔接"，切实体现了"初级中学"学段特点。所以，该时期的代表性教科书选文分析就选择该书的选文进行分析。

选文概况：便于欣赏，适于诵读

《新学制国语教科书》编者在第五册的"编辑例言"中强调："本书第一册曾再凡例书条，今续补如左：（1）本书选择宗旨，以具有真见解、真感情及真艺术者，不违反现代精神者为限，不规规于前人成例；（2）本书既为初中读本，故务求适合于学生诵读，不恪守原书形式，凡有……（5）不适宜于读本性质者，及过冗长者删节之，删节处加……号，以期醒目；（3）古书解释说多不同，本书既为读本，性质不必涉及考证范围，故只有编辑者择取其一，如欲求详，有原书在。"

从这段续补的编辑说明可以发现，此时的教科书编辑思想更加科学、客观：教科书就是在校中学生学习用书，因教学需要可以删节原文，且不涉及考证范围（似乎考证是大学专门研究科考虑的时期），第一册中的原编辑大意也曾说"高深的学术文非初中学生能力所胜，概不加入"；初中学生有自己的阶段性特点，重点不在识字、不在研究学术，而在"涵养学生对于文学的欣赏能力，培植阅读古书的好尚和能力"，方法就是"诵读"。该教科书的编者之一叶圣陶还专门撰文就其中提到的"真见解、真感情、真艺术"加以说明——"所谓真见解云云，同时就准对着'欣赏文学'这个目标。一个初中学生，精读了这些教材，去看平易的古书，总不致茫无所知；去欣赏情味普遍的文学作品，总不致了无所感；这当是经验上可以承认的。"①

为了便于与清末、民初时期的教科书选文进行对比关照，我们主要分析《新学制国语教科书》中的古代作品选文。《新学制国语教科书》共有 260 课，其中古代作品选文 146 篇，古代作品选文并没有按照时代顺序编排，叶圣陶对该书实行的文、白混编的缘由解释道："文言和语体是一贯的，文法所差有限得很，取混合教本做教材，为文法上的说明比较和练习，正可以收语文过渡的实效。我们只因为二者是一贯的，不是相反而是相成的，所以平等待遇，混合编在一起。"② 既然文、白都是"一贯"的、"平等"的，那么古代选文内部之间更没有必要拘于时代先后了。但在深浅程度上还是有所区别的，如古代白话小说因为通俗易懂，故事性强，对学生富有吸引力，基本上全部放在了第一册，第二、三册各一篇，第四、五、六册就没有编排；第五、六册（第三学年）古代选文共 65 课，而文言文则占了 46 课。全书中的古代作品选文总体情况见表3—8：

表3—8　　　　　《新学制国语教科书》古代作品选文概况③

朝代	数　量	代表作家（作品数量）
先秦	33（散文30；诗歌3）	《孟子》(11)；《墨子》(3)
汉	31（散文20；诗歌11）	《史记》(8)；王充(6)

---

① 叶圣陶：《关于〈初中国语教科书〉的陈述》，《叶圣陶教育文集4》，人民教育出版社1994年版，第17页。

② 同上。

③ 表3—8 中的选文数量统计以篇为单位，如《四时田园杂兴（六十首之八）》虽然一课，但按照8篇计算，类似还有《词四首》《绝句四首》等。

续表

朝代	数量	代表作家（作品数量）
魏晋南北朝	10（散文 7；诗歌 3）	
唐	21（散文 4；诗歌 17）	李白（4 课 7 篇）；白居易（4 课 5 篇）；杜甫（3 课 4 篇）
宋	32（散文 5；诗歌 27，其中三课组诗 24 首）	范成大（2 课 9 篇）；杨万里（1 课 12 篇）
元	4（散文 1；戏曲 3）	
明	15（散文 11；诗歌 3；戏曲 1）	归有光（2）；宋濂（2）
清	37（散文 26；诗歌 4；小说 7）	袁枚（6）；崔述（4）

从表 3—8 可以看出：

（1）在体裁方面，古代选文体裁更加多元化，而且朝代特色鲜明。除了典范性选文中的散文、诗歌、小说外，还有戏曲，如《牧羊记·望乡》《琵琶记·吃糠》《鸣凤记·写本》等。而且每个朝代都有自己的"标志性"体裁的文学作品，如七篇小说全部选自清代，四篇戏曲三篇选自元代；四篇佚名民歌汉代、南北朝各两篇，六篇词五篇来自宋代。

（2）从具体作家入选的篇目来看，作品表现的具体主题入选的关键因素。有些作家的作品在数量上看很有优势，实际上作品内容主题的原因，尤其一些组诗。如杨万里虽有 12 首诗歌入选，实际是《寒食雨中游天竺（十六首之十二）》，即一组描写景色的诗歌，同类的还有范成大《四时田园杂兴（六十首之八）》；李白的《绝句四首》，包括《赠汪伦》《闻王昌龄左迁龙标遥有此寄》《黄鹤楼送孟浩然之广陵》《春夜洛城闻笛》，都是关于朋友送别主题的；节自《史记》的 8 篇，7 篇是人物传记，是展现历史人物的。

可见，在选文的编排上的确体现了编者提出的准对着"欣赏文学"的目标。同时，选文还体现了选文的教学目的，比如选文中，虽然有词，但数量不多，仅有两课 6 篇（第四册的《西湖词二首》、第六册的《词四首》），李清照、柳永、辛弃疾等人的词作都没有入选，这大概和宋代词作要么淫亵要么掉书袋有关。①

四 教科书中的女性形象：社会底层人，自立女国民

《新学制国语教科书》中以描写女性为主的古代作品选文主要有下列篇目（见表3—9）：

表3—9 　　新学制时期代表性（商务版）教科书女性题材选文概况

选文名称	作者	朝代	体裁
《卖鱼妇》	江剡	清	诗歌
《插秧女》	陈文述	清	诗歌
《木兰诗》	佚名	北朝	诗歌
《缭绫》	白居易	唐	诗歌
《古诗为焦仲卿妻作》	佚名	汉	诗歌
《祭外姑文》	归有光	明	散文
《先妣事略》	归有光	明	散文
《祭妹文》	袁枚	清	散文
《费宫人刺虎歌》	袁枚	清	诗歌
《费宫人传》	陆次云	清	小说
《直辞女童》	王闿运	清	散文
《吃糠》	高明	元	戏曲
《蔡琰传》	《后汉书》	南朝	史传

从表3—9中可以看出，该时期的女性选文体裁多样，散文、诗歌、小说、戏曲皆备；女性形象既有真实历史人物，如《后汉书》中的蔡琰，也有文学人物，如《琵琶记·吃糠》中的赵五娘。

由于《新学制国语教科书》具备了鲜明的单元主题意识，即同类题材的作品在教科书中并列编排，所以我们可以通过并排的选文得知教科书编者赋予这些女性题材选文的教学功能。《买鱼妇》并排者是《奉化人的海间生活》（吴载盛），都是描写渔民生活；《插秧女》《卖火柴的女儿》并排，表现下层人民的艰辛；《木兰诗》《最后一课》并排，都和外

① 胡适：《国语文学史》，安徽教育出版社2006年版，第129页。

敌入侵有关;《缭绫》与《铁圈》([俄]梭罗古勃,周作人译)并排,主要人物都是女工人;《古诗为焦仲卿妻作》与《黄昏》([波兰]什朗斯奇,周作人译)并排,描写家庭中的已婚妇女,《黄昏》中的"伊"(跋来克)连名字都没有,终日劳苦,和男人去干一样的体力活,还时常遭丈夫打骂;焦仲卿;《先妣事略》与《祭亡妻黄仲玉》(蔡元培)、《祭姑文》与《黄克强先生哀辞》(胡适)、《祭妹文》与《金石录后序》并排,都是怀念逝去家人朋友题材;《费宫人刺虎歌》《费宫人传》《直辞女童》《漳南侠士传》四篇并列编排,其中的人物皆英勇无畏;《吃糠》与《蔡琰传》并排,都是和蔡邕(蔡伯喈)有关的女人,一个是其妻子,一个是其女儿。

表3—9 中选文的女性,大多都是普通的平民妇女,她们可以分为三类:(1)家庭亲人。如三篇祭文(《祭外姑文》《先妣事略》《祭妹文》)中的女性,主要是描写家人间的骨肉情深,有利于让学生感受体味"良好家庭分子"的职分及情感。(2)生活在社会底层的女子。如《卖鱼妇》《插秧女》《缭绫》中的女子,这类作品可以让青少年学生了解现实生活,认识真实的社会,而不是去探讨空洞的理想与蓝图。(3)与男人比肩、不让须眉的女子。如《木兰诗》《费宫人传》《直辞女童》中的女子,在战功、勇气、谋略等方面都是"巾帼不让须眉"的,足令男儿汗颜。即使《吃糠》《蔡琰传》《古诗为焦仲卿妻作》中的女性也不是封建传统下的贤妻,更多的充满着承担苦难、自我牺牲、坚贞不渝的坚强品格。

1917 年,《新青年》开辟了"女子问题"专栏,给女子问题讨论提供了平台。从该栏目发表的相关文章来看,虽然也有论者认为"当此女子智识方萌芽之日,而骤起与男子争政权,实非祥物也"①。但多数论者都主张女子与男子有同等的人格,对于社会国家当与男子负有同样的责任,要从以往的"良妻贤母"中解放出来,"良妻贤母固为妇女天职之一端,而生今之世,则殊非以良妻贤母为究竟。今时代女子当平权,即法律所许国民平等自由之权。吾女子当琢磨其道德、勉强其学问、增进其能力,以冀终得享有其权之一日,同男子奋斗于国家主义之中,追踪

---

① 陈钱爱琛:《贤母氏与中国前途之关系》,《新青年》1917 年第二卷第六号。

于今日英德之妇女。"① 再如，"欲培植健良完全之国民，舍从女界上进行，其谁属哉？普及女子教育、改良婚姻与育儿问题，岂非今日之第一急务哉？"② 又如，"万千之女子，或在家，或在市，或为人妇，或为人女，咸有伟壮不挠之精神。宁愿自食其力，不肯仰人鼻息；宁愿独身终生，不肯配偶失意。此种健旺之精神，可以于今日欧美社会之妇女觇之。现于欧洲今日之社会者，明日即将现于吾族之社会"③。1918 年 9 月，胡适在北京女子师范做了题为《美国的妇人》的演讲，他特别推崇美国妇人的"超于良妻贤母的人生观"，胡适进一步解释道："'超于良妻贤母的人生观'换言之，便是'自立'的观念。'自立'的意义，只是要发展个人的才性，可以不倚赖别人，自己能独立生活，自己能替社会做事"，他最后总结道："这种观念是我们中国妇女最缺乏的，我们中国的姊妹若能把这种'自立'的精神来辅助我们的'倚赖'性质；若能把那种'超于良妻贤母的人生观'来辅助我们的'良妻贤母'观念，定可使中国女界有一点新鲜空气，定可使中国产出一些真能'自立'的女子。这种'自立'的精神，带有一种传染的性质，越传越远，渐渐的造成无数'自立'的男女，人人都觉得自己是堂堂的一个'人'，有该尽的义务，有可做的事业。"④

在这种思潮的影响下，清末民初中学国文教科书中的"烈妇""孝女"消失了，出现饱读诗书、精通音律的蔡琰，出现了代父参军并屡立战功的木兰，出现了义正词严、敢于讥讽皇帝的直辞女童，出现了英勇果敢、不甘受命运摆布的费宫人，拒绝家长和官吏的操纵、以死抗争的刘兰芝……

第三节　新学制时期的现代中学国文考试

新学制时期，由于课程设置的细化，国文的课时比例下降了，但仍

---

① 吴曾兰：《女权平议》，《新青年》1917 年第三卷第四号。
② 陈华珍：《论中国女子婚姻与育儿问题》，《新青年》1917 年第三卷第三号。
③ 陶履恭：《女子问题：新社会问题之一》，《新青年》1918 年第四卷第一号。
④ 胡适：《美国的妇人——在北京女子师范学校讲演》，《新青年》1918 年第五卷第三号。

然不能说国文的地位下降了。如，曾任教于四川师范大学的萧蔓若教授回忆，1923 年他参加县里一年制"师范讲习所"招生考试时，考试科目只作文一门。① 再如，山东省许多学校尤其地处县、乡的学校也因缺少合格的教师而对国家颁布的课程进行了修改，以梁邹县为例，即使到了1928 年当地高等小学毕业生参加升学考试仍可以不参考英语考试，因为他们从来没有学过英语。② 接下来，考察一下新学制时期重要考试中的国文概况。

一 大学入学考试中的国文试题

国立北京大学 1922 年度入学考试《国文》试题如下③：

（1）下列之文，试加以标点符号 自入莱芜谷夹路连山百余里水隍多行石涧中出药草饶松柏林藿绵蒙崖壁相望或倾岑阻径或回岩绝谷清风鸣条山籁俱响凌高降深兼惴栗之惧危蹊断径过悬度之难未出谷十余里有别谷在孤山谷有清泉泉上数丈有石穴二口容人行入穴丈余高九尺许广四五丈言是昔人居山之处薪爨烟墨犹存谷中林木致密行人鲜有能至矣

饶： 危蹊： 悬度： 许：

以上四词，试解其意义

（2）作文题 述五四运动以来青年所得之教训

高等师范 1922 年度入学考试《国文》试题则为④：

（1）句读及解释大意 赵简子问于翟封蔡曰语闻翟雨谷三日信乎曰信又闻雨雪三日信乎曰信又闻马生牛牛生马信乎曰信简子曰大

① 萧蔓若：《书卷与我共此生》，《群言》1992 年第 10 期。

② 曹诗第：《文化县》，泥安儒译，山东大学出版社 2005 年版，第 70 页。

③ 《本届招考预科新生入学试验各项题目·国文》，《北京大学日刊》第 1067 号第 3 版，1922 年 8 月 5 日。

④ 《本届本科新生入学试题一览·国文试题》，《北京高师周刊》第 170 期第 1 版，1922 年 10 月 1 日。

哉妖亦足以亡国矣对曰雨谷三日虹风之所飘也雨血三日鸷鸟击于上也马生牛牛生马杂牧也此非翟之妖也简子曰然则翟之妖奚也对曰其国数散其幼君弱其诸乡贷其大夫比党以求禄爵其百官肆断而无告其政令不竟而数化其士巧贪而有怨此其妖也①

（2）作文（两题任作一题）（甲）试述经过学校教授国文之略况。（乙）我为何乐以教员生活为终身之职业。

从以上两套试题中不难发现，当时的国文考试主要有两类题型，一是给古文加标点，并翻译（字词或全文）；二是作文。显然第一道题是考古文的；作文的论题虽然切近现实，谈五四、谈学校教授国文略况，但从其用语上看还是偏重文言文的。再说，直到 1928 年春，第一次全国教育会议议决初中入学考试不得试文言文，② 至于大学升学考试中的作文要用文言文就不言而喻了。

1923 年，北京几个国立学校因应社会之需要和学术之演进，都改为六年毕业的大学了。③ 下面再来看一看该年北京各学校入学考试《国文》试题：

1. 国立美术专门学校《国文》：美术常附丽于实用之品物为设施说（西洋画系；图案画系）；美术离于实用而自能生存说（中国画系）。另，《历史地理》第一题：孔墨思想异同之点安在，能言之否？

2. 北京交通大学：问国有铁路与民有铁路政策孰优？

3. 中国大学：（1）求学不忘救国，救国不忘求学说 （2）拟收回威海卫宣言

4. 国立北京法政大学：（A）第一日①国民勤俭关系於国家富强说②联邦国制与单一国制孰宜于中国说 （B）第二日①代议制果否适于中国乎②废督裁兵策

---

① 《说苑辨物篇》节录，笔者注。

② 黎锦熙：《三十年来中等学校国文选本书目提要》，《师大月刊》1932 年第 2 期。

③ 《学校调查：民国十二年北京各学校入学试题一览》，《云南旅京学会会刊》1924 年第五期。

5. 国立北京女子高等师范：（1）试就左列全文加以标点符号，并将全文之末段（自一箪食—豆羹）翻译成白话孟子曰鱼我所欲也熊掌亦我所欲也二者不可得兼舍鱼而取熊掌者也生亦我所欲也义亦我所欲也二者不可得兼舍生而取义者也生亦我所欲所欲有甚于生者故不为苟得也死亦我所恶所恶有甚于死者故患有所不辟也如使人之所欲莫甚于生则凡可以得生者何不用也使人之所恶莫甚于死者则凡可以避患者何不为也由是则生而有不用也由是则可以避患而有不为也是故所欲有甚于生者所恶有甚于死者非独贤者有是心也人皆有之贤者能勿丧耳一箪食一豆羹得之则生弗得则死呼尔而与之行道之人弗受蹴尔而与之乞人不屑也万钟则不辨礼义而受之万钟于我何加焉为宫室之美妻妾之奉所识穷乏者得我与乡为身死而不受今为宫室之美为之乡为身死而不受今为妻妾之奉为之乡为身死而不受今为所识穷乏者得我而为之是亦不可以已乎此之谓失其本心（2）解释下列诸语之文义及词性（字旁有○符号者宜注意）a 汝得人焉○耳○乎 b 吾末如○之○何○已矣 c 末之○也已何必公山氏之○之○也（3）作文（不拘文言白话）略述中学时代肄习国文之经过另，《历史》第一题：春秋时代，有孔老墨三家，试述三家之姓名，及其学说之大略。

6. 国立北京大学：（甲）本科入学试题《国文》：①艺术与人生②科学与人生　另，《英文》试题：（1）译下列两段（汉文）之一为英文（a）略（白话文）（b）秋水时至，百川灌河；泾流之大，两涘渚崖之间，不辨牛马。于是焉河伯欣然自喜，以天下之美为尽在己。顺流而东行，至于北海，东面而视，不见水端。于是焉河伯始旋其面目，望洋向若而叹曰："野语有之曰，'闻道百，以为莫己若'者，我之谓也。且夫我尝闻少仲尼之闻而轻伯夷之义者，始吾弗信；今我睹子之难穷也，吾非至于子之门则殆矣，吾长见笑于大方之家。"（2）用白话或文言译下列两段（英文）之一

（乙）预科新生入学试题：（1）作文你们在中学时代研究国文的经过和心得，把他择要写出来（2）试就左列之文加以标点符号并将文中右面有○符之字说明其词性及义意　毛遂比至楚与十九人论议十九人皆服平原君与楚合从言其利害日出而言○之日中不决十九人谓毛遂曰先生上毛遂按剑历阶而上谓平原君曰从○之利害两言而决

耳今日出而言从日中不决何也楚王谓平原君曰客何为者也平原君曰
是胜之舍人也楚王叱曰胡不下吾乃与○而君言汝何为者也毛遂按剑
而前曰王之所以叱遂者以楚国之众也今十步之内王不得恃楚国之众
也王之命悬于遂手吾君在前叱者何也且遂闻汤以七十里之地王○天
下文王以百里之壤而臣诸侯岂其士卒众多哉诚能据其势而奋其威今
楚地方五千里持戟百万此霸王之资也以楚之强天下弗能当白起小竖
子耳率数万之众兴师以与楚战一战而举鄢郢再战而烧夷陵三战而辱
王之先人此百世之怨而赵之所羞而王弗知恶焉合从者为楚非为赵也
吾君在前叱者何也楚王曰唯唯诚若先生之言谨奉社稷而以从○毛遂
曰从○定乎楚王曰定矣毛遂谓楚王之左右曰取鸡狗马之血来毛遂奉
铜盘而跪进之楚王曰王当歃血而定从次者吾君次者○遂○遂定从于
殿上毛遂左手持盘血而右手招十九人曰公相与歃此血于堂下公等录
录所谓因人成事者也

7. 国立北京师范大学预科《国文》：近今中等学校，选择国文教材，或偏重国故之阐明，或偏重新知之输入，诸生曾受中等教育，必能知其利弊，试各依己见，分别加以批评。（文章必须分段，并加标点符号）。另，《历史》第一题：西晋之士风

8. 国立北京医科大学：试述青年卫生之要义（文言语体皆可，但须加标点符号）

从以上试题中可以发现：（1）作文题目无一例外的都是在关心现实社会，如谈谈对铁路国有（北京交通大学）、收回威海卫（中国大学）、代议制、废督裁兵（北京法政大学）的认识；（2）大多数学校强调，作文要加标点，除了了解词义还要知晓词性，这是国语运动的成效；（3）再从其中的一些历史试题可以发现，像孔墨学说、魏晋风度等俨然已经被当作历史科目的教学内容看待了，这也再次说明，新学制时期学习科目的分工逐渐明确、细致，国文学科即将摆脱无所不包的、文史不分的"大综合"学科定位。

从中我们还可以发现大学在试题中对于偏重文言文还是语体文的犹豫：有的学校以文言文为主，包括翻译和作文，像北京大学英语试题中的汉译英翻译的还是文言文，英译汉允许使用文言文；部分学校开始尝

试允许学生使用语体文写作，如北京医科大学、北京女子高师要求作文"文言、语体皆可"，但更多的学校还是选择了不表态是"必须"还是"皆可"；另外，有不少学校（北师大、北大预科、女子高师）的作文是让学生写一写他们在中学阶段学习国文的经历，表明大学也在调查了解当时中学国文教育的实际情况，是白话教授为主还是文言为主。

二　现代中学入学考试试题

对于考文言还是考国语的摇摆，在高级中学的入学考试中也有呈现。如 1923 年北京师大附属高中入学考试试题①：

（一）作文家庭生活与学校生活之比较

（二）试将下列一段译为文言文（须用标点符号）

"那日正是黄梅时候，天气烦躁，王冕放牛倦了，在绿草地上坐着。须臾，浓云密布，一阵大雨过了，那黑云边上镶着白云，渐渐散去，透出一派日光来，照耀得满湖通红。湖边上山，青一块，紫一块，绿一块。树枝上都像水洗过一番的，尤其绿得可爱。"

（三）文法

1. 何为句，分句，兼词？

2. 何谓主词？何谓谓词？试举例以明之！

3. 试将一"人"字，举例证明，其能做名词，动词，副词（Adverb）及区别词（Adjective）之用。

4. 下列各句，字旁有____符号者，试逐一注明，其属于何词类。

①谁为大王为此计者；谁为为之；为人谋其为人也

②歌于斯，哭于斯；斯人也而有斯疾也

③之二虫又何如；自楚之滕；先王之道

④梁与籍俱观；孟子独不与欢言

（四）标点使用法

明末河间被兵曾伯祖镇番公年尚幼为兵击以去至章丘乘夜逸出

① 《高级中学第二部入学试验国文科试题》，《北京师大周刊》第二〇四期第四版，1923 年10 月7 日。

比晓怅怅无所适忽一人谛视良久曰若非四官耶勿畏我故若家雇工季守敬也询及家事相持泣泣已扶之行。

从中可以看出，考试标点、词性都是国语内容，但具体的例子又都是文言文，而且翻译是把白话小说翻译成文言，作文是文是白也不甚明确。这是高中第二部（数学及自然科学）的考试，可以想象，第一部会更倾向于文言。这说明，1920 年国民小学实行国语教学，对高一级学校的国文教育影响还是非常有限的。这些试题再次表明，新学制刚刚确立，虽然语体文得以进入中学国文教科书，但在当时并未取得和文言同等的地位，语体文是用来增进知识扩大视野的，"语体文教授时毋庸咬文嚼字，且有可令其自读者"①，而考试则以文言为主。再者，在当时普遍认为，中学生未必都是要进入高一级学府的，似乎还有一层意思，即是打算升学者就要刻苦学习文言文以应付考试（试题以文言为主），不打算升学者则阅读语体文以"陶冶性情"。

相比而言，在初级中学的入学考试中，"语体"色彩则浓郁得多。如 1923 年，北京师大附中初中入学考试国文试题②：

（1）作文记暑假中之工作
（2）将下列文言译成语体毒日当空，遍照四野。长塘之旁，白鸭成行，曲颈睡去。花草畏日，亦尽低头，高堤杨柳，密叶藏蝉，独在争噪⋯⋯
（3）国文测验：（A）下边各字如有错字，划上一道 1. 听人说这里诏考，我就来报名；2.（略）（B）在下边各句里填上相当的字。1. 白居易（　）唐朝（　）人；2. 炭是（　）的；3.（略）

再如 1923 年北京师大附中初级中学第二学期入学考试国文试题③：

---

① 黎锦熙：《三十年来中等学校国文选本书目提要》，《师大月刊》1932 年第 2 期。
② 《新制初级中学第一学年第一学期入学试验国文试题》，《北京师大周刊》第二〇四期第六版，1923 年 10 月 7 日。
③ 《新制初级中学第一学年第二学期入学试验国文试题》，《北京师大周刊》第二〇四期第五版，1923 年 10 月 7 日。

（1）作文烈日之下的街市

（2）下列文言译为语体　阿留者，太仓周元素家僮也。性痴状，元素使执洒扫；终朝运帚，不能洁一庐。元素怒，阿留掷帚于地，曰："汝能此，曷烦我为？"……舍前植新柳数株，元素恐为邻儿所撼，使阿留守焉，阿留将入饭，则收而藏之。

（3）国文测验：（A）下边各字如有错字，划上一道 1. 我们层来到这个学校参观过；2.（略）（B）就下列的名词选择几个，放到各句里相当的地方。父亲，世界，身躯，光线，高墙，面庞，草绳，宾客，烧酒，仆役 1. 他仿佛从一个 ． ． 投入别一个 ． ． 里；2.（略）

从中可以看出，作文已经是语体文；要求翻译的古文，也已经加上了标点符号，大大降低了难度；"国文测验"题，主要涉及识字、写字及词性的辨别，属于简易的语法范畴。新学制时期东大附中的初级中学入学考试国文试题题型包括（甲）短篇作文（约百字左右）、（乙）国文测验；高中则是（甲）作文、（乙）国文常识、（丙）章旨及句读。[1] 可见，当时的初级中学入学考试国文试题大致都是如此。

通过以上所列各级学校入学考试中的国文试题可以发现：（1）在小学升入初级中学时，一些学校已经开始偏重语体文，这是因为一来1920年已经公布法令，国民学校使用国语；二来政府及社会各界正努力把小学、初中向大众教育方向推进；（2）高级中学、大学的入学考试中，文言试题则占据了绝对优势，不但国文如此，英语试题中的英汉互译还要求使用文言。由此可见，文言文在新学制时期依然还是社会分层的重要标志之一，只是它的分层功能内隐了。葛兆光指出，似乎在精英和经典的思想与普通的社会和生活之间，还有一个"一般知识、思想与信仰的世界"，他进一步解释道，"一般知识、思想与信仰"是一种"日用而不知"的普遍知识和思想，它一方面背靠人们不言而喻的终极的依据和假

---

① 《国立东南大学附属中学校招考学生简章（1926 年）》，刘昕主编：《中国考试史文献集成　第七卷（民国）》，高等教育出版社2003年版，第232页。

设，建立起一整套有效的理解；另一方面在日常生活中起着解释与操作的作用，作为人们生活的规则和理由。① 我们不能因为新文化运动期间一些新思想精英们的活跃，就以为"语体文"真的备受欢迎、大行其道了，最起码作为青少年一代跻身社会上层梯子的高级学校（包括高中和大学）的入学考试国文试题，似乎看不出"文言"的没落与消逝。这就不难理解，新学制时期那些全由语体文组成的中学国文教科书如"民智书局沈仲九编的《初中国语文读本》，世界书局《中学国语文读本》，各校采用的比较少了"②。

小　结

当启蒙思想家要建立现代文化秩序时，他们首先需要清除古典文化中的贵族等级观念，并注重从现实社会和民间文化中汲取思想的营养，并利用民族俗语重新建构一套新的文化价值体系。③ 新学制国语课程纲要乃至整个新学制的重要推动者胡适等人掀起了新文学运动，但他们又经历了完整、苛刻的私塾教育，可以说得上是既熟悉文言文又精通白话的"双语知识分子"；他们又曾留学欧美，接受了西方的教育理念，但他们从小就已经熟读古代诗书，可以说得上是传统与现代兼具的"中西交融知识分子"，他们促使了民间俗语（白话文）逐渐上升为国家语言，但他们不但没有打"死"古文，还发起了"整理国故"运动，以重新估定中国古代经典的现代"新"价值，可以说，胡适等人在古典文化和现代文化之间担任了起承转合的作用。④ 这些都影响着新学制时期的现代中学国文教育，尤其影响着中学国文教科书对中国古代作品选文的编排。

随着中学教育平民化、大众化思潮的发展，现代语体文进入教科书

---

① 葛兆光：《中国思想史　导论：思想史的写法》，复旦大学出版社 2009 年版，第 13—14 页。

② 阮真：《几种现行初中国文教科书的分析研究》，《岭南学报》，1929 年第一卷第一期。

③ 江宁康：《启蒙思潮·经典建构·文化转型——论启蒙运动与现代西方诸民族的文化转型》，《清华大学学报》（哲学社会科学版）2011 年第 6 期。

④ 李孝悌：《清末的下层社会启蒙运动：1901—1911》，河北教育出版社 2001 年版，第 287 页。

也渐渐得到了官方、民间的一致认可，继 1920 年教育部公布小学使用语体文后，1922 年新学制的颁布又让白话文在中学国文教科书中取得了合法地位；同时，越来越多的人意识到中国古代文化经典的现代价值，所以教科书中也没有排斥古文。新学制中学国文教科书选文还有了文学文、实用文的区分，在重点培养青少年学生表达交流能力的同时，也不忽略对审美鉴赏能力的培养。教科书中的人物形象也更加多元，在他们身上大都体现着现代国民的首要品性，即爱国乐群、富有社会责任感。这些都潜移默化影响着青少年学生正确世界观、人生观、价值观的形成。

　　"壬戌"新学制是民间教育团体促成的一次自下而上的教育改革，同时，也正是因为没有一个强有力的中央政权，民间推动的中学教育大众化实践步履蹒跚：一方面，白话文的地位无法在实际中得到保障，文言文在社会上还是非常重要交际工具，升学考试还离不开文言文；另一方面，教科书在文言选文、白话选文编排方面无法统一。随着国民党北伐的推进，在南京国民政府成立后，这些问题的解决方案即将提出，国文教育也将迎来一个新时期，文雅化的俗语及俗语化雅言书写的文化经典即将成为中学国文教科书选文的主导。

第 四 章

注重实用　欣赏文艺（1928—1932 年）

　　本书所选教材，纯为积极的。扼要的说，凡合于下列标准的才
选：甲、灌输中国国民党党义的；乙、鼓励革命精神的；丙、导入
政治轨道的；丁、确立科学观念的；戊、改善学生生活的；己、引
起文学兴趣的；庚、训练作文技能的。不合以上标准的文篇，概不
选录。

　　　　　　　　——胡怀琛等：《新时代初中国语教科书·编辑大意》

　　本书选文以下列各项为最要条件：①不背中国国民党党义，尽
量的发扬三民主义的精神，对于革命前途具有兴奋和努力的态度；
②切近现社会生活，提倡劳动和合作，指示积极的建设的途径；③
对于人生一切抱有热烈丰富的感情；④适合初中程度，并能激励研
究古今语文的兴趣。

　　　　　　　　——朱剑芒：《新主义教科书初中国文·编辑纲要》

　　本书选材，根据下列五标准：①合于中国国民党党义；②合于
社会现实的生活；③合于艺术的条件；④合于伦理的规范；⑤合于
初中学生之心理及学力。

　　　　　　　　——朱文叔：《新中华教科书国语与国文·编辑大意》

第一节　1929 年课程标准时期国文教育的政策性规定

一　三民主义教育宗旨的颁布与实施

1927 年，伴随着北伐的进行，南京国民政府成立。1928 年 5 月 15—28 日，在当时的大学院院长蔡元培的主持下，"关系全国教育前途、至重且大"的全国教育会议在南京召开，会议中共收到 402 件议案，把同样性质的合并后，重要的有七项，其中最前三项是：（一）确定了三民主义为教育宗旨。（二）教育机会平等，不但是义务教育，并且更要在推广民众教育，以奖励贫苦学生之外，去救济失学的青年。（三）提倡劳动生产，发展科学，注意艺术。会后发表了大会宣言，"决遵照三民主义的宗旨，订定实施全民教育的方案"。① 大会《宣言》中一再强调教育机会平等、厉行教育普及，这些都是"新学制"时期教育平民化思想的持续发展。

1928 年 12 月 28 日，东北易帜，国民政府完成了对全国形式上的统一。1929 年 3 月 25 日，国民党第三次全国代表大会第十一次大会，通过了确定教育宗旨及其实施方针案，认为"教育为立国之大本，国民精神生活与实际生活能否臻于健全与畅达全视教育方针能否适应民族与时代之需要"，而"清末以来，无方针无目的之教育所遗留之恶影响，积数十年之造因，正于此时乘民族衰颓、民生凋敝指挥，并合而为总发露"，所以要确定教育宗旨及其实施方针。该案总结了过去教育的四大弊害：

> 一为学校教育与人民实际生活分离，教育之设计，不为大多数不能升学之青年着想，徒提高其生活之欲望，而无实际能力之培养以应之；二为教育之功用，不能养成身心健全之份子，使在国家社会之集合体中，发挥健全份子之功用，以扶植社会之生存；三为各级教育偏注于高玄无实之理论，未能以实用科学促生

---

① 《全国教育会议闭幕》，《中华民国史事纪要》编辑委员会：《中华民国史事纪要》（中华民国十七年一至六月份），1929 年 3 月 25 日，台北："中央"文物供应社 1978 年版，第 945 页。

产之发展，以裕国民之生计；四为教育制度与教育设施缺乏中心主义，只模袭流行之学说，随人流转，不知教育之真义应为绵延民族之生命。

显然，被认为是"弊害"的东西，就是新政权力图改变的。简单来讲，新政府的教育功用在于"养成身心健全之分子"，所以要为大多数不能升学之青年着想，教学内容不能"高玄无实"，而要"裕国民之生计"。这些都表现了刚刚成立的南京国民政府实行教育大众化的政策倾向。同时，该案还明确指出"本党在政治上之地位与责任，不同于往日"，显然这就是要把国民党的指导思想用于国家治理，当然包括教育，"中华民国今后之教育，应为三民主义之国民教育，已无疑义"。如随后颁布的《初级中学国文暂行课程标准》中，对于选用教材的首要标准即是"包含党的主义及策略，或不违背党义的"。① 该时期编辑出版的初中国文教科书，均在其"编辑大意"中首先明确标明了"完全根据三民主义教育精神""灌输中国国民党党义"等字样，并选入了《何谓中国国民党》（戴传贤）、《三民主义之认识》（胡汉民）、《说党》（吴敬恒）、《民生主义之哲学的应用》（俞愉）、《中国国民革命与日本》（蒋中正）、《孙中山先生的革命生活》（黄昌谷）、《总理与南京》（刘纪文）等介绍"三民主义"及国民党的选文。

二 1929 年课程标准对现代中学国文教育的规定与要求

1928 年 3 月，南京国民政府大学院公布《中学暂行条例》，规定中学学分之标准数目，初中为 180 学分，其中国文为 36 学分，是学分最高的课程；高中公共必修学分为 150 学分，国文为 24 学分，仅次于外国文（26 学分）。② 1929 年 8 月，教育部颁行了《中小学课程暂行标准》：

---

① 《初级中学暂定课程标准》第 2 页，《中小学课程暂行标准 第二册 初级中学之部》，上海卿云图书公司 1929 年版。

② 教育部：《第一次中国教育年鉴 丙编 教育概况》，开明书店 1934 年版，第 191 页。

初级中学国文暂行课程标准

第一　目标

（一）养成运用语体文及语言充畅地叙说事理及表达情意的技能。

（二）养成了解平易的文言文书报的能力。

（三）养成阅读书报的习惯和欣赏文艺的兴趣。

第二　作业要项

（一）阅读

（甲）精读　由教员选定适当的材料，指导各种研究的方法，使学生对于所读的材料，关于内容方面，有明白的认识，关于形式方面，有详细的了解。

（乙）略读　由教员选定整部的名著，或节选整部的名著，指导读法，使学生对于所读的内容旨趣，有概括的了解和欣赏。

（二）习作

（甲）作文练习　命题，或试用其他练习的方法。

（乙）口语练习　演说或辩论。

（丙）书法练习　楷书熟习或行草书试习。

第三　时间支配

（一）精读指导　三小时。

（二）略读指导　一小时。

（三）作文练习　二小时。

第四　教材大纲

（一）阅读

（甲）精读

（子）选用教材的标准：

（1）包含党的主义及策略，或不违背党义的。

（2）合于现实生活的；乐于社会生活的。

（3）含有改进社会现状的意味的。

（4）合于学生身心发育的程序的。

（5）叙事明晰，说理透辟，描写真实的。

（6）造句自然，音节和谐，能耐讽诵的。

（丑）教材排列的程序：

（1）语体文与文言文并选，语体文渐减，文言文渐增，各学年分量的比例递次为七与三，六与四，五与五。

（2）各种文体错综排列。第一年偏重记叙文抒情文，第二年偏重说明文抒情文，第三年偏重议论文应用文。

（乙）文法与修辞　文法的词性，词位，句式；修辞的组织法，藻饰法和文体的分类等，并就精读的选文中采取例证和实习的材料。

（丙）略读选用读物的标准，略举如下：

（子）能使学生对于国文知识与技能，获到更广的观察和更深的领会，而足以助长其作文和读书的能力的。

（丑）能使学生对于品性的涵养，获到方法的指导与实际的受用，同时于作文读书有相当的助力的。

（寅）能使学生对于思想之启发，获到理论的指示和实际的自得，而同时于作文读书有相当的助力的。

（卯）能使学生对于文学获到最低限度的常识，或引起欣赏的兴趣的。

（二）习作

（甲）作文练习

（子）命题　作文题材取有关于现实生活的，并多取记叙描写的题材。

（丑）记录　故事，传说，演说，及新闻等记录。

（寅）笔记　教室听讲的笔记；课外读书的笔记。

（卯）应用文件。

（乙）口语练习　练习的先后，供给演说或辩论的方法与材料。

（丙）书法练习　楷书及行草书字帖之临摹，或古碑帖之鉴赏。

第五　教法要点

（一）阅读

（甲）精读　课文二篇以上为一单位，须性质互相联络，或可互相比较的。其教学要点如下：

（子）令学生自备工具书籍，如字典，辞源，词诠，人名大词典等，并指导其使用方法。

（丑）教员讲解前，应先令学生参考工具书籍，预习生字，难句及关于人，地，时种种之查考。

（寅）课室讲解，只须略述课文的背景及大意，重在引起自习的动机，作扼要的，有趣味的介绍和问答，不逐字逐句的讲解。

（卯）教师应就选文中，可借文字之形音义之说明者略为指示。

（辰）教师讲述大意后，应指导学生作分析，综合，比较的研究，务使透彻了解。或提出问题，令学生课外自行研究。

（巳）应令学生于不妨碍他人用功的范围内，低声讽诵，以养成欣赏文艺的兴趣。

（午）教师所指导的要点和自习时参考研究所得，都要记录于笔记簿上，以备考查。

（未）每习毕一单位，须考查成绩一次。考查方法举例如下：

（1）复讲；

（2）示题（口答或笔答）；

（3）测验；

（4）默写；

（5）轮流报告及讨论；

（6）检阅笔记。

（乙）文法与修辞循序随选文递次教授，教学要点如下：

（子）每授一文，须就文中选取可借文法或修辞法说明之点，详为指示。

（丑）应使学生于随文得文法与修辞的实证外，仍有系统的概念。

（寅）就选文中摘取文法或修辞的习题，令学生练习。

（卯）就学生作文卷中，选取有文法上或修辞上谬误的实例，令其改正。

（辰）文法应注重语体文法与文言文法的比较。

（丙）略读　学生按个别的兴趣与能力，选读名著，每学期至少二种，其教学要点如下：

（子）先设法引起学生读书的动机，然后指示各种阅读的方法。

（丑）在所读书内提出问题，令学生作有系统的研究。

（寅）供给所读书的参考材料。

（卯）随时解答学生的疑难。

（辰）学生须将教员所指导的阅读方法，问题解答，和自习时摘出要点或问题讨论，都记录在笔记簿上，以备考查。

（巳）阅读时注重速率与了解。

（午）应定期或临时举行考查成绩，考查方法与考查精读成绩方法同（复讲除外）。

（丁）习作

（子）作文练习

（1）为引起学生作文兴趣，方法应多变化，略举几种如下：

1. 命题　教师命题，以适合学生经验为准；或学生提出题目，由教师择定之。

2. 翻译　翻文言文为语体文，或翻古诗歌为语体散文或语体诗歌。

3. 整理材料　由教师供给零碎材料，令学生作一有系统的文字。

4. 变易文字的繁简　或发一简约的文字，令学生就原意演绎变详；或发一冗长的文字，令学生就原意节为简短。

5. 野外写生　这是借用图画的习语。分学生为几组，由教师率领，到郊外实地描写景物。教师即就地指示观点的迁移，景物的远近及色彩的浓淡等，以定叙述先后的方法。

6. 余如记录，笔记等，已见上述。

（2）每次练习以后，必须有个别的或共同的批评，订正，或先加批指，使自行订正。

（丑）口语练习　于课外行之。或由教师命题指定演说，或由学生自由发表意见，或组织辩论会命题辩论。演说或辩论后，亦须加以批评。说话有文法上错误时，更须予以纠正。

（寅）书法练习　于课外行之。先求清楚及正确，次求敏速及美丽。

第六　毕业最低限度

（一）曾精读选文，能透彻了解，并熟习至少一百篇。

（二）曾略读名著十二种，能了解大意，并记忆其主要部分。

（三）能略知一般名著的种类，名称，图书馆及工具书籍的使用，自由参考阅读。

（四）能欣赏浅近的文学作品。

（五）能以语体文作充畅的文字，无文法上的错误。

（六）能阅览平易的文言文书籍。

高级中学普通科国文暂行课程标准

第一 目标

（一）继续养成学生运用语体文正确周密隽妙地叙说事理及表达情意的技能，并依学生的资性及兴趣，酌量兼使有运用文言作文的能力。

（二）继续培养学生读解古书的能力。

（三）继续培养学生欣赏中国文学名著的能力。

第二 作业要项

（一）阅读

（1）精读 由教员选定整部的名著，每学期一部为主要读物，辅以单篇的选读；使学生对于读物有详细的了解，并应注重于文学的技术之指示（包括材料的运用，思想的条理层次，描写人物的技术等等）。

（2）略读 使学生从教员的指导，选读名著，于读物的内容旨趣，须有概括的了解和欣赏。

（二）文法及修辞

（三）作文练习 包括读书笔记，专题研究，游览参观的记录，和各种文学体裁的试作等项。教员应于课外指导学生继续练习演说和辩论。

第三 时间支配

（一）讨论读物及文法和修辞的研究 三小时

（二）课堂上作文练习及评论作文 一小时

课堂上作文练习，间一周举行一次，每次二小时。

第四 教材大纲

（一）阅读

（1）专书精读　以助长学生作文与看书的能力为主要目的，增益知识启发思想涵养品性为副作用，依照各学年之程度，选定名著，每学期约一部。

（2）选文精读　选读范围，关于文的技能方面，以叙事明晰，说理透辟，描写真切，可供欣赏，可备参考为度。关于内容方面，有系统地分年，选及有关中国学术思想与文学的体制流变之文。

（3）略读　学生各就性之所近，力之所及，研究所涉，从教员的指导，选读整部的名著，名著的选本，文学的总集，有价值的杂志，散见各书的单篇作品等。

（二）文法及修辞

（1）文法应注重语体文与文言文的文法上的异同，并参采方言的文法及外国语文法，以供文法的比较研究。古书上文法的特例，也应分别说明，为学生读解古书的助力。

（2）修辞应注重文的组织法和体制，遣辞的各种方式，辞格的类例。关于文学作品的玩味，作家风格的识别，也应注意，以培养学生欣赏中国文学名著的能力。

（三）读解古书的准备工作

（1）就古籍中，选取校勘训诂注释之实例，用以说明最普通最切要的几条原则，便于学生阅读时之应用，并述及中国文字的构造法。

（2）列举最低限度的工具书籍，如书目答问，四库全书简明目录，各种年表，李氏五种，经籍籑诂，许学考，经义考。丛书举要，说文易检，小学考，广韵，玉篇……说明各书之体例及使用法，使学生得以检字，查人名地名，考年时，觅参考书目等。

第五　教法要点

（一）阅读

（1）选定可供学生阅读的书，精读或略读。共同地或个别地略讲所读的书，在历史上的地位和在文学上的价值，及作者时代的背景，个人的作风等；又讲共通的和特殊的阅读方法，分量与时间的支配，及参考书或单篇等，随时养成学生运用工具书及参考材料的能力。

（2）选定单篇，例如有关中国学术思想者为一种，有关文学流变者为一种，纯文艺者为一种，应用文为一种等等。略讲各种选文选择的标准，教授目的及内容的大要，诸篇相互的关联等。又就所选各种分别地，或参互地每篇为扼要的说明，不作逐字逐句的讲解，以引起学生课外自己阅读的兴趣。

（3）教员应随时用种种方法鼓励学生课外自习，并随时考查学生读书成绩，如检阅笔记，轮流报告及讨论，临时测验等。

（二）文法及修辞

（1）于讲读专书及单篇时，就学生对于文法及修辞的知识，扩所已知，益所未知，触类引申，随处指说。关于文法，能随时就学生所习外国语文法，指出其与中国语法文法异同，颇有益处。学生的口语有文法上的错误，教员也应随时纠正。

（2）于课堂讲读时间内，间三四周，将文法或修辞作一次归纳的有系统的演述。约各十数讲。

（3）于课外选定关于文法或修辞的参考书，略讲读法，供学生自由阅读或读书时检查参考之用。

（三）作文练习

（1）命题作文 课堂内作文，可养成学生作文敏捷的习惯和能力。课堂外作文，可养成学生作文详密的习惯和尽量发抒的能力。

（2）翻译 为最可以训练精确的作文技术之练习。其法：或译文言文为语体文，或译语体文为文言文，或译古韵文为语体的散文或韵文，或译外国短篇之文为中国文言文或语体文等。

（3）读书的笔记须教学生多作有条理，成片段的笔记。尤须注重养成怀疑不苟且，不潦草的习惯。

（4）游览参观的记载须注重观察的能力，材料采集的能力，判断的能力，与描写的能力。

（5）专题研究须提倡材料的搜集与排比，条理的训练，证据的批评等等习惯。

（6）文学作品凡小说，诗歌，戏剧，各种散文，皆可令学生试作。其有特别天才者，当就其性情所近，指示他多读名家作品，以作模范。

第六 毕业最低限度

（一）曾精读名著六种而能了解与欣赏。

（二）曾略读名著十二种而能大致了解欣赏。

（三）能于中国学术思想，文学流变，文字构造，文法及修辞等，有简括的常识。

（四）能自由运用语体文及平易的文言文作叙事，说理，表情达意的文字。

（五）能自由运用最低限度的工具书。

（六）略能检用古文书籍。

1929 年课程标准颁行后，引起了教育界对国文学科性质及国文教科书编排的讨论。有人认为该标准"虽然是暂行的，没有更比这课程更实际的完善标准"，因为它明确了国文的目的，不是以讨论思想问题为主，而是要训练学生表达思想和开发他心思与读书的能力。换句话说，"教育不是给人见解，而是帮助人得到见解"。所以选教材，不能单以思想问题为主；同时，以文艺的观点来为国文科选择教学材料，侧重文学的教材也是一种错误。因为文学在社会上的效用是很微，中学生到社会上需要的知识，更有比文学重要的。[1]宋文翰也认为，要编辑一部完善的国文教科书，就首先要明白国文科的性质：别的学科重在知识的传授，国文科重在传授知识的文字的运用的训练；别的学科重在内容实质的深究，国文科重在形式表现方法的探讨；别的学科在使学者明了，国文科则于明了而外，尚须使学者能运用。所以别的学科（工艺美术除外）可说是知识的学科，而国文则是技能的学科，就国文科的性质和所独担的责任来说，最重要的只有两事：阅读、发表。具体来说，国文教科书中所以选史传、游记，选古人嘉言懿行，并不是叫学生明了及记忆其内容，而是借此以见古人运用文字的技巧及发表的方式，借以增进学生阅读与发表的能力。[2]

---

[1] 施章：《中学国文选材之研究》，《云南教育行政周刊》1932 年第二卷第十四期。

[2] 宋文翰：《一个改良中学国文教科书的意见》，《中华教育界》1931 年第十九卷第四期（教科书专号）。

第二节 1929 年课程标准时期的中学国文教科书

一 新的出版机构陆续介入，教科书种类众多

南京国民政府形式上统一全国后，政局相对稳定，各级政府及地方士绅都支持中小学教育事业，中小学校数量持续增加，尤其增加了许多乡村中学。显然，随着中小学在校学生的不断增加，教科书需求量也越来越大，该时期除了教科书出版领域的传统机构如商务印书馆、中华书局、世界书局外，又有更多的出版机构介入了教科书领域，如北新书局、大东书局等；同时，一些师资力量比较强的中学如北师大附中、南开中学、扬州中学等，自编教科书在满足本学校的基础上，也推向了市场。该时期的现代中学国文教科书主要有以下几种：

表4—1　　　　　1929 年课程标准时期中学国文教科书概览

教科书名	初版年	编者	出版社
《新时代国语教科书》	1928	胡怀琛等	商务印书馆
《新中华教科书国语与国文》	1929	朱文叔	新国民图书社
《初中国文》	1929	朱剑芒	世界书局
《初中混合国语》	1930	赵景深	北新书局
《南开中学初中国文教本》	1930	南开中学	南开中学
《初中国文教本》	1930	张弓	大东书局
《初级中学北新文选》	1931	姜亮夫等	北新书局
《基本教科书初中国文》	1931	傅东华等	商务印书馆
《初中国文》	1931	王侃如等	南京书店
《初中国文》	1931	扬州中学	南京书店
《初级中学创造国文读本》	1932	徐蔚南	世界书局
《初级中学开明国文读本》	1932	王伯祥	开明书店
《初级中学国文读本》	1932	张鸿来等	师大附中国文丛刊社
《初级中学用国文教科书》	1932	孙俍工	神州国光社
《基本教科书国文教本》	1932	周颐甫	商务印书馆

续表

教科书名	初版年	编者	出版社
《高中国文》	1930	朱剑芒	世界书局
《新中华国文》	1930	沈颐	新国民图书社
《高中国文》	1931	扬州中学	南京书店
《高级中学用国文教科书》	1932	孙俍工	神州国光社

　　该时期的教科书的版本在短时间内快速增加，由于编者的思路不同，选文数量存在一定差异，以初级中学国文教科书为例，世界书局版《初中国文》在其"编辑纲要"中提到，根据最新版本的课程标准，该教科书"共选文二百四十二篇，正文字数约二十五万左右，分配六册，依次递增，一二两册合约六万余字，三四两册合约八万余字，五六两册合约十万余字"，这是严格按照课时、学生接受能力进行的选文数量编排。而新国民图书社（实际上是中华书局）出版的《新中华教科书国语与国文》六册选文达 336 篇，"本书分量，特行加多，第一册正文约四万字而强，以后各册递增五千字材料丰富，便于教者选择活用"；类似的还有南京书店版《初中国文》，也是"不拘于每学期实际所需之分量，俾教师可自由伸缩"。

　　另外，该时期各个版本的教科书为了增强市场竞争力，都力求凸显特色，在遵循课程标准的同时，也有自己的选文标准。如商务版《基本教科书·初中国文》在"编辑大意"说，"求各体的文字配合匀称无所偏倚，庶几欣赏和应用两方面兼能顾及，例如科学的文字（如第一册《鱼的游泳》）及普通的应用文字（如第一册之《汽车》，及以后各册之新闻社论、通讯以至书简公文等等）均为从前国文教本所不取，我们为求养成学生日常生活上的发表能力起见，故亦斟酌列入"。再如《开明国文读本》，"本书所选文字，专以国人为作者为限，绝不羼如译文，以期适合国情，俾使读者易于了解及欣赏"。北师大附中的国文读本，在根据教育部颁布的课程标准基础上，"本书所选各文，于其中思致、词彩、结构、篇幅，均凭依历年来教学经验精加鉴择"，显然这里的"教学经验"是适合于北师大附中这类学校的经验，具有较强的针对性。

二 现代中学国文教科书编排的科学化、规范化

虽然 1929 年课程标准颁布后，教科书种类繁多，但总体来看，该时期的中学国文教科书呈现如下特点：

1. 教科书选文实用、审美并重

1929 年《中小学课程暂行标准》对初级中学国文的目标规定为："（一）养成运用语体文及语言充畅地叙说事理及表情达意的技能。（二）养成了解平易的文言文书报的能力。（三）养成阅读书报的习惯和欣赏文艺的兴趣。"从中可以看出，"技能""能力""习惯""兴趣"成为关键字眼，具体来讲，要养成"语体文"及语言的表达技能，对于文言文则要求"了解平易的"，这显然更侧重于学生日常语文能力的培养，而非专业学术上的要求。第三条规定中提到的阅读书报、欣赏文艺两方面，阅读书报是对学生国文日常应用能力的要求，而欣赏文艺则是注重国文教育的文学性，即实用、审美并重。对于国文教材的具体规定，也鲜明地呈现了这一点，以精读为例，选用教材的标准包括：合于现实生活的，乐于社会生活的，含有改进社会现状的意味的；叙事明晰、说理透彻、描写真实的，造句自然、音节和谐、能耐讽诵的。

课程标准中对初中国文实用、审美并重的规定，直接影响着教科书选文的新变化，即注重选文的文学艺术性，也不忽略对学生作文技法的培养。如由朱剑芒编辑、世界书局印行的《初中国文》明确表示，该教科书选文包括实用文、文艺文两大类：实用文以记叙、摹状为主，说明、发抒、论辩各体居其少数；文艺文以新旧诗歌为主，佐以富有艺术精神的现代短篇小说，其百分比为记叙 34%、摹状 16%、说明 11%、发抒 5%、论辩 3%、诗歌 22%、小说 9%。[1] 赵景深编、青光书局出版的《初中混合国语》所选文字注重于兴趣与修养，务使无枯燥及有害身心之文；同时又于该教科书第一二册附文法；第三四册附作文法；第五六册附高等文法、作文法及应用文作法。[2] 徐蔚南编辑的《初级中学创造国文读本》，之所以名之"创造"，就是因为该教科书所选"篇篇都是积极的、

---

① 朱剑芒编辑：《初中国文（第一册）本册提要》，世界书局 1929 年版。

② 赵景深编：《初中混合国语编辑大意》，青光书局 1930 年版。

建设的、适合国情的"，"文艺作品尤注重于深入浅出而又耐人寻味"，同时每册中选辑议论作文法的文章五六篇，如《文章底原素与作文的态度》（陈望道，第一册）、《小品文在文章练习上的价值》（夏丏尊，第二册）、《作文的基本态度》（夏丏尊，第三册）、《叙述与观察》（叶绍钧，第四册）、《与友人论国民文学书》（周作人，第五册）、《语言对于思想的反响》（唐钺，第六册）等，"此种文章的本身仍须不失为精读教材，乃得收作文法和范文两者真正混合之效，而免绝然两物硬凑一起之弊"①。

2. 教科书选文文、白混排，文、法合编

暂行课程标准还对初中国文教材选文的排列程序进行了明确的规定：（1）语体文与文言文并选，语体文渐减，文言文渐增，各学年分量的比例递次为七与三、六与四、五与五。（2）各种文体错综排列，第一年偏重记叙文抒情文；第二年偏重说明文抒情文；第三年偏重议论文应用文。这些规定统一了初中国文教科书的选文原则，解决了新学制时期有混编者、有全文言者、有全语体文者的不规范情况。如中华书局版初中国文教科书"本书内容，语体文与文言文并采，其分配之比例以期下与小学、上与高中均有适当之衔接"；世界书局版初中国文，"今语以现代文学家创作为主体，兼采元代一些著称的小说文字；古语除采近人著作外，更自明、清，上溯至周、秦间，精选名家所著，足为各时代代表的作品"。"韵文以新旧诗歌为主，间采一二词曲并骚体、赋体的作品，以便读者了解古今韵语的变迁。"

此时的国文教育依然重视文法与修辞，但和清末民初编排专门的《中国文学史》《文字源流》《中等国文典》等文法教科书不同，1929 年的暂行课程标准，则强调文法与修辞"循序随选文递次教授"，"文法的词性、词位、句式；修辞的组织法、藻饰法和文体的分类等，并就精读的选文中采取例证和实习的材料"，具体来讲，"每授一文，须就文中选取可借文法或修辞说明之点，详为指示；应使学生于选文的文法与修辞的实证外，仍有系统的概念；就选文中摘取文法或修辞的习题，令学生练习；就学生作文卷中，选取有文法上或修辞上谬误的实例，令其改正；

---

① 徐蔚南：《关于初中国文创造读本》，《创造国文读本（第一册）》，世界书局 1932 年版，第 3 页。

文法应注重语体文与文言文的比较"。① 如北新书局版《初中混合国语》，把语法知识编排在了每一册教科书的精读文之后，并配有"文法目次""作文法目次"便于查阅，如第一册是名词、代名词；第二册是动词、形容词、副词等。商务印书馆出版的《基本教科书初中国文》，则注意讲文法和修辞的机会要从所读文中自然引出，所以凡所引例必首先从本文中摘出，然后再应用旁例，学习文法用来说明和练习的例句也多从以前读过的文中摘引，同时又求保持文法和修辞学各个本身的系统。该教科书在每篇选文后，除了"注释和说明"外，都有"语法与修辞"。再如由张弓编著、上海大东书局印行的《初中国文教本》，在每单元的"复习题"中涉及了相关语法知识，如第一册第一单元的一个复习题为"《北堂侍膳图记》，按'体裁'说，是属于哪一类的'记叙文'"。

3. 教科书选文分组，联络比较

值得一提的，以前的教科书也进行过单元编排的探索，而本时期的课程标准则明确要求精读的教学要"选文二篇以上为一单位，须性质互相联络，或可互相比较的"。而且"每习毕一单位，须考查成绩一次"②。这样，本时期的初中国文教科书，均注意把内容主题或体裁相近的作品编排在一起。如商务印书馆版《基本教科书初中国文》第一册30—32课题目为《口技（一）》《口技（二）》《口技（三）》，分别是东轩主人、林嗣环、蒲松龄三人的作品；第四册则把《书愤》（陆游）、《出师表》（诸葛亮）、《满江红》（岳飞）编排在一起。南京书店版《初中国文》则把每一册教科书分成若干组，如第一册第二组三篇文章为《背影》（朱自清）、《弟弟的女先生》（亚米契斯，夏丏尊译）、《万里寻兄记》（黄宗羲），都是表达家庭亲情主题的，第四组三篇课文则是《扁豆》（苏梅）、《荔枝图序》（白居易）、《落花生》（许地山）。最有代表性的是大东书局版《初中国文教本》，该教科书不但把每册的课文分成若干组，每组选文前都有组目、组序，选文后有复习题（见图4—1、图4—2）。

---

① 《初级中学暂定课程标准》，《中小学课程暂行标准　第二册　初级中学之部》，上海卿云图书公司 1929 年版，第 7 页。

② 同上书，第 5 页。

第七組 「美與愛的認識」組目

一 春江花月夜
二 愛與人生
三 母
四 遊子吟
五 寒曉的琴歌
六 琵琶行
七 芋老人傳
八 燕子與蝴蝶
九 美術與科學
十 全國美展特刊序
十一 現代研究藝術者對於社會上應有的責任
十二 潛隱的愛
十三 愛的神呵後篇
十四 黎愛

图4—1 《初中国文教本》组目举例

第七組 「美與愛的認識」組序

本組以鑑賞一切真美的現象，感應人間純愛的偉力，從而擴大自家純愛純美的精神爲教學穗惛。

首以春江花月夜詩，顯示宇宙間自然之美；同時表明新鮮活澄的純愛，是永遠流貫在宇宙中的。

次引母與遊子吟，以作母親「愛子之心無所不至」一片純篤之愛的例子。

次又從反面引寒曉的琴歌，琵琶行，芋老人傳及燕子與蝴蝶等篇，以作純愛受了抑壓的人的冷酷、靈魂受了凌辱的人的悲哀的例子，以和前例相對照。

次最舊的昭示人有愛情，人是靠着人間愛才能活着的。接住伸說美術

图4—2 《初中国文教本》组序举例

第三节　1929 年课程标准时期的中学国文考试

南京国民政府成立后，为了提高教育质量，也在逐步规范各级学校的考试，尤其 1932 年 5 月公布了《中小学毕业会考章程》，至 1933 年暑假，遵照实行者已有十七八省市。中学入学考试、毕业会考、升学考试中的国文试题也相对统一。

一　初级中学入学试题淡化文言、降低难度

随着国语教育的开展，初级中学入学考试中的国文试题逐步淡化，并最终取消了文言文试题。如 1926 年初中一年级入学考试考国文、英文、算术三科，国文试题为一篇作文——"洒扫应对为儿童应习之事说"[①]，从这半文半白的题目看，再加上"说"类文体，还是舍不得放弃文言文的；该年的高等小学入学考试国文试题，也是只有一篇作文——"说久

---

① 《初中一年级入学试题》，《南针》1926 年第二期。

雨之苦及初晴之乐”，从中也不难看出对文言的恋恋不舍。而到了 1930
年，试题则大变，如江苏省立无锡中学初中入学国文试题为①：

　　一、标点下文
　　在高可触天的桄榔树下我坐在一条石凳上动也不动一下穿彩衣
的蛇也蟠在树根上动也不动一下我看见了它就害怕得很飞也似地离
开那里蛇也和飞箭一般射入蔓草中去了我回来告诉妻子说今儿险些
不能再见你的面妻问什么原故我说我在树林里遇着一条毒蛇一看见
它我就急急跑回来蛇也逃走了——到底是我怕它还是它怕我妻说若
你不走谁也不怕谁在你眼中它是毒蛇在它眼中你比它更毒呢但我心
里想着要两方互相惧怕才有和平若有一方大胆一点不是它伤了我便
是我伤了它
　　二、测验
　　甲、选择测验（根据上文）
　　1. 这篇文章的体裁是：（1）议论体　　（2）记叙体　　（3）说明
体（　　）
　　2. “穿彩衣的蛇”是说：（1）蛇穿着美衣（2）穿在花草中
（3）蛇皮上有花斑（　　）
　　3. “动也不动一下”的是：（1）蛇　　（2）人　　（3）人和蛇同
（　　）
　　4. “和飞箭一样”是说：（1）蛇行的直（2）蛇行的快（3）蛇
身的细　　（　　）
　　5. “蛇入蔓草中去”是为：（1）捉青蛙吃（2）看见了人（3）
游玩　　（　　）
　　6. “险些不能再见面”是说：（1）给蛇吓死（2）给蛇咬死
（3）不想回家　　（　　）
　　7. “人和蛇相遇”是：（1）蛇怕人　　（2）人怕蛇　　（3）大家
都怕　　（　　）

──────────

　　① 《初中及乡师入学试题（十九年秋季）·国文试题》，《江苏省立无锡中学校刊》1930
年第五期。

乙、是非测验

1. 文言是古人的说话，白话是今人的说话。（　）

2. 会做文言文的人，学问必定好。（　）

3. 水浒传专记强盗，所以不是好文学书。（　）

4. 孙行者大战牛魔王，是载在西游记上的。（　）

5. 作文如造物，有了材料，还要有计划。（　）

6. 要了解古代的学术思想，最好能阅读古文。（　）

7. 张飞黑夜战马超，黑夜两字是形容张飞的；战字是形容马超的。（　）

三、作文（任作一题）：①我的过去和将来；②暑天的风

我们从这套试题中可以看出，试题的题型多样及内容丰富，有标点、阅读理解、判断、作文，而判断又涉及文学常识、语法等，但无论哪一道试题都看不出对旧文言的不舍。同年，苏州女子中学的初中国文入学试题也是如此。①

（1）作文　提倡运动之我见

（2）测验

（一）标点

天上晚霞璀璨夕阳已渐渐的西下草地上的小花和树林中的绿叶受着晚风都在金赤色的阳光中颤动景致十分美丽这时候有一个年轻而貌美的女郎坐在喷泉旁边玩耍她手中拿着一个金球一边抛在空中一边又用手去接来这样一抛一接的玩耍着后来渐抛渐高忽然一失手球落在地上她连忙站起来去拾但是那球已经滴溜溜的滚到池中去了

（二）将以下一段文言翻成白话

杨继盛七岁丧母庶母妒使牧牛继盛过塾前闻里中儿读书心好之请于父乃许之学仍不废牧牛

即使当时那些在入学考试中延续只考一篇作文传统的初级中学，也

---

① 《附录：初中国文试题》，《苏州女子中学月刊》1930 年第一卷第十二号，第 32 页。

已经和古代文言相去甚远，如江苏省立南通中学初中入学考试国文试题为一篇作文①：

　　1. 投考前的准备和希望　　2. 夏日最适宜的生活
　　（注意：①任作一题；②须将选作之题录入试卷；③须加标点）

　　这两篇作文的题目，都有非常鲜明的白话文倾向，而"须加标点"显然是现代的标点符号，而不是古代的句、读。正如当时的一位研究者所指出的，在初中入选考试国文试题中，"用语体文译成文言，是时代错误的出题，不要说由语译文，即使由文译语，在小学不教文言的时代，也是不可能了"②。
　　既然初级中学入学考试试题以语体文为主，这就不难理解，国民政府时期编辑出版的初中国文教科书，其一、二册大多以语体记叙文为主了。如中华书局版《新中华教科书国语与国文》第一册共 64 篇选文，古代选文占 26 篇，而 26 篇古代选文中又有 10 篇通俗易懂的古代诗歌，古代散文也是《为学》《愚公移山》《伤仲永》这类，难度不是太大；世界书局版《初中国文》第一册 44 篇选文，民国以前作品仅有 5 篇，且都是梁启超《少年中国》这类晚清作品；北新书局版《初中混合国语》第一册 39 篇选文，古代选文也只有 11 篇，且是《桃花源记》《童区寄传》这类故事性很强的作品；再如南京书店版《初中国文》第一册选文 42 篇，古代选文 13 篇，且包括 3 篇白话小说，最晚的是唐代作品；商务印书馆版《基本教科书初中国文》第一册 60 篇选文中，古代占 36 篇，但这 36 篇古代选文中含有 9 篇古代诗歌和 11 篇白话小说（合计 20 篇）。总之，为了和小学相衔接，该时期的初级中学低学段国文教科书（第一、二册）选文以现代选文为主，而为数不多的古代选文又包含了大量古诗、古白话小说及近代的"新文体"作品，难度大大降低了。

---

① 《入学试题：初中国语试题》，《江苏省立南通中学校刊》1932 年第 10 期。
② 罗迪先：《初中入学试题的研究》，《国立浙江大学教育周刊》第六十八期。

二　高级中学入学考试"国文"常识，不可忽视古代作品

该时期的高级中学入学考试国文试题的难度也有所降低，比如作文，大多数学校都明确要求"文、白不拘"了，而且作文题目也都接近现实生活，不再是空谈为人、为官之"大道"，如苏州女子中学 1930 年高中入学考试国文作文题目为"初中时期之回归"，江苏省立南通中学高中入学考试国文作文题目为"述平日最喜习之功课及其心得"，北平市立第四中学高中入学考试作文为"我所看到的北平"，山东省立第一高级中学作文为"二选一"，即"1. 各记住宅附近之境况；2. 离开初中以后"，等等。总之，在中国有着悠久历史的作文考试，在该时期的题目都能够让青少年学生有话可说、有话想说。

与初级中学入学考试不同的是，高级中学入学考试国文试题增加了"国文常识"，即古代的文学常识。如江苏省立南通中学的国文试题，分为"作题"和"问答题"两大类，第二部分是"问答题"①：

乙·问答题

1. 试举六书之名称：

2. 何谓三传？

3. 何谓四声？

4. 司马迁，班固，施耐庵。吴敬梓，各著何书？

5. 六一居士集，惜抱轩集，饮冰室文集，尝试集，各为何人所著？

6. 唐宋八大家中，唐有何人，宋有何人？

7. 唐代诗家，以何人为最著？

8. 宋代以何种文学著称于世？

再如江苏南菁中学的高中入学考试国文试题也分为"国学常识"和"作文"两大部分，并且把"国学常识"放在了第一部分，试题设计也更

---

① 《入学试题：高中国文试题》，《江苏省立南通中学校刊》1932 年第 10 期。

为多元①：

国学常识

（一）正误

1. 欧阳修是宋代的词章家（　　）

2. 戴东原是清代的考证家（　　）

3. 徐光启是明代的一个天算家（　　）

4. 文心雕龙是一部小说（　　）

5. 西厢记是一部史记（　　）

（二）选择

1. 四库全书编纂的时代是（1）唐（2）宋（3）元（4）明（5）清（　　）

2. 资治通鉴作者是（1）苏东坡（2）韩昌黎（3）司马光（4）王安石（5）欧阳修（　　）

3. 朱熹是一个（1）经学家（2）军事家（3）文学家（4）理学家（5）词赋家（　　）

4. 骈俪文始自（1）东汉（2）宋（3）唐（4）六朝（5）清（　　）

5. 擘窠书是（1）真（2）草（3）隶（4）篆（　　）

（三）填写

1. 五经是（　　）（　　）（·）（　　）（　　）

2. 诗的六义是（　　）（　　）（　　）（　　）（　　）（　　）

3. 六艺是（　　）（　　）（　　）（　　）（　　）（　　）

4. 五声是（　　）（　　）（　　）（　　）（　　）

5. 四史是（　　）（　　）（　　）（　　）

（四）问题

1. 怎样叫做四六文？

2. 钟鼎文是怎样的一种字体？

3. 离骚是何人所作？

---

① 莫非：《江苏南菁中学二十一年度高初中入学试题答案》，《南菁学生》1934 年第 10 期。

4. 律诗和绝句怎样分别？

5. 什么叫子书？

初级中学是学生升学、就业分流的重要阶段，而升入高级中学，跻身社会上层的几率肯定就大些。从高中入选考试的国文试题来看，初级中学学生想要进入高一级学校，可以不会用文言作文，但对于古代的文学常识（有的直接称为"国学常识"）还是一定要了解的。为了补充相关知识，该时期的初中国文教科书大都在选文后设有"注释"，"不仅注人名、地名及故实，较为生僻之单字亦加详注"，"以补充各篇相关之知识"。北新书局版《初中混合国语》还附有"作者小传"，详细介绍作家；孙俍工编辑、神光国光社出版的《初中中学用国文教科书》，在每篇选文之末都有"附记"，记出选文的出处及教授时应行参考的书物，或该篇作者的其他著作；《开明国文读本》则配有六册参考书，专供读者自习及教师参考之用，说明文章之内容体裁、选集之来历、作者之生平等。同时，一些现代学人撰写的文艺理论类作品也被选入教科书中，因为此种文章既能增加青少年学生的中国文学常识，而其"本身仍须不失为精读教材"，从而"得收两者真正混合之效"，如该时期四个版本的初中国文教科书选入了《古文学的研究》（周作人），五部教科书选入了《什么叫做短篇小说》（胡适），五部教科书选入了《诗的泉源》（叶绍钧），三部教科书选入了《元剧之文章》（节自王国维《宋元戏曲史》），其他选文如《词之境界》（王国维）、《词的兴起》（郑振铎）、《中国文字的源流》（章学诚）、《古代图书部居之概略》（《隋书》）、《北宋以前的中国学术思想》（何炳松）、《白乐天的社会文学》（戴傅贤）、《李贺小传》（李商隐）、《陈寿有志于史》（王通）、《墨子之实利主义及其经济学说》（梁启超）、《老子的政治哲学》（高一涵）等也备受青睐。

小　结

现代中学国文教育在经历了清末、民初时期的摸索后，至该时期已经逐渐成熟，比如，教科书编者有了追求科学化的自觉：科学探讨、定位了国文科的性质，要把国文教科书区别于伦理、修身教科书，选文凸显文学性，注重审美，内容主题贴近学生的年龄特征，避免枯燥无味及艰涩难懂之文。在具体的选文编排中，注重单元主题设计，把内容相关的选文并列编排组成一系列单元，从而实现因教学需要而选文。

文、白之争已不再是该时期中学国文教育争论的焦点，古、今混编成为本时期初中国文教科书编者的共识。在教科书中，现代选文、古代选文还被赋予了不同的教育价值，分别承担着不同的教育功能：现代选文以论说文为主，除了示范写作技巧，还传播新知、启蒙思想；古代选文则凸显文学性，注重艺术审美，短小精悍的杂记小品及故事性极强、足以吸引青少年学生读者的历史人物传记占据了古代选文的最高比例。而且，随着日本帝国主义的挑衅、入侵，古代的历史人物将被赋予特殊的教育功能，古代人物传记将在国民政府颁布 1932 年课程标准的国文教科书选文中受到格外重视。

第 五 章

文化宣传　主题首选（1933—1937 年）

　　本书编选主旨，一方面顾到文学本身；一方面更注重民族精神之陶冶、现代文化之理解。本书选用教材之标准，除遵照课程标准所列各项外，更特别注意两点：甲，务求文字有内容，言之无物者不用；乙，多采积极发扬的作品，感情沉郁足以沮丧青年精神者不用。

　　　　　　　　　　　　　　——朱文叔：《初中国文读本·编例》

　　本书教材标准，悉遵部章选用教材七项标准之规定，在可能范围内，尽量采取新颖之作品，期能增进教、学、做之兴趣，翻译作品有振作民族精神及体制风格合于国情足为模范者，间采百分之七八。

　　　　　　　　　　　　——孙怒潮：《初级中学国文教科书·编辑例言》

　　本书选材，其内容标准：①合于中国党国之体制及政策者；②合于唤起民族意识，陶冶学生情意者；③合于涵养国民道德，灌输生活常识者；④合于宣扬新生活旨趣，改进社会习俗者。

　　　　　　　　　　　——叶楚伧：《初级中学教科书国文·编辑大意》

　　本书选材以青年心理为本位，社会环境为对象。将教材多方组织，联络一贯，使学生习得适应时代及改造社会之需求，更注意于民族复兴之训练，以完成国文教学之新使命。

　　　　　　　　　　　——沈荣龄等：《实验初中国文读本·编辑大纲》

本书各册中，均选列发扬民族精神的文字三数篇，以期青年学子，在此国难期间，有所警惕；对于振兴民族，常抱有积极的思想。

——朱剑芒：《朱氏初中国文·编辑大意》

第一节　1932 年课程标准时期国文教育的政策性规定

一　1932 年中学国文课程标准的新变化

日本关东军精心策划制造了震惊中外的"九·一八"事变，拉开了日本对华战争的序幕，适应紧急形势，新的课程标准也随之而出，并呈现出鲜明的时代特点。国民政府教育部于 1932 年 11 月颁行了《中学课程标准》，以《初级中学国文课程标准》为例，虽然基本维持了 1929 年颁行的课程标准中的相关规定（如初中三年，语体文渐减，文言文渐增，各学年分量的比例递次为七与三、六与四、五与五；文体的排列，第一年偏重记叙文抒情文；第二年偏重说明文抒情文；第三年偏重议论文应用文），但新课程标准不是简单地删除 1929 年课程标准中的"暂行"二字，也出现了一些变化。

1. 了解固有文化，培养民族精神

1932 年初中国文课程标准在课程目标部分，增加了"了解固有的文化，以培养其民族精神"[1]，并把该条列为第一条。在对选用精读教材之标准中，增加了"含有振起民族精神者"[2] 的规定。在 1936 年，教育部又修正颁行了课程标准，在初中国文课程目标中则明确规定要"使学生从代表民族人物之传记及其作品中，唤起民族意识并发扬民族精神"[3]。

（1）国文教育与培养民族精神息息相关

在日本对中国挑起侵略战争后，国人逐渐意识到，一个独立自存的国家，并不是专靠土地的辽阔、人民众多、物产丰富，而新兴的民气、

---

① 教育部中小学课程标准编订委员会：《初级中学国文课程标准》，商务印书馆 1933 年版，第 1 页。

② 同上书，第 3 页。

③ 教育部：《初、高级中学课程标准》，商务印书馆 1936 年版，第 23 页。

独立自主的民族意识才是得以生存在世界的重要因素。"中国今日之所以一蹶不振者，亦由于民气消沉、民族精神颓唐衰废之故耳"，"所以我们今日要排除国难，要挽救中国，须先从恢复民族精神做起"。"民族精神"不是单靠一时的冲动，不是单靠一时热烈的情感，犹不是开会游行、贴标语、喊口号所能了事，它要具有以下特质：要有克服私欲，抑制小我的伟大精神；要有牺牲个人，奉仕祖国的高尚的爱国心；要能杀身成仁，舍弃个人生命，为确保大生命的永远的灵魂。而恢复民族精神，根本要从人格教育做起。[①]"发扬民族精神是目下救国唯一的方法"，[②] 也成为教育界的共识，并力求通过各个科目对青少年进行培育民族精神教育实践。

1931 年，时任代理浙江教育厅长的钱加治就在《体育半月刊》发刊词中指出"民族精神与社会体育有声息相同之因果关系焉"，要引起社会对于体育之兴趣，以发扬光大我民族精神。[③] 国民党四中全会决议通过了张学良建议的"注重体育发扬民族精神案"，并令各县市政府、省立学校切实执行，其中包括强迫小学体育教育、造就体育教师人才等要点。[④] 也有人提出"音乐与民族的兴衰是极有关系的"，"可以说，国家无雄壮的音乐，国家必衰；军队无鼓励士兵的军歌，军队也必衰"，"我们从事复兴民族的事业，要收速效，普及易，感人之深，激发人之情，还是音乐的力量来得广大"。[⑤] 随后亦陆续有人指出音乐教育与民族精神的关系，"要改进衰落的民族而为强盛的民族，那么改进音乐的风格确是一个重要的原动力"，"欲挽救民族的危机致国家安宁，必先办到音乐民众化、普遍化，而不是展现个性、追求灵感所谓的'为艺术而艺术的音乐'"。[⑥] 同样，民族精神的培养，地理教育也应负重大责任，因为民族是人类的

---

① 雷震：《救国应先恢复民族精神》，《时代公论》1932 年第二十九号。

② 《发扬民族精神为救国唯一方法：郑厅长在福建学院校庆纪念会演讲辞》，《福建教育周刊》1933 年第一五一、一五二期。

③ 钱家治：《体育半月刊发刊辞》，《体育半月刊》1931 年第一期。

④ 《公牍：训令第八号（奉令颁四中全会决议张学良同志建议注重体育发扬民族精神案，仰遵照办理并饬属一体遵照由二·一·七）》，《浙江教育行政周刊》1931 年第二卷第十九期。

⑤ 罗海沙：《力的音乐与民族精神》，《青年与战争》1933 年第 19、20 合期。

⑥ 顾骑风：《音乐教育与民族精神》，《教与学》1936 年第一卷第十二期；《学蠢》1936 年第四期。

集团，而民族的形成受地理环境之赐者良多①；历史在民族国家生命中亦重大，一国之史迹最足以激发其国民之民族精神，以历史教学发扬民族精神，欧美、日本各国莫不如此，担负陶铸后一代民族中坚分子之史地教师，要以最大之努力，由史地教育以贯彻发扬民族精神助成民族复兴之大功。②

国文学科更是与培养民族精神有着密不可分的关系。宗白华以唐代诗歌与唐代社会的关系为例，指出民族自信力——民族精神的发扬，却端赖于文学的熏陶，因为文学是民族的表征，是一切社会活动留在纸上的影子。③ 李絜非引用海尔伯特的观点，"文学的传统是保存国民的传统之各种努力中最有力量的，文学的复活常为国民性更生的标识"，他还建议文学家与历史家打成一片，文学要有历史的依据（有真和善的存在），历史要有文学的表现（有美的存在），自然会写出伟大的作品来，"这也便是我们尽我们对于今日国家民族最大的责任了"。④

（2）国文教育和固有文化密不可分

振兴民族精神，必须了解民族的固有文化。雷震就"民族精神是什么东西所结晶"的问题，在 1932 年撰文指出，一个民族的造成，不是仅靠种族言语等客观的条件，其创造民族、结晶民族的重大因素乃是"追怀过去所有之'功业'与'光荣'及所遭受之'牺牲'与'困苦'，各个人现在为欲保持共同生活而接受其共同遗产，更欲以之继传于后代而发生的积极的欲望"。⑤ 林景伊也看到了民族振兴、国家图存与固有文化的关系，他说："国家之生存，必有所以自立。自立之道，一曰文化，二曰民志。文化为立国之基，民志乃维邦之本；故文化消灭，民志颓丧，其痛有甚于亡国者，亡国有复兴之日，文化消灭，民志颓丧，则其国永沉沦而不可复振也。吾国自黄帝迄今，固有之文化足以雄视世界，而民族之精神亦自有其特色，故屡经异族之侵陵，终能恢复我华夏之旧邦，

① 蒋君章：《地理教育与民族精神》，《图书展望》1936 年第四期；张雨峰：《地理学与民族精神》，《浙江青年》1936 年第二卷第十一期。
② 陈训慈：《历史教学与民族精神》，《图书展望》1936 年第四期。
③ 宗白华：《唐人诗歌中所表现的民族精神》，《建国月刊》1935 年第十二卷第六期。
④ 李絜非：《历史小说与民族精神》，《图书展望》1936 年第四期。
⑤ 雷震：《救国应先恢复民族精神》，《时代公论》1932 年第二十九号。

史实昭然，有识者所共睹。"①

　　国文与我国的固有文化有着非常紧密的联系，"试翻看文学史，我国之民族固有的文化和固有的精神，都含蓄在文学上面"②，当时的不少论者指出了国文学科在传承、发扬固有文化，振奋民族精神方面的独特价值。"国文乃本国民族文化之所寄，为国民教育必具之要素，倘自毁弃其本国文字，实自扶亡国灭种之祸基。"③ 在国文教材建设方面，针对当时许多教师以为文言教材都是陈腐的、不值得拿来做国文教材的认识，有论者指出这是没有认识文化的重要性，文化是社会生活之共业的表现，我们依据自己的文化力，而择选适合自己要需的文化，方能帮助自己的社会进步，若不注意及此，而成为异种文化之奴隶，凡足以肇灭亡之祸根。④ 随着抗日战争的发展，越来越多的论者指出，当时的中华，国家存亡、民族兴衰的大关键，全国上下方集中一切力量于抗战建国之秋，为国家之命脉的教育，更应尽其全力，协助抗战，以促最后胜利的早日实现，况国文一科，对于学生思想之启迪，情绪之激发，勇气之鼓励，均具有莫大的功能。⑤ 国文教学乃是训练学生正确认识最重要的科目，所谓正确的认识，包含民族意识、政治思想、救亡理论、斗争知识技术等的提高，换句话说，国文教学应与一般救亡工作相配合，因为这影响到抗战胜利的前途。⑥

　　这就不难理解，1932 年、1936 年初中国文课程标准中，对学科目标的第一条规定均是"使学生从本国语言文字上，了解固有文化"。

　　陈寅恪于 1933 年就当时的大学入学考试国文试题建议，"今后国文试题应与前此异其旨趣，即求一方法，其形式简单，而涵义丰富，又与华夏民族语言文学之特性有密切关系者。以之测验程度，始能於阅卷订分之时有所依据"，他还举例说，"对对子之一方法，去吾辈理想中之完

---

① 林景伊：《发扬固有文化与振兴民族精神》，《黄胄周刊》1937 年第一期。
② 戴景曦：《初中国文科新课程标准之实施的研究》，《厦大周刊》1934 年第十三卷第十五期。
③ 姚毅成：《中学国文教学之检讨》，《大夏》1934 年第一卷第九号。
④ 施章：《中学国文选材之研究》，《云南教育行政周刊》1932 年第二卷第十四期。
⑤ 戚维翰：《战时中学国文补充教材》，《青年月刊》1938 年第六卷第四期。
⑥ 温建之：《战时国文教师工作上应有的努力》，《广西教育通讯》1939 年第一卷第七期。

善方法固甚辽远，但尚是诚意不欺、实事求是之一种办法，不妨于今夏入学考试时试一用之，以测验应试者之国文程度"。①

2. 阅读与写作相结合

1932 年《初中语文课程标准》强调对学生写作技能的培养，尤其教科书选文能够使阅读与写作相融合。"体裁风格堪为模范，而能促进学生写作之技能者"即是选用精读教材的标准之一；②"实施方法概要"中又明确规定，在教授学生文章作法时，"所举范例须与精读文联络比较，使学生获得充分的练习与理解"；在教授命题作文方法时，"题材须取有关于现实生活而偏重记叙描写并与精读文之文体有切实关联者"。③

3. 强化思想控制

国民党为巩固其统治地位，逐步加强对国人尤其青少年的思想控制，作为青少年学生重要读物的国文教科书，成为其进行思想渗透、意识形态控制的重要工具。1932 年《初中国文课程标准》，不仅把"合于中国党国之体制及政策者"作为选用教材之标准的第一条，还以"附注"的形式明确规定"选文材料中应注意加入各项之党义文选"，主要包括中山先生传记、中山先生遗著、中山先生演说词、中国国民党历次重要宣言、中国国民党革命史实、中国国民党史略、革命先烈传记、革命先烈遗著、党国先进言论等。④ 而此时的教科书，在《编辑大意》中都非常鲜明地表示"遵照""坚决依照"教育部颁行的最新课程标准，所以教科书中出现了许多宣扬国民党历史、介绍国民党先烈的选文，如《黄花冈烈士事略序》（孙文）、《林觉民传》（天啸）、《总理革命的精神》（蒋中正）、《"国民革命"之意义》（汪精卫）。有些教科书还专门把这类选文组成一个独立的单元，如孙怒潮主编的中华书局版《初中国文教科书》第三册第二单程的四篇选文为《民族主义第六讲》（孙中山）、《知难行易》（孙中山）、《"平和""奋斗""救中国"》（汪精

---

① 陈寅恪：《与刘文典教授论国文试题书（民国二十二年七月）》，《学衡》1933 年第七十九期。

② 教育部中小学课程标准编订委员会：《初级中学国文课程标准》，商务印书馆 1933 年版，第 3 页。

③ 同上书，第 8 页。

④ 同上书，第 10 页。

卫)、《中国国民革命之历史的因缘》（戴传贤），在该教科书的"教学做举要"中还"望教者指出《总理全集》中的《知难行易》全文做本单程的补充"。有的教科书则把此类选文穿插在全册书中，与不同内容主题的其他选文并排，从而展现党国领袖的优秀品质，如正中书局版《初中国文》，把《孙中山先生好学的精神（因公）》列为第一册第一篇选文（与《与友论修学书》《学问的趣味》并排），该册还选入了《总理伦敦蒙难的精神》（胡汉民）（与《勇敢的童子》并排）、《孙中山先生的幼年时代》（因公）（与《勇敢之小学生》并排）、《总理革命的精神》（蒋中正）（与《在雪夜的战场上》《济南城上》并排）。

为了引起广大师生对国文教科书中有关"党国"历史、体制、政策之选文的重视，相关题材还出现在了升学考试国文试题中，如 1933 年国立中山大学高中新生入学初试，国文试题共两题：一是作文，"试论东北四省断送之原因及今后救国之途径"；二是译作语体，而此段文言则是孙中山《〈民报〉序》的节选。①

二　1932 年中学国文课程标准摘录

初级中学国文课程标准

第一　目标

（壹）使学生从本国语言文字上，了解固有的文化，以培养其民族精神。

（贰）养成用语体文及语言叙事说理表情达意之技能。

（叁）养成了解平易的文言文之能力。

（肆）养成阅读书籍之习惯与欣赏文艺之兴趣。

第二　时间支配

每学期各占六小时，三学年共计三十六小时。

---

① 《广州市二十二年度各校试题：民廿二年度国立中山大学高中新生入学初试国文试题》，《群言半月刊》1934 年第十一卷第九、十合期。

学期	年级/时数/科目	精读	略读指导	习作	时间总数
一	1	三	一	二	六
	2	三	一	二	六
二	1	三	一	二	六
	2	三	一	二	六
三	1	三	一	二	六
	2	三	一	二	六

第三　教材大纲

（壹）阅读

（一）精读：

（1）选用教材之标准——

（甲）合于中国党国之体制及政策者。

（乙）含有振起民族精神，改进社会现状之意味者。

（丙）包含国民应具之普通知识思想而不违背时代潮流者。

（丁）合于现实生活及学生身心发育之程序，而无浮薄淫靡或消极厌世之色彩者。

（戊）叙事明晰，说理透彻，描写真实，抒情恳挚者。

（己）句读简明，音节谐适，而无文法上及论理上之错误者。

（庚）体裁风格堪为模范，而能促进学生写作之技能者。

（2）教材排列之程列——

（甲）语体文与文言文并选，语体文递减，文言文递增。各学年分量约为七与三，六与四，五与五之比例。

（乙）各种文体之排列，第一年偏重记叙文抒情文，第二年偏重说明文抒情文，第三年偏重议论文及应用文件。

（二）略读：

选用读物之标准除适用（一）目（1）节所列举各条外，并略举其范围如下：

(1) 中外名人传记及有系统之历史记载。

(2) 有诠释之名著节本。

(3) 古代语录及近人演讲集。

(4) 古今名人书牍。

(5) 古今名人游记日记及笔记。

(6) 有注释之诗歌选本。

(7) 古今小品文及短篇小说集。

(8) 歌剧话剧之脚本及民众文艺之有价值者。

(9) 适合学生程度之定期刊物。

(贰) 文章作法（于习作时间内讲授之）

(一) 语法文法（句式，词位，词性）

(二) 文章体制（取材，结构及描写法）

第四　实施方法概要

(壹) 阅读

(一) 精读其教学要点如下：

(1) 教员对于选文应抽绎其作法要项指示学生，使学生领悟文字之体式与其作法。并将其内容及作者生平概要叙述，使学生对于全篇有简括之认识。重在引起自学之动机，不必逐字逐句讲解。

(2) 令学生运用工具书籍，如字典，普通辞典，百科辞典，人名地名辞典等，并指导其使用方法。

(3) 教员于讲解前，应先令学生运用工具书籍，查考生字，难句及关于人地时种种疑问。

(4) 在选文中遇有初见或艰深之单字及术语应特别提出讲解。

(5) 教员在讲述后，应指导学生作分析综合，比较之研究，务使透彻了解。或提出问题，令学生课外自行研究。

(6) 指导学生于不妨碍他人工作之范围内，用国音讽诵，以养成欣赏文艺之兴趣。

(7) 应令学生将教员所指导之要点及其自习时研究之所得，记录于笔记簿上，以备参考。

(8) 随时考查成绩，其方法如下——

（甲）复讲

（乙）问答

（丙）测验

（丁）默写或背诵

（戊）轮流报告及讨论

（己）检阅笔记

（二）略读令学生按个别的兴趣与能力，选读书籍，除定期刊物外，每学期至少二种。其教学要点如下——

（1）设法引起学生读书之动机，并指示各种阅读之方法。

（2）就学生所读书籍中，提出问题，令其作有系统的研究。

（3）提出所读书籍之参考材料。

（4）令学生在笔记簿上记录教员所指导之阅读方法，问题解答及自习时所摘出之要点或问题讨论，以备参考。

（5）注意学生之阅读速率与了解程度。

（6）应定期或临时举行考查成绩，其方法与考查精读成绩方法之（乙）（丙）（戊）（己）四项同。

（贰）习作　文章作法与作文练习每隔一周，更换教学，其要点如下：

（一）文章作法

（1）采用适当材料，预使学生自由研究，以便定期在课室内讲解讨论。

（2）所举范例须与精读文联络比较，使学生获得充分的练习与理解。

（3）就学生习作中摘出其文法上，体制上谬误之实例，令其改正。

（4）应注重语体文法与文言文法之比较及各种体制之异同。

（二）作文练习

（1）教授作文方法，应时有变化，略举数例如下——

（甲）命题　由教员命题或由学生自拟教员择定之。题材须取有关于现实生活而偏重记叙描写并与精读文之文体有切实关联者。

（乙）翻译　翻文言文为语体文，或翻古诗歌为语体散文。

（丙）整理材料　由教员供给零碎材料，令学生作一有系统之文字。

（丁）变易文字之繁简　示以简约文字，令学生就原意演绎，或示以冗长文字令节简之。

（戊）写生　分学生为数组，由教员提示事物，实际描写。

（己）笔记　教室听讲及课外读书之笔记。

（庚）记录　如日记游记演说及新闻等记录。

（辛）应用文件　书札，契据，章程，广告，及普通公文程式之习作。

（2）每次练习，必须有个别或共同之批评，改正以先加各种符号，使自行修改。

（3）口语练习于课外行之。或由教员命题指定学生演说，或由学生自由发表意见，或组织辩论会分组辩论。演说或辩论后，应批评其国音上语法上及理论上之错误，予以纠正。

（4）书法练习除于课内略为说明用笔结体等外，应注重课外行楷之练习与临摹，先求整洁，次及美观。笔记与作文簿亦可为考查书法成绩之资料。

附注　选文材料中应注意加入下列各项之党义文选：

中山先生传记

中山先生遗著

中山先生演说词

中国国民党历次重要宣言

中国国民革命史实

中国国民党史略

革命先烈传记

革命先烈遗著

党国先进言论

高级中学国文课程标准

第一　目标

（壹）使学生能应用本国语言文字，深切了解固有的文化，以期达到民族振兴之目的。

（贰）除继续使学生能自由运用语体文外，并养成其用文言文叙事说理表情达意之技能。

（叁）培养学生读解古书，欣赏中国文学名著之能力。

（肆）培养学生创造新语新文学之能力。

第二　时间支配

每学期各占五小时，三学年共计三十小时。

学期	年级 时数 科目	精读	略读指导	习作	时间总数
一	1	三	一	一	五
	2	三	一	一	五
二	1	三	一	一	五
	2	三	一	一	五
三	1	三	一	一	五
	2	三	一	一	五

第三　教材大纲

（壹）阅读

（一）选文精读　选用教材，除适用初中七项标准外；其排列之程序，应语体文言分授。语体文但选纯文艺及有关学术思想之文字；文言文第一学年以体制为纲；第二学年以文学源流为纲；第三学年以学术思想为纲：各授以代表作品，并得酌授文字学纲要及应用文件。

（二）专书精读　以辅助（一）条为原则，增长学生作文看书之能力，依照各学年之程度选定名著，每学期约一部或二部。

（三）略读　学生各就其资性及兴趣，由教员指导，选读整部或选本之名著，散见各书之单篇作品，及有价值之定期刊物。

（贰）文章作法（包括文法修辞学及辩论术等在习作时间内讲授之）

第四　实施方法概要

（壹）阅读

（一）选文精读　第一学年对于体制之讲授，应注意其特征及作法；第二学年对于各时代代表作品之讲授，应注意其派别及流变；第三学年对于学术思想文之讲授，应注意其时代背景及影响。

（二）专书精读　选定精读之专书，共同的或个别的略讲其在历史上之地位，文学上之价值，作者时代背景，及个人作风等；并指示阅读方法，分量，时间，及参考书，随时养成学生运用工具书及参考材料之能力。

（三）略读方法　与专书精读同。

（四）考查方法　随时考查学生读书成绩，如检阅笔记，临时测验或令其轮流报告及讨论等。

（贰）习作

（一）文章作法：

（1）文法应继续注重语体文与文言文之异同。古书上文法特例，亦应分别说明，以为学生读解古书之助。

（2）修辞应注重文章之组织与体制，遣词之方式，词格之类例。关于文学作品之玩味，作家风格之识别，亦应注意，以培养人才，欣赏中国文学名著之能力。

（3）辩论术，应注重辩论之方式，证据之搜集，判断之正确，敌论之反驳等，以养成学生明晰之头脑。

（二）作文练习：

（1）命题作文：

（甲）课室内作文　养成学生作文敏捷之习惯与能力。

（乙）课室外作文　养成学生作文缜密之思想与尽量发挥之能力。

（2）翻译　为训练学生作文技术上之精确计，应注重翻译。例如：译（甲）文言文为语体文；（乙）语体文为文言文；（丙）古韵文为语体散文；（丁）外国短篇文为中国文言文或语体文等。

（3）读书笔记　令学生将读书心得或疑问等，写成系统的或片段的笔记，以养成其勤勉审慎之习惯。

（4）游览参观之记载　养成学生观察、取材、判断及描写之能力。

（5）专题研究　提出研究题目，由学生搜集资料，试写论文，应注意其思想之条理与材料之排列等。

（6）应用文件　凡宣言、契据、章程、广告及其他公文书札等，皆可令学生习作。

（7）文学作品　凡小说诗歌戏剧，皆可令学生试作。

附注　选文材料中应注意加入下列各项之党义文选：

中山先生传记

中山先生遗著

中山先生演说词

中国国民党历次重要宣言

中国国民革命史实

中国国民党史略

革命先烈传记革命先烈遗著

党国先进言论

第二节　1932 年课程标准时期的中学国文教科书

一　普通中学教科书

该时期的中学国文教科书编排依然是多家并存，主要版本见表 5—1：

表 5—1　　　　　1932 年课程标准时期国文教科书概览

教科书名	初版年	编者	出版社
《复兴初级中学教科书国文》	1933	傅东华	商务印书馆
《初中国文读本》	1933	朱文叔	中华书局
《初中国文选本》	1933	罗根泽等	立达书局
《初级中学国语教科书》	1933	戴叔清	文艺书局

续表

教科书名	初版年	编者	出版社
《初级中学国文教科书》	1934	孙怒潮	中华书局
《初级中学教科书国文》	1934	叶楚伧	正中书局
《初级中学适用标准国文》	1934	王德林等	中学生书局
《初级中学适用当代国文》	1934	施蛰存等	中学生书局
《朱氏初中国文》	1934	朱剑芒	世界书局
《实验初中国文读本》	1934	沈荣龄等	大华书局
《初中国文教科书》	1935	颜有松	大华书局
《标准国文选》	1935	马厚文	大光书局
《南开中学初中国文教本》	1935	南开中学	南开中学
《初中新国文》	1936	朱剑芒	世界书局
《新编初中国文》	1937	宋文翰	中华书局
《初中国文教本》	1937	陈介白	北京书局
《杜韩两氏高中国文》	1933	杜天縻、韩楚原	世界书局
《高中国文选本》	1933	罗根泽等	立达书局
《复兴高级中学教科书国文》	1934	傅东华	商务印书馆
《高中标准国文》	1934	王德林等	中学生书局
《高中当代国文》	1934	薛无兢	中学生书局
《高中国文读本》	1934	刘劲秋等	中华书局
《高中国文选》	1934	姜亮夫	北新书局
《国文读本》	1934	北平高中	北平高中
《复兴高级中学国文课本》	1935	何炳松	商务印书馆
《高级中学国文》	1935	叶楚伧	正中书局
《高中混合国文》	1935	赵景深	北新书局
《国文读本》	1935	志成中学	震东印书馆
《实验高中国文》	1935	沈维钧	大华书局
《蒋氏高中新国文》	1937	蒋伯潜	世界书局
《新编高中国文》	1937	宋文翰	中华书局

　　从表 5—1 可以看出，该时期的教科书出版数量进一步增加了，但商

务印书馆、中华书局、世界书局依然是教科书市场的主导力量，而且它们的教科书非常畅销，如商务版国文的版权页显示，第一册 1933 年 5 月初版，同年 6 月为 10 版，9 月达到了 30 版；第二册 1933 年 7 月初版，1934 年 6 月为 55 版；第三册 1933 年 7 月初版，同年 12 月即达 30 版；第五册 1934 年 4 月初版，9 月为 12 版；第六册 1935 年 1 月初版，2 月即达 11 版。中华书局版《初中国文读本》第四册版权页显示，1934 年 7 月发行，9 月达到了第 7 版；世界书局版《朱氏初中国文》，1934 年 4 月初版，同年 8 月达 6 版。

　　该时期的教科书出版不能忽视的一点，正中书局是官办书局。1931 年 10 月，陈立夫和吴大钧创设了正中书局，以出版中学教科书及课外读物为主。1933 年，国民党决定筹设文化出版机构，陈立夫觉得正中书局的发展意向与国民党筹设出版机构的宗旨吻合，便将正中书局的全部资产捐献给了国民党。国民党中央增拨资金，对其加强管理，成立了董事会和出版委员会，推举陈立夫、叶楚伧分别担任董事长和出版委员长，指派吴秉常为总经理。① 陈立夫、叶楚伧又都是国民党元老，其中叶楚伧还是国民党中央宣传部长，显然，正中书局版教科书实际上代表着官方教科书，并为今后的教科书由"审定制"到"统编制"埋了伏笔。

　　适应时代及课程标准的要求，该时期编辑出版的国文教科书在编排选文时都格外注意培养民族精神。如，"本书编选主旨，一方面顾到文学本身；一方面更注重民族精神之陶冶、现代文化之理解。多采积极发扬的作品，感情沉郁足以沮丧青年精神者不用"（中华书局版，朱文叔编《初中国文读本》）。"本书教材标准……翻译作品有振作民族精神及体制风格合于国情足为模范者，间采百分之七八。"（中华书局版，孙怒潮编《初级中学国文教科书》）"本书选材，其内容标准……②合于唤起民族意识，陶冶学生情意者……"（正中书局版《初级中学教科书国文》）"本书选材更注意于民族复兴之训练，以完成国文教学之新使命。"（大华书局版《实验初中国文读本》）"本书各册中，均选列发扬民族精神的文字三数篇，以期青年学子，在此国难期间，有所警惕；对于振兴民族，常抱有积极的思想。"（世界书局版《朱氏初中国文》）该时期教科书中选

---

　　①　郭瑞佳：《正中书局的历史变迁》，《出版参考》2013 年第 15 期。

入的能够发扬民族精神的选文，既有描写古代爱国人物的如《苏武传》《烛之武退秦师》，也有记叙当前抗战英雄的如《沪战之夜》《书十九路军御日本事》，还有介绍外国民族英雄的如《少年爱国者》《亚美利加之幼童》。有些教科书还把同类选文组成一个专门的单元，既方便师生教学，又能达到较好的教育效果。如中华书局版国文读本，第二册第五组、第三册第八组为"民族精神的发挥"，该书的教学内容提示还分别对各篇选文做了简要的说明：《马援传》《左忠毅公轶事》《文天祥》《桂公塘》《任公画像赞并序》叙述先民勇武强毅的事迹，《最后一课》暗示语言文字为民族精神所寄托，《长城外》写塞外民众同仇敌忾的行动，《自卫的战争》论现阶段的中国民族不能不以战争为自卫的手段，《出塞二首》（杜甫）表示我民族一方酷爱和平，一方不弃武事的精神，《从军》写现代青年同仇敌忾的行动，《赴敌》《词三首（诉衷情、沁园春、满江红）》为述怀及咏史之壮烈诗词——皆以唤起民族精神为中心。再如正中书局版初中国文，第二册设有"民族意识"单元，即关于卫国御辱及发扬民族精神之文，包括《国旗》《少年侦探》《黄花岗烈士事略序》《雪耻与御侮》《岳飞之少年时代》《林尹民传》《孟子对滕文公问》七篇选文；第四册设有"民族德性"单元，包括《皆有不忍人之心章》《自燕京寄弟书》《龙潭之役》《淞沪战役之意义》《祭孙中山先生文》《玉门出塞歌》《哑孝子传》《祭妹文》《木兰辞》《祭田横墓文》《伯夷颂》《止水的下层》十二篇选文。

各版本中学国文教科书中都选入了许多介绍中国固有文化的选文，既有古代典籍中的选文，如节自《孟子》的《取义》《不为与不能》，朱熹的《读书法》《作文讲话》，等等；也有时人的作品，如《孔子学说与时代精神》《论孝》《新生活运动与礼义廉耻》《东西文化的界限》《什么是文化》。一些教科书中还设有独立的单元，把介绍中国固有文化的选文并列编排，如中华书局版国文读本第四册第八组为"艺术各部门的记载与说明"：《宋九贤遗像记》系记画像之作，且借以介绍宋代理学家；《记大同武周石窟寺》记我国历史上之著名雕刻，且可使学者借以明了佛教对于我国美术之影响；《美术与人生》说明美术各部门与人生之关系；《戏剧》《说诗》分别说明戏剧与诗之为何物；《我们对于一棵古松的三种态度》则比较述说吾人接物处事之实用的、科学的、美感的三种态度，

以明美之来源与特质。再如世界书局版朱氏初中国文，第五册第 20 组为
"申述宋元戏曲的价值与近代文学的派别"，包括《宋元戏曲考序》《震
川文钞序》《论文》；第六册第 17 组为"描写歌唱与象声的技巧"，包括
《明湖居听书》《口技》。

在具体体例上，也是阅读、写作相结合。如商务版《复兴教科书国
文》，每册书中都编排若干"习作"供文章作法之教学及练习材料，并依
精读教材之程度及性质编排之，其所引举之例解，在可能范围尽量从已
读教材中抽取。[①] 中华书局版《初中国文读本》，在每册都设有"教材支
配表"，提示每篇选文的教学目的、教学内容及体裁等，充分体现了精读
与写作配合教学的特点，如第一册第一组前两课篇目为《海上的日出》
《日观峰观日出》，两文的教学目的为"自然现象的描写"，体裁均为
"记叙"，教学内容提示为"二课描写日出，一文一语，俾便对照"；第二
组前两课篇目为《荔枝图序》《竹》，教学目的为"植物的描写"，体裁
分别为"说明、记叙"，教学内容提示为"本二课暗示植物分布基于地域
气候之原理，第三课以下更假植物以明人工与自然之关系，使学者领会
生命之意义，引起向上发展之意愿"。[②] 世界书局版《朱氏初中国文》更
是注重阅读选文与写作训练的结合，每册书都设有"内容一览表"，按照
写作专题的形式把全册书选文分类，而每篇选文后又附有明显简易的
"表解"（如图 5—1 所示），既能够使全篇的内容结构一目了然，也能够
给学生的写作技法带去启示。

二　国文特种读本

"九·一八"事变后，为唤醒我国固有的民族精神，向青少年学生宣
扬抵抗外辱、不屈不挠的精神，在与学制配套的教科书大量增加爱国题
材选文的同时，政府及爱国的教育家、出版家编辑出版了一些"特种读
本"，选入的都是富有抗敌情绪、易使读者感动兴奋的作品。

国民政府国立编译馆还组织编纂了"以唤醒我国固有民族精神为主
旨"的《中学国文特种读本》。该读本由国立编译馆专任编译孙俍工编

---

① 傅东华：《复兴初级中学教科书国文·编辑大意》，商务印书馆 1933 年版，第 2 页。
② 朱文叔：《新课程标准适用初中国文读本第一册教材支配表》，中华书局 1933 年版。

記事文												體裁類別
人物		景						風	天象節氣			內容
物	人	景						風	天象	天		
鳥底形態的描寫	人底個性的描寫	幻象的描寫	巖洞的描寫	海景的描寫	湖景的描寫	溪景的描寫	江景的描寫	樹木的描寫	夜象的描寫	冬天的描寫	秋天的描寫	分析
13	1	20	34	24 25	31 32	33	30	21 22	39	44 45* 46	18 19	篇次

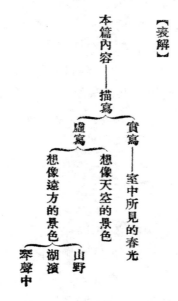

图 5—1　《朱氏初中国文》"内容一览表"及"表解"举例

选，于 1933 年 9 月由商务印书馆出版发行。其选材标准为："①对于我民族发展上有关系的先民著述及传记；②含有抵抗外侮、不屈不挠的精神的论著及抒情文；③当代革命先辈之论著及诗歌；④国外富于爱国思想之文艺作品。""暂选上下两册，上册供初级中学之用，下册供高级中学之用，得与正式课本参差教学"，上册选文包括《林觉民传》《中华民族自救之道》《耻辱之夜》《复仇》《沪战与科学》等；下册包括《苏武传》《文天祥传》《十九路军第五军二月一日通电》《确立自信心以拯救中国》等。

1935 年 6 月，商务印书馆又出版了由郑业建编纂、孙俍工校订的《高中国文补充读本》。该书"以复兴我国固有美德、并唤起读者对于固有文学之兴趣为主旨"，选文标准为："①历史中之故实，足资青年范式者；②先哲之嘉言懿行，有益青年修养者；③慷慨激昂富于情感之诗词，堪资青年玩味者。"该读本全部由中国古代作品选文组成，并依内容分为明耻、公忠、义勇、节操、俭约五目："明耻"目选入了《勾践复国仇》等 4 篇作品，"公忠"目选入了《蔺相如先国难后私仇》等 17 篇，"义勇"目选入了《秦士录》《木兰辞》等 26 篇，"节操"目选入了《张中丞传后序》等 3 篇，"俭约"目选入了《禁浮华诏》等 3 篇。

1934 年，浙江省中等教育研究会在宁波举行第二届年会，与会代表对于国文教材与发扬民族之精神之联系甚为重视，"按目下中等文选中，固不乏能发扬民族精神之教材，但非复集中纂编，故多散漫而无纪"，于是议决编订民族文教材，"选定能发扬民族精神选文若干篇，则学生以必须精读"，① 并拟于暑期内编订完竣。民智书局也出版了由江苏省立镇江中学国文学科编写的《民族文选》，其中包括散文如《左宝贵死难记》，诗歌如《木兰辞》《从军行》，戏剧如《一致》（独幕剧），小说《柏林之围》《济南城上》，等等。

1936 年，国民政府教育部修正中学课程标准，对公民、国文、史地等科特增关于民族精神之教材，而定之为标准，"岂特适应环境之需要，抑且为民族存亡之关键也"②。在国家民族危难之际，为唤醒我国固有的民族精神，强化青少年学生不屈不挠抵抗外辱的抗战意识，爱国的教育家、出版家陆续编辑出版了一系列的抗战特种读本，选入的都是富有抗

① 《教育消息：中教研究会编订发扬民族精神之国文教材》，《浙江教育行政周刊》1934 年第 37 期。

② 力行：《添增民族精神教材》，《民间旬报》1936 年第 14 期。

敌情绪、易使读者感动兴奋的作品。尤其在抗日战争全面爆发后，为了让学生在战火纷飞的动荡环境中继续读书识字，同时增强争取民族生存、坚定最后胜利的信心，更多的"战时读本""抗战读本"应运而生（见表 5—2）：

表 5—2   **20 世纪 30 年代抗战读本概览**

书　名	初版时间	编者	出版机构	出版地
《战时国语读本》	1937 年 1 月	特种教育社	特种教育社	广州
《战时初中国文》	1938 年 2 月	汪馥泉	救亡出版部	广州
《抗战时期中学国文选》	1938 年 2 月	孙俍工	诚达印书馆	成都
《战时初中文选》	1938 年 5 月	赵景深	北新书局	广州
《抗战读本》	1938 年 12 月	任宝祥	亚新地学社	新化

特种教育社出版的《战时国语读本》，专供初级中学及高级小学在抗战时期补充国语之用，全书有二十八篇课文，分为五大单元：关于敌人疯狂的侵略行为、残暴的野蛮行动、我们英勇的抗战精神、我们当前的外交方针、我们民族的后方工作。选文包括议论文（如《"泥足"是终究站不住的》）、记叙文（如《救护伤兵们》）、说明文（如《倭寇侵略中国的鸟瞰》）、书信（如《致前方战士书》）、诗歌（如《对日经济绝交歌》）、小说（如《虹口在火烧》）、剧本（如《最后的一课》）等多种文体。为了增加读者兴趣，还插入了抗战名画五幅（如图 5—2 所示）。

该书 1937 年 11 月发行，到 1938 年 5 月已经三版，可见其发行销售之顺畅。

《战时初中国文》全书 41 课，共选 48 篇诗文，包括了当时政界、军界、文艺界著名人士的作品，如毛泽东《长征》、林彪《平型关战斗的经验》、宋庆龄《向光荣的将来前进》、冯玉祥《阎烈士》、茅盾《孤岛见闻》、李初梨《初入延安的印象》、田汉《坚持抗战与积极办法》、王统照《伙伴你该闻到这一阵腥风》等。

《抗战时期中学国文选》主要由时文组成，并按照文体进行单元分类，如记叙文《月夜访大场战线记》《平型关之血战》《二十九军的两个抗敌英雄》，小说（附小品文）《我有右胳膊就行》《伟大的抗战》《东

图5—2　《战时国语读本》中的抗战图画之一

北——我的母亲》，戏剧《卢沟晓月》等。

《战时初中文选》也是全由慷慨爱国之作组成，如《毅力》《少年爱国者》《寄东北同胞》《空军的第一战》《胜利的曙光》等。

《抗战读本》共十单元 92 课，内容分政治、经济、军事、地理、历史等，采混合编排法。十个单元的名称分别为敌人的侵略、疯狂的野歌、认识敌情、全面抗战、游击队与发动民众、后方工作、寻找战友、残酷的战争、敌我的再认识、最后胜利。该书的编排非常系统，如第一单元"敌人的侵略"，就包括《甲午之战》《九一八》《一二八》《塘沽协定》《日本企图分割华北》《卢沟桥事变》《八一三》等七篇课文，按照时间顺序详细介绍了晚清以来日本对中国发起的历次侵略；第三单元"认识敌情"，包括《日本人》《日本军人与内阁》《日本的军事工业》《日本的经济》《敌国现势》《敌国弱点》等课文，系统地介绍了日本当时的国情国况，力求让读者"知己知彼"，树立抗战必胜的信心。

第三节　1932 年课程标准时期的中学国文考试

南京国民政府公布的《中学法》明确规定：高级中学入学之资格，

须曾在公立或已立案之私立初级中学毕业，其在初级中学毕业人数过少之地方，得招收具有同等学力者，但不得超过录取总额五分之一；初级中学入学资格，须曾在公立或已立案之私立小学毕业或具有同等学历者，均应经入学试验及格。① 本时期的各级各类国文试题也呈现出新特点。

一　初中入学考试禁止文言，难度再次降低

1928 年教育部颁令，禁止在初级中学入学考试中使用文言文。但在实际的考试中，依然有部分学校难舍对文言的偏爱，各级教育部门都严加监督，并多次下令取消文言。如，在 1935 年召开的浙江教育学会年会上，就有代表提案，"初级中学入学测验，有未能注意与小学课程标准衔接者"，并呈请教育厅通令各初级中学，以后入学测验试题应根据小学课程标准。② 教育部为明了全国中等学校入学试题是否符合标准起见，曾令公私立中等学校呈报民国二十五年度第一学期新生入学试题，发现"国文试题往往杂有深奥之文言文"，教育部为此专门下令强调"试题范围，应切合标准，不考文言文，切实与部颁课程标准衔接"，并饬各属公私立初级中等学校，"一体遵照，办理具报"。③

在这一背景下，近时小学校中，已绝对不教文言文，故小学毕业生亦不复有略能阅读文言文者。所以教学初中第一期生阅读文言文，益见困难，往往教学一文，费时甚久，而终不能使人人透彻了解，必一学期或一年之后，始渐见顺利，而学生之兴趣亦渐增。因此初中生开始教学文言文，其程度之起点亦低。所以初中低年级之文言文，只须就实行新学制以前，通行之高等小学国文教科书中，择其结构完整、内容饶有兴味者，用作教材，最为合宜。此种文字，词意清浅，实为介于古文和白话间之一种普通文字；而篇幅简短，又易于熟读，故最适于基本的学习。

① 《国民政府公布中学法》：中国第二历史档案馆编：《中华民国史档案资料汇编　第五辑第一编　教育》，江苏古籍出版社 1994 年版，第 415 页。

② 《决议案全文：二十八、初级中学入学测验试题应根据小学课程标准案》，《浙江教育行政周刊》1935 年第六卷第三十三期。

③ 《中等教育　教育活动：教部令改进初中入学试题（关于试题科目范围数量均有指示）》，《浙江教育》1937 年第二卷第七期；《教育文化消息　国内之部：教部通令改进初中入学试题并实施联合招考》，《教与学月刊》1937 年第三卷第一期；《一月来教育消息：教部通令改正初中入学试题》，《进修半月刊》1937 年第六卷第十七、十八合刊。

初学者必先从事于此，俟其基础渐立，然后进而诵读程度较高之文字，庶易为功也。①

即便是到高年级，讲到深奥文字，也要求教师讲解时要做到繁简穿插，从而引起学生兴趣，如讲授蒋士铨《鸣机夜课图记》至"哀毁骨立"语时，学生必嫌晦涩难懂，如教师能就其字义之解释，而转入《世说新语》王戎、和峤两人"生孝""死孝"之逸闻遗事，加以阐发，学生自然容易发生兴趣了。②

二　初中毕业会考试题，不可忽视古代文学、文法知识

1932 年 5 月，为"整齐中小学学生毕业程度，并增进中小学教学效率"，教育部为统一办法起见，特制定了《中小学毕业会考章程》。③ 随后，各省也都根据教育部精神，并结合本地区实际制定了具体的毕业会考执行章程，④ 均明确要求"会考各科，皆及格者，准予毕业"。初级中学毕业会考科目包括党义、国文、算学、历史、地理、自然、外国语等，显然初中国文毕业会考试题也会对国文教学、国文教科书编写产生影响。

初级中学毕业会考不同于升学考试，主要是为了检验学生是否达到了毕业的最低要求，各地的考试题型也不统一。如青岛初中毕业会考国文试题，包括作文题和国学常识题⑤：

甲、作文题　初中学校生活之回忆

乙、国学常识题　1. 诗圣系何人，并举其作品之一。　2. 诗有六艺，试说明之。　3. 归去来辞、离骚、水经注、琵琶行、出师表，

---

① 张保恒：《中学低年级国文教学上之几个基本问题》，《江苏教育》1934 年第三卷第五、六期合刊。

② 姚毅成：《中学国文教学之检讨》，《大夏》1934 年第一卷第九号。

③ 《条例：中小学学生毕业会考暂行章程》，《教育益闻录》1932 年第四卷第三期。

④ 《法规：河北省二十一年度中学学生毕业会考章程》，《河北省政府公报》1932 年第1624 期；《省府颁布：广东省中等学校毕业会考暂行章程》，《汕头市市政公报（法规）》1933 年第 87 期；《法规：河南教育厅中小学学生毕业会考委员会章程（二十二年七月）》，《河南省政府年刊》1933 年，第 318 页；等等。

⑤ 《毕业会考各科试题：初中国文科（六月十五日下午）》，《青岛教育》1933 年第一卷第四、五合期。

其作者为谁？　4. 何为四声，各具一例。　5. 释下列诸语：普罗文学；写实主义；六艺　6. 下列诸作家之作品，各举一篇（只写篇名）莫泊桑·托尔斯泰·杜甫·鲁迅　7. 试改下列各句中之错误：吹毛求庇·汗牛充洞·得龙望蜀·光明吕落·人言绩绩　8. 填写下列各句中之空白：①朝晖夕○，○○万千②犹○年之病，求○年之○③未○绸缪，临○掘○④差之○○，失之○○

作文要求文、白不拘；国学常识部分的题目以古代为主，且知识全面，有作家作品常识，有古代的语法，还有改正错字、名句默写。

而浙江的试题则包括作文、文言文翻译、改正错别字①：

第一题：记述家庭状况及本人之志愿。（文言或语体均可，至多约以四百字为限，不必过长。）

第二题：（一）将下段作文言　我冒了严寒回到相隔二千余里别了二十余年的故乡……我的心不住悲伤起来了。　（二）将下段改作语体　李龙眠画罗汉……伸足入水如测深浅者

第三题：改正下列成语中讹字（将讹字圈去，改正之字，写在句上括弧内。）　（　）酒酣耳熟　（　）望羊兴叹　（　）草木借兵（　）实事就是　……

作文要求也是文、白不拘，不但考文言文翻译成白话，还有把白话文翻译成文言。

虽然青岛、浙江的试题有所差异，但也有诸多共同点：作文文、白不拘，主题以学生熟悉的学校、家庭为主；都有改正成语中的错字；非作文题目，以考查古代选文为主。这些共同点也和当时的国文教科书有相通之处：

（1）该时期大多数教科书都以内容主题编排，而描写家庭亲情、记述学校生活是各版本教科书的必备单元。如朱文叔编辑的中华书局版《初中国文读本》，第二册第一组为"家人间情感的抒写"；第四册第二组

---

① 《初中毕业会考试题·国文试题》，《浙江教育行政周刊》1933 年第四卷第三十期。

是"教育事实与理想之描写";正中书局版《初级中学国文教科书》,就包括亲爱精诚、学业修养两个主要单元,主要选入"叙述亲族朋友之爱及阐发济物利群之精神者""关于学问及人格之修养者";世界书局版《朱氏初中国文》,第一册第三组为"叙述学校中良好的师生",第五组则为"叙述系恋父母与长姊的情绪";等等。

(2)试题中古代文学、文法知识占有较大比重。从以上试题中可以看出,虽然明确要求作文题文、白不拘,但也表明掌握文言文写作还是没有害处的。非写作部分的试题,不论文学常识,还是翻译、改正错别字,都表明学习国文教科书中古代选文的重要性。但是,古代文学常识中,像《出师表》《水经注》《李龙眠画罗汉记》等,都是各个版本教科书的"熟客",表明这些古代知识了解就可以了;同样,这些试题的出现,又会提醒教科书编者又不能轻易把这些选文更换掉,一些常考的知识点还需要通过注释、说明、练习题等做条分缕析的系统介绍。

三　高中入学考试国文试题青睐文言,注重国学常识

该时期的高中入学考试国文试题,在题型上和初级中学毕业会考差不多,主要有作文、国文常识、文白翻译等。但从具体的题目看,高中入学考试试题的难度则要大得多,如广州市各学校的高中新生入学试题:

省立第一中学[①]:

(1)作文:行有余力则以学文说

(2)国文常识:甲·秦书有八体何名?乙·文心雕龙为何人所作?丙·科斗文字系属古文抑属今文?丁·武信二字在六书中属于何类?戊·试举十三经中三部礼书及春秋三传之名。

(3)翻译:(子)试将下段文言译为白话并加新式标点符号。季氏将伐颛臾……是社稷之臣也何以伐为。(丑)试将下段文字译为文言并加新式标点符号。鱼鳞似的屋螺髻似的山白练似的江明镜似的湖……

---

① 《省立第一中学高中一入学试题·国文试题》,《群言半月刊》1934 年第十一卷第九、十合期。

广州市立第一中学①：

（1）作文：论学术与国家之关系

（2）答解：①诗歌是否属于文学？②文学与历史如何关系？③明人茅坤所编八家文集，八家为谁？④初唐四杰为谁？⑤孔子与老子是否不同时？⑥高山仰止，景行行止，二行字意义如何？⑦独乐乐，与人乐乐，孰乐，各乐字是否同一意义？⑧于不可为而为之，与知其可为而不为，二者有无优劣？

省立第一女子师范高中②：

（1）作文：衣食足然后礼仪兴论

（2）译文题（文言译语体）：列子愚公移山一段

省立勤勤大学工学院附中③：

（1）作文：（文言语体均可，须抄全题）人而无恒不可以做巫医说

（2）文言译语体（不必抄题目但须加标点）：有为神农之言者……

（3）语体译文言：两个公人带了林冲出店……不走便大棍搠将起来

从以上试题中可以看出，高中入学考试国文试题：作文虽然文言、

---

① 《市立第一中学高中一年级新生入学试题·国文试题》，《群言半月刊》1934 年第十一卷第九、十合期。

② 《省立第一女子师范高中一年级新生入学试题·国文试题》，《群言半月刊》1934 年第十一卷第九、十合期。

③ 《省立勤勤大学工学院附属中学高中一入学试题·国文试题》，《群言》，《群言半月刊》1934 年第十一卷第九、十合期。

语体均可，但从其题目来看，有些鲜明的文言倾向；翻译题中，大多数学校的试题是要求把语体翻译成白话；而国文（国学）常识题也基本上全是古代内容的回答。这种现象不仅仅在广州才有，全国其他地方的高中入学考试国文试题也都偏重考核古代内容。如河北省立第一中学试题，包括作文为"威天下不以兵革之利论"；及 10 个简答题，"论语若干篇、孟子若干篇、史记何人所撰、汉书何人所撰、后汉书何人所撰、三国志何人所撰、老庄为何家、申韩为何家、杜甫何时人、李白何时人"①；同济中学试题，一是作文"学然后知不足"，一是译语体文为文言文②；河南省立高级中学试题，一是作文（文言、白话不拘）；二是给一段古文加新式标点；三是常识（如宋元两代的代表文学是什么？散文、韵文、学术文不同之点安在？）③；湖南省立长沙高级中学（原名湖南省立第一中学）试题，包括作文题"试述读书之经过及将来之志望"，常识题则全是古代内容，如"六艺有两解，试分别举之""史记何人所著，体例如何"④；北平市立第四中学试题，包括作文、给古文加标点、常识问答，常识问答也全是古代内容。⑤ 再如朝阳学院附属高中的作文题目为"学而以厌说""威天下不以兵革之利论""誉所罪毁所赏虽尧不治论"等，虽然没有标明用文言写作，但其题目还是具有鲜明的文言倾向的；更有意思的是，该校的历史试题虽然仅有两题，但其中一题则是"清代文学的脉络"。

　　入学考试试题如此，高中毕业会考更是青睐考核文言作文及古代文学、文法常识。如上海市的高中毕业会考国文试题，包括三部分：作文，"论读书之目的在于左人"（文言文一篇，字数须在三百字以上）；翻译文

　　① 《二十二年度高级中学试题：河北省立第一中学校·国文试题》，《全国各大学暨高级中学投考指南》1934 年第十二期。

　　② 《本校廿五年度招考新生入学试题·国文试题》，《同济旬刊》1936 年第 108 期。

　　③ 《二十三年度各高级中学入学试题：河南省立开封高级中学·国文》，《全国各大学暨高级中学投考指南》1935 年第十三期。

　　④ 《二十三年度各高级中学入学试题：湖南省立长沙高级中学（原名湖南省立第一中学）·国文》，《全国各大学暨高级中学投考指南》1935 年第十三期。

　　⑤ 《二十三年度各高级中学入学试题：北平市立第四中学·国文》，《全国各大学暨高级中学投考指南》1935 年第十三期。

言为语体文；国学常识填空、判断等，全是古代知识。① 既然高中国文如此青睐文言及古代文学、文法常识，那么力图升学的初级中学学生要加强古代选文的学习也是必需的了。尤其是一些学校开始加授"国学常识"，如江苏省立上海中学在分析了该校的国文教学后，鉴于近年各校高中招考一年级生，测验其国学常识，所以在"初中三年级宜授国学常识"，俾其专心修习，以为升学之预备。纵不升学，而此常识，初中毕业者亦不可缺乏。② 为此，还有一线教员专门撰文，从教材选择、教材编制等方面论述在初中如何开始教学文言文，他认为教学文言文"起点宜低，进程宜速"，初学者主义文言文中单词的一词兼多义、语句的成分省略等有别于语体文的特点。③ 值得一提的是，该时期开始有人开始了对国文测试题的专门研究，从而知道国文教育。如阮真在考察了近几年在校大学生的作文后，认为使用成语典故可以使文字更加经济，如果禁止不用则会使文字简陋而单调，所以建议国文应该有成语典故的测验。④ 亦有人选定两个文题，一题为"学校生活"作白话文，一题为"鸦片之害"作文言文，从而考查学生白话文错字多还是文言文错字多、短文错字多还是长文错字多，并求得相关系数。⑤ 不难理解，这些研究使国文考试不仅仅是学生毕业、升学的依据，还可以影响着国文教学的方法、内容等，当然包括国文教科书的编写。针对上述国文试题，会提醒教科书编者：

（1）在选文尤其古代选文的编排中，注意加入国学常识介绍。本时期的初中国文教科书除了在选文的注释说明中介绍相关知识外，大多数还专门编排了知识类短文作为教材的补充，有的教科书更是列出了每学期或学年的参考书目以便于学生课外阅读。如世界书局版《初中新国文》，在每册教科书后都以"补充教材"的形式，并按照读书方法、作文方法、修辞方

---

① 《上海市中学毕业会考各科试题及答案·高中国文试题及答案》，《苏州女子师范学校校刊》1934 年第三十期。

② 陶庸生：《本校国文教学之概况及今后改进之商榷》，《江苏省立上海中学校半月刊》，1931 年第 56 期（江苏省立上海中学四周纪念刊）。

③ 张保恒：《中学低年级国文教学上之几个基本问题》，《江苏教育》1934 年第三卷第五、六期合刊。

④ 阮真：《国文教学的基本问题》，《教育研究》1934 年第五十一期。

⑤ 《国文教学的几个基本问题》，艾险舟演讲，方惇颐、林锦成笔记，《教育研究》1934 年第五十一期。

法、文学杂论的分类，编入了一些知识短文，如第五册"读书方法"编选的是《阅读什么》（夏丏尊），"作文方法"编选的是《实际作例与添削》《分段与选题》（夏丏尊），"修辞方法"编选的是《修辞》（陈望道），"文学杂论"编选的是《美文》（周作人）、《论文》（魏禧）、《什么叫做短篇小说》（胡适）、《说诗》（傅东华）。再如正中书局版教科书在第一、三册分别列出了三个学年的阅读书书籍名单，第一学年是《伊索寓言》《爱的教育》（孟德格查著，夏丏尊著，开明书局）、《寄小读者》（冰心女士著，北新书局）、《老残游记》（刘鹗著，亚东书局新式标点本）、《国语文典》（吴耕莘著，广益书局）、《学文基础》（周服，商务印书馆），第二学年是《小物件》（李劼人译，中华书局）、《西滢闲话》（陈源著，新月书店）、《事业与修养》（世界书局）、《徐霞客游记》（徐宏祖著，商务印书馆）、《文法与作文》（黄洁如著，开明书局）、《文章作法》（夏丏尊著，开明书局），第三学年是《曾文正公家书》《中国文学小史》（赵景深编，北新书局）、《欧游心影录》（梁启超著，中华书局）、《短篇游记》（张廷华编，大东书局）、《应用文举要》（陈昂编，商务印书馆）、《修辞学》（唐钺著，商务印书馆）。这些书目既有国学常识类，如《中国文学小史》《国语文典》，可以应付相关考试；即使一些文学著作如《老残游记》，也往往是语体文翻译成文言文试题的重要来源。

（2）写作技法，不刻意区分古今文白。即使是古代选文，也可以从作文技巧，如景物描写的角度、人物描写的方法等诸多方法给青少年的写作带去有益的帮助。如商务版初中教科书国文，在第一册中，《篮球比赛》（21课）、《景阳冈》（22课）与《夜渡两关记》（23课）、《大铁椎传》（24课）、《刘老老》（25课）并列编排，并在其中穿插编排了"习作之记叙文的写法"，该教科书在《景阳冈》的教学提示中写道，"这课所描写的动作，比上一课（《篮球比赛》）复杂呢或是简单？试从上课的第二节和这课的第四节里摘出表示动作的动词，比较它包含多少种不同的动作"；而《夜渡两关记》的教学提示写道，"前篇的作者代写武动的经验，这篇的作者写他自己的经验，但都使我们得着'险'的印象。可见，同一效果可用不同的手段获得"；《大铁椎传》的教学提示写道，"作者对于大铁椎的中心印象是用两个什么字点明的，他用哪些节目来证明这个中心印象"；《刘老老》的教学提示为，"写人物和写风景并无两样，上篇写大铁椎，还有一部分用作者自己的口气，如第二段，这篇写刘老老，便完全用说故事的形式。但我们并不注意那故事，却注意刘老老是怎样一个人，也犹之读《大明湖》一篇时，并不注意老残的行踪，却注意大明湖的风景，所以这样的文章，仍旧还属记叙的性质"。由此可见，在教科书编者看来，从让学生掌握写作技巧的功用来看，这些古代选文和现代选文没有本质区别，只要能通过它们让学生了解、掌握记叙的方法就可以了。再如孙怒潮主编的中华书局版国文，第一册第三单程由《王小玉说书》（9 课）、《柳敬亭说书》（10 课）、《李龙眠画罗汉记》（11 课）、《核舟记》（2 课）四篇选文组成，该教科书的"教学做举要"的"教案"部分写道："这一单程完全注重人物的描写，说到人物，有男女、老少、个性、共性的不同，如第九篇是描写女性的声音姿态，第十篇是描写男性的声音姿态，而又是个性的刻画；十一、十二两篇，是图画雕刻中色相的描写，而又是共性的描写。个性难于分条逐段的布列，共性难在共性中求个性的表现，教者应该注意九、十两篇和十一、十二两篇的对比，以及个性在共性中的活跃。"显然，这些古代选文的编排，主要是希望能够对学生的人物描写技巧带去有益的启示。

小　结

"'九·一八'之夜，日本政府竟命令日军长驱而袭据我东三省了。在国家民族危急时刻，众多有识之士指出，面对拥有精利武器、奉行军国主义政策的日本侵略者，我们要本过去创造文化、抵御外患的精神，从禽兽啮人、毒草蔓延的荒凉世界之中，拿出刚毅勇敢的力量、不屈不挠的志气，为救民族奋斗而死；我们要恢复民族的精神，誓达摧毁日本帝国主义者的钢壁铁垒，保障民族的生存，只要我们的精神不死，国势总有复兴之一日"。[1] 日本侵占我国东北后，复攻淞沪，更大调其贼军，屡肆骚扰，在天津演习巷战，在汉口增加驻军，在苏杭用飞机抱抛炸弹，并有扰我长江沿岸及破坏我全国要埠之言。[2] 当时有论者指出，历史的事

---

[1] 卢建人：《以民族精神摧毁日帝国主义者的壁垒》，《奋斗》1931 年第十二期。

[2] 子亭：《社论：民族精神》，《河南教育日报》第二五三号第一版，1932 年 2 月 28 日。

实告诉我们，一个民族在危险困难的时候，如果完全失去了自信力，失去了为民族求生存的勇气和努力，这个民族就失去了生存的能力，一定得到悲惨不幸的结果；反之，一个民族处在重大压迫危殆的环境中，如果仍能为民族生存而奋斗，来充实自己，来纠正自己，来勉励自己，大家很坚强很刻苦的努力，在伟大的牺牲与代价之下，一定可以得到很光荣很伟大的成功。如果我们完全丢了中国固有的一切思想文化，单在物质科学方面去努力，我们还是同样的吃亏，也许比现在还严重。[①] 一个民族的盛衰存亡，都系于该民族有无自信力，而这种民族自信力——民族精神——的表现与发扬，却端赖于文学的熏陶，我国古时即有闻歌咏以觇国风的故事。[②] 国语国文教学在个人生活、民族与国家命运等方面的特定价值得到了当时社会的广泛认可，"许多民族合为一个国家，这国型成立之原因，即基于文化之调和，而语文实文化中最大最要之一端，国与民之连锁，即全赖乎此"。[③]

1932 年颁布的《初中国文课程标准》提出了国文"了解固有文化，培养民族精神"的目标要求；1936 年修订课程标准又提出"使学生从代表民族人物之传记及其作品中唤起民族意识并发扬民族精神"的目标。本时期的初中国文教科书古代选文，在经历了清末民初时期的因人选文（作者的道统，封建士人肯定者）、新学制以来的因文而文（重文学审美、艺术成就）后，开始了因时选文的历程（为时代需要，振起民族精神而选文）。所以，该时期初中国文教科书中的古代选文，更突出其社会性、民族性特点，而弱化其休闲审美性；不论何种文体，适应当前的时代需要，其内容主题都关注家国，富有抗战情绪、忠贞之气；选文中的人物，不论男、女，不论官、民，他们都流露着鲜明的勇武果敢之气质；对于选文作者，那些在中国历史上以抵御外辱、誓死不屈而闻名者，如岳飞、文天祥等，虽然在文学史上没有太大成就，但他们的作品及关于他们题材的选文被大量选入教科书中。

---

① 邵元冲：《如何建设中国文化——二月十八日在中国文化建设协会南京分会成立大会讲演》，《建国月刊》1935 年第十二卷第三期。

② 宗白华：《唐人诗歌中所表现的民族精神》，《建国月刊》1935 年第十二卷第六期。

③ 王森然：《中学国文教学概要》，商务印书馆 1929 年版，第 5 页。

第 六 章

战火弥漫　国文不断（1938—1945 年）

　　教学目的在于熟诵，务期因此充分达到训练学生获得运用语体文或文言文的叙事、说理、表情、达意之技能。本书所选诸文，除根据课程标准各有中心思想外，并采取平实精神，以期内容具有模范群伦、包涵各家之风度，免致局于一隅，或偏于一家，而有矜奇夸异之嫌，故不弃习见之文，不别新旧之体。

　　　　　　　——方阜云等：《初级中学国文甲编·编辑要旨》

　　本书选材特之内容标准，特注重思想健全，足以修养国民道德，指导合理行动者；意义充实，足以增进生活常识，改善社会现状者。本书选材之形式标准，特注重叙事明晰、说理透彻、描写真实、抒情恳挚者；句读简明、音节诸适、文法正确、论理周密者。语体文与文言文并选，循年级顺序，语体递减，文言递增。

　　　——（伪）教育部编审委员会：《国定教科书初中国文·编纂大意》

　　振兴儒教；尊重汉民族固有的文化，特别尊重日华共通的文化，恢复东方精神文明。

　　　　　　　——日伪《从内部指导中国政权的大纲》（1938）

　　本书确认国文教学的基本目的，是对于汉语汉文的基本规律与主要用途的掌握。本书所选的读文，力求贯彻反对一切党八股，反对一切主观主义、形式主义的原则。为了适应学者的实际需要与读写水平，本书并没有选很多"名文"，却选了很多朴素平易的文字。

本书读文绝大多数是新民主主义的，但为了某些需要，偶然也选一两篇比较旧的东西（例如《桃花扇》的《哀江南》《三国演义》的《隆中决策》等）。

——陕甘宁边区教育厅：《中等国文·关于本书的七点说明》

第一节　全面抗战时期国文教育的政策性规定

1937 年 7 月抗日战争全面爆发，波及中国东部、中部的大部分地域，近四亿人卷入战火，战争打断了中国社会与经济的现代化进程，也使中国的社会发生了重大变化。抗战初期，日军取得了军事优势并迅速建立伪政权"以华治华"，中共出兵华北、华中地区并建立起了敌后根据地，中国出现了国民政府统治区、中共领导的抗日根据地和日伪控制沦陷区三种政权并立的局面。[①] 抗战时期的一个显著特征，就是战争中的各方（共产党、国民党、日军）都将新式教育体系作为强有力的政治和思想武器，并试图建立能够宣传他们思想的学校，作为自己新生力量的补充基地。[②] 在政局动荡、物资缺乏的背景下，各政权趁机取消了清末以来长期实行的教科书"审定制"，取而代之"统编制"，要求所辖学校使用统一的教科书，并把教科书当作思想意识形态控制的重要工具。

一　沦陷区教育政策

1937 年年底，北平、天津、太原等地相继沦陷，侵华日军调整军事部署，实施"以华制华""分而治之"的方针，在华北沦陷区培育伪组织，扶植傀儡政权，以确立和维护其殖民统治秩序。最终，以王克敏、汤尔和、王揖唐、齐燮元等为首的，有日本留学（或工作）经历的北洋军阀余党被日军看中，组织了汉奸政府。1937 年 12 月 13 日南京沦陷，华北日军特务部立即命令王克敏于 12 月 14 日上午，在中南海居仁堂宣告"中华民国临时政府"成立，并发表《成立宣言》。"中华民国临时政府"的辖区主要有河北、山东、山西、河南四省和北平、天津、青岛三个特

---

① 江沛：《全面抗战与中国社会变迁特征述论》，《历史教学》2005 年第 9 期。

② 曹诗弟：《文化县》，泥安儒译，山东大学出版社 2005 年版，第 143 页。

别市，其体制大多沿袭了北洋政府时代，以五色旗为"国旗"，以《卿云歌》为"国歌"。① 汪精卫伪政府成立后，伪华北"中华民国临时政府"名号取消，更名为"华北政务委员会"，名义上隶属于汪伪政府，但实际上拥有"高度自治"之权力。所以，伪华北政府初中国文教科书，第一册版权页标记的编者为"教育部编审会"，随后出版的第二册至六册则改为了"教育总署编审会"。

伪华北政府对日奉行妥协投降政策，非常注重对教科书编写、使用的控制。1938 年年初伪政府举行就职典礼后，2 月即命令辖区内各学校"一律使用新编教科书"，并于 3 月 1 日公布了《教育部直辖编审会组织章程》，规定"编审会"的任务是"办理关于中小学教科书及各种教育刊物之编辑审查事宜"，"编审会"编辑审定的"新教科书"在平、津、青岛、河北、山东等省市"一律遵用"。② 以北平为例，1938 年 8 月"编审会"编完小学、中学及师范学校百余种教科书，并于新学期开始前分发到各学校，中小学旧课本则被彻底禁止使用。③1940 年，伪华北政务委员会教育总署"施政方针"的第二条即为"统一教材"④。

汪伪集团按照日本方面的意旨推行反共亲日文化教育政策，始终没有忽略对教科书的控制与使用。1939 年 8 月在上海召开的伪国民党六大上，汪伪修订后的中国国民党政纲中的"教育部分"就包括"重编教材，以适应新中国之建设"⑤；1940 年，汪伪政府"还都"南京后，其"教育部"制定的中学训育目标是"养成忠孝仁爱信义和平之德性""养成安分

① 张同乐：《华北沦陷区日伪政权研究》，生活·读书·新知三联书店 2012 年版，第 26—29 页。

② 余子侠、宋恩荣：《日本侵华教育全史》（第二卷），人民教育出版社 2005 年版，第 318 页。

③ 陈兆肆：《日伪统治时期北平的中小学教育》，《北京社会科学》2009 年第 2 期。

④ 《伪华北政务委员会教育总署施政方针》，中央档案馆、中国第二历史档案馆、吉林省社会科学院合编：《日本帝国主义侵华档案资料选编·汪伪政权》，中华书局 2004 年版，第 411 页。

⑤ 《申报年鉴》，申报社 1944 年版，第 941 页。转引自曹必宏《汪伪奴化教育政策述论》，《民国档案》2005 年第 2 期。

务本坚忍不挠之意志""养成严守秩序服从纪律之生活"。① 认为"教育是国家的公器，教科书是完成教育目的的重要工具。教科书之应该国定、国营是毫无疑义的"②。"乃令教育部编审委员会切实编纂各类学校教科书，以期统一而收教育之宏效。"汪伪编审委员会"奉令后，即积极着手编撰。乃于二十九度学年开始前，先行出版初小国语、常识、算术，高小国语、历史、地理、算术、自然、公民等科"③。初中教科书在 1942 年 2 月 10 日前全部印制完毕。④

二　国统区教育政策

以蒋介石为首的国民党政府，从成立以来也从来没有忽视过教科书编纂问题。1928 年 6 月 15 日，南京国民政府发表《统一宣言》，宣告完成统一大业；1929 年 8 月教育部即颁布《中小学课程暂行标准》，明确规定选用教材标准的第一条为："包含党的主义及策略，或不违背党义的。"⑤ 1932 年 11 月颁布的《中学课程标准》，又要求在中学国文教科书选文中应注意加入"中国国民党历次重要宣言、中国国民革命史实、中国国民党史略、党国先进言论"等材料。⑥

抗战爆发后，国民政府西迁，各级学校教师随同流入后方。1938 年 4 月，国民党临时全国代表大会通过了《战时各级教育实施方案纲要》，其中第四项为"对于各级学校各科教材，应彻底加以整理，使之成立一贯之体系，而应抗战与建国之需要，尤应尽先编辑中小学公民、国文、史地教科书及各地乡土教材，以坚定爱国爱乡之观念"；不久，"教育部就奉到委员长手谕，改编中小学语文、史地、常识教科书"，"民国三十一年一月，把教科用书编辑委员会并入国立编译馆为教科用书组，由陈

---

① 中央档案馆等编：《日本帝国主义侵华档案资料选编·汪伪政权》，第 850 页。
② 端：《国定教科书出版》，《教育建设》第 1 卷第 2 期，1940 年 11 月。
③ 《史料：教育部编印国定教科书》，《教育建设》第 1 卷第 1 期，1940 年 10 月。
④ 《教育消息：国定教科书印刷完竣》，《教育建设》第 3 卷第 5 期，1942 年 2 月。
⑤ 教育部中小学课程标准起草委员会：《中小学课程暂行标准》（第二册），卿云图书公司1929 年版，第 2 页。
⑥ 教育部中小学课程标准编订委员会：《高级初级中学课程标准》，商务印书馆 1933 年版，第 10 页。

（立夫）部长亲自兼馆长，切实领导，积极进行"。① 蒋介石政府趁机实现了教科书的统一编制，即"部编本"。教科书编制完毕后，交由正中书局、商务印书馆、中华书局、世界书局、大东书局、开明书店、交通书局七家联合组成的"国定中小学教科书七家联合供应处"发行，教育部与七家联合供应处订立合同，由该处统筹印制，负责供应全国各省市中小学的需要。② 这样，在蒋介石政府权力能够管辖到的区域内，中小学教科书从编辑、发行到学校的使用，都被牢牢地控制住了。

三　根据地教育政策

抗日战争爆发后，中共中央于 1937 年 8 月 22 日至 25 日在洛川召开政治局扩大会议，会议通过了《抗日救国十大纲领》，其中第 8 条为《抗日的教育政策》，提出应"改变教育的旧制度旧课程，实行以抗日救国为目标的新制度新课程""实行全国学生的武装训练"。③ 1937 年 9 月 6 日，陕甘宁特区政府正式成立（1938 年 1 月改称边区政府），其首府延安是中共中央所在地，是中国人民革命斗争的指挥中心，辖陕西、甘肃、宁夏的 23 个县。随后，115 师创建了晋察冀抗日根据地，120 师创建了晋西北抗日根据地（后扩大为晋绥根据地），129 师创建了晋冀豫抗日根据地（后扩大为晋冀鲁豫根据地），党领导的抗日武装也创建了山东根据地。在抗战时期，各根据地没有统一的教材，不少根据地的教育部门，从边区到专区、县都编印了不少课本，一般的边区是统一课本，专区、县是补充教材。两者都是非常需要的，没有边区统一教材，不易提高教材质量；没有地方教材，不能及时地反映群众生活与斗争的情况。④ 限于篇幅，本书主要以陕甘宁边区为例，来展现抗日根据地教科书编辑出版

---

① 陆殿扬：《国定教科书编印经过及其现状》，《出版界》（正中书局专号）第 1 卷第 6、7 合期，1944 年 8 月。

② 魏冰心：《国定教科书之供应问题》，《教育通讯》复刊第 1 卷第 13 期，1946 年 9 月。

③ 皇甫束玉、宋荐戈、龚守静：《中国革命根据地教育纪事》，教育科学出版社 1989 年版，第 127 页。

④ 董纯才、张腾霄、皇甫束玉：《中国革命根据地教育史》（第二卷），教育科学出版社 1991 年版，第 245 页。

概貌。

　　1937 年 11 月 24 日，《新中华报》发表中共陕甘宁特区党委提出的《施政纲领》，第 13 条是："实行国防教育，实施普及的义务的免费的教育，提高人民民族觉悟的程度，实行学生的武装训练，普遍地设立日校夜校及补习学校，实行消灭文盲运动，改善职员的待遇。"① 1938 年 2 月，陕甘宁边区教育厅编审科编审的第一套小学课本陆续出版发行，这套课本包括：初小国语 6 册、初小政治常识 1 册、高小历史 2 册、高小地理 1 册。另有图画 1 册、劳作 1 册、唱歌 1 册。② 1941 年，陕甘宁政府教育厅组织人力，完成了对小学课本的改编工作，改编课本的原则是：在贯彻抗战教育政策的前提下，加强课本内容的知识性，同时注意课本的科学化和儿童化。③ 抗日根据地的教科书编写，在抗战初期多注重政治方面，提供儿童的民族自信心与抗战必胜的观念；随着抗战的发展，课程的内容不能停留在空泛的政治上，要进一步增多科学的知识，政治要同科学结合起来，与群众生产斗争知识和生活需要知识结合起来，例如讲科学知识进一步和如何防空、防毒结合起来。④ 总之，根据地教科书把共产党的政策与人民的切身利益结合起来，它们传播现代基础文明，灌输无产阶级的话语系统，用崭新的政治意识和行为规范指导民众；它们既充满强烈的政治意识和民族精神，又具有广泛的亲民倾向，是沟通知识精英和人民大众的天然桥梁。⑤

第二节　全面抗战时期的现代中学国文教科书

　　社会统治阶层的政治权力在课程法定中的运用主要表现在对课程计划、教学大纲及教科书的控制上，尤其是在教科书的编审上。⑥ 教科书是

---

　　① 皇甫束玉、宋荐戈、龚守静：《中国革命根据地教育纪事》，教育科学出版社 1989 年版，第 130 页。

　　② 同上书，第 135 页。

　　③ 同上书，第 213 页。

　　④ 董纯才、张腾霄、皇甫束玉：《中国革命根据地教育史》（第二卷），教育科学出版社 1991 年版，第 244 页。

　　⑤ 石鸥、吴驰：《中国革命根据地教科书的政治宣传效应》，《教育学报》2011 年第 3 期。

　　⑥ 吴康宁：《教育社会学》，人民教育出版社 1998 年版，第 316 页。

教育内容的物质承担者，是具体教育实践的载体和媒介，在抗战时期，各政权都没有放松对中小学教科书的控制。

一　沦陷区的中学国文教科书

（一）沦陷区教科书的对原有教科书的删改

伪华北教育总署编审会组织编辑的《初中国文》和汪伪教育部编审委员会编辑的《国定教科书初中国文》是沦陷区的主要初中国文教科书。它们呈现如下特点：

1. 删减抗战前教科书课文，回避抗战主题

伪华北政府、汪伪政府都妄图加强教科书控制，并组织编制"统一"使用的教科书。但是由于时局不稳，优秀的教育家及出版家大都撤离了沦陷区，日伪傀儡政府成立仓促，"教部此次所编印的教科书，为时不过三四月，参加从事者不过数十人"①，根本无力组织人员重新编制各科教科书，大多是在抗战以前使用的教科书基础上删改而成。笔者经过比对发现，伪华北版、汪伪版初中国文教科书都是在上海中华书局 1937 年 8 月出版的《新编初中国文》②基础上，把部分课文删减、增换编纂出来的（见表6—1）。

表6—1　　　　沦陷区教科书删除《新编初中国文》课文举例

册别	课文名称	原教科书课文"题解"
第一册	《孙中山先生的幼年时代》	旨在阐述中山先生不畏强御的精神
	《亚美利加之幼童》	旨在表述美国儿童的爱国心
	《少年爱国者》	叙写意大利少年为爱护本国尊荣，反抗外人侮辱的故事
	《莫斯科的女孩儿》	旨在从莫斯科女孩方面表述苏俄近年建设的状况
	《最后一课》	托一小学生之语气，写割地之惨，以激扬法人爱国之心
	《观巴黎油画院记》	所观为描述普法战争，法国战败割地赔款历史之画

---

① 端：《国定教科书出版》，《教育建设》第 1 卷第 2 期，1940 年 11 月。

② 宋文翰：《修正课程标准适用·新编初中国文》，中华书局 1937 年版。

续表

册别	课文名称	原教科书课文"题解"
第二册	《少年鼓手》	叙写意大利少年爱国的故事。(鼓手即号兵)
	《塞木披黎之战》	斯巴达王率斯巴达兵三百、联军六千抵御二百万波斯海陆侵略军；斯巴达王与三百将士皆战死
	《从军》	记叙少年从军前告别家庭的情状，以救国为从军之目的
	《双流旅社》（陆游）	唐宋时诗人表抒敌忾心之作，用以激发民族精神
	《少年行》（王维）	
	《凯歌》（岑参）	
	《从军行》（王昌龄）	
	《沈云英》	叙述明末流寇为患时，云英以一弱女子捍卫地方的情事
	《记冯婉贞事》	记叙冯婉贞却敌保乡事，旨在表彰她的智勇
第三册	《柏林之围（上）》	实即巴黎之围，1870 年，普法站起，法人皆败；普军进围巴黎，经四月，力尽被陷。篇中写围城中事，而处处追叙拿破仑大帝盛时的功业和声势，用以慰安新败的法人，并激励他们的爱国心
	《柏林之围（下）》	
	《岳飞郾城之战》	写古时对外战役。宋时金人大举入寇，至绍兴十年，岳飞军大捷于郾城，收复失地
	《五岳祠盟记》	本课录岳武穆文与词各一，以见他的忠肝义胆，并激励学者民族的精神
第四册	《祭中山先生文》	民国十八年夏孙总理奉安南京紫金山时蔡元培的祭文
	民族主义的真精神	该文节《民族主义》第六讲，说明民族主义的真精神，最后在于统一世界，成大同之治
	《建国方略》绪言	旨在指示后人实行三民主义的方法与步骤，期于循序渐进，以完成革命的工作
	《复妻书》	这是一封回复作者的妻的信，旨在勉励她努力革命
	朴朗吟教授	朴朗吟，英国爱丁堡大学女教授，她的儿子新战死，但她仍敛神忍痛，不肯暂辍所担当的职务
	《林尹民传》	(纪念林烈士)
	《与妻诀别书》	烈士扩充夫妇的爱以爱国家、爱民族，牺牲自己身和妻子的福利，以谋大众的幸福。文中交织着大义与私情两种情感，读了可以想见先烈舍己为群的精神
	《黄花冈烈士事略》序	(纪念黄花冈七十二烈士)

续表

册别	课文名称	原教科书课文"题解"
第五册	《左宝贵死难记》	1984 年秋,朝鲜事起,左宝贵奉命援朝鲜,敌以大军相压,扼守城北山顶以死
	《民族的发生和发展》	旨在阐发民族主义之意义
第六册	《新生活运动与礼义廉耻》	(作者陈立夫,宣扬蒋介石政府提出的"新生活运动")
	明耻	(纪念"九·一八",作者为国民党中央委员邵元冲)
	《机器促进大同说》	(作者为国民党元老吴稚晖)
	《勤工俭学传书后》	(作者吴稚晖,《勤工俭学传》为国民党元老李石曾所著)
	《今》	(作者李大钊)
	《亚尔莎士洛林两州》	(关于普法战争割地主题)

从表 6—1 不难看出,沦陷区教科书主要删除了两种主题的选文,一是赞颂保家卫国抵御外辱,激发青少年民族精神的作品,如《少年爱国者》《从军行》等;二是纪念国民先烈及国民党重要成员的选文,如《林尹民传》《新生活运动与礼义廉耻》等。

2. 更改课文注释,充当日本侵略者走狗

日伪版教科书不但删减了一些选文,还在保留的原版选文的注释中大做文章,如第一册《麻雀》一文中"桦树"产地的注释:

原中华书局版:"产东三省及西北诸地。"

伪华北版:"产满洲国及我国西北诸地。"

汪伪版:"产寒带及我国西北诸地。"

在注释中,伪华北版直接把东三省改为了"满洲国",汪伪版以"寒带"一词回避"敏感话题",充分显示了他们甘于充当日本侵略者傀儡的性质。

3. 增加"参考文",宣传中日亲善

汪伪版教科书还在第五册、第六册编排了"参考文"(见表 6—2):

表6—2 汪伪版教科书中的"参考文"

册别	课文名称	作者	作者身份
第五册	仁之真义	赵正平	汪伪教育部部长
	中日友好之基础		
	和平人格与和平建国		
第六册	欢迎日本众议院来华诸君——中日合作与东亚联盟的结成	罗君强	汪伪中央政治委员会副秘书长
	告中国同志书	日本议员访华团	日本议员访华团

从表6—2中不难看出,汪伪版两册教科书中的"参考文"都是赤裸裸地宣传"中日为友""中日并存""共同建设东亚新秩序"的汉奸卖国文章,且多为伪政府的官员所作。

总之,沦陷区教科书对旧版教科书的"一删、一改、一增",毒害青少年学生思想的动机昭然若揭。

(二)沦陷区中学国文教科书选文特点:删减武勇抗敌文,增加忠孝仁爱文

伪华北政权成立时,日本帝国主义在"宣传教育"方面的"处理方针"以"日满华共存共荣、共同防共和建立东亚协同新秩序"为原则。日本侵略者于1938年7月出台了《从内部指导中国政权的大纲》,规定伪华北政权的文化教育,要"振兴儒教","尊重汉民族固有的文化,特别尊重日华共通的文化,恢复东方文明精神"。[①] 显然这是妄图利用中国固有的封建伦理道德灌输亲日奴化思想,从而排除抗日思想。汪伪政府制定的"教育方针",也包含"保持并发扬民族固有之文化及道德,尽量吸收适于国情之外国文化""铲除狭隘之排外思想,贯彻睦邻政策之精神"等相关内容。[②] 不难理解,其中的"固有文化"是修齐治平之封建伦理文化,"外国"文化即日本之文化。汪伪政府"教育部"制定的中学训育目标是"养成忠孝仁爱信义和平之德性""养成安分务本坚忍不挠之

---

① 北京师范大学历史系中国现代史教研室:《中国现代史》(下册),北京师范大学出版社1983年版,第94页。

② 武强:《日本侵华时期殖民教育政策》,辽宁教育出版社1994年版,第154页。

意志""养成严守秩序服从纪律之生活"。① 所以，沦陷区教科书中，删除了那些与"安分坚忍""仁爱和平"原则不符的古代选文，同时增加了宣传"王道"思想的孔孟之文。

1. 适应"安分"教育需要，删减武勇文

如前文所述，伪华北版、汪伪版初中国文教科书，均是根据 1937 年中华书局版《新编初中国文》删改而成的。伪版教科书把原来教科书中描述中国历史上富有不屈抗战精神的选文都删除了，如备受各个时期教科书青睐的《沈云英传》《秦士录》；唐宋时诗人表抒敌忾心，用以激发民族精神的古代诗歌——《双流旅社》（陆游）、《少年行》（王维）、《凯歌》（岑参）、《从军行》（王昌龄）；抗战时期颇受关注的岳飞题材选文，如《岳飞郾城之战》《五岳祠盟记》等。

2. 用"中性"古代文替换"敏感"选文

在第一册中，伪华北版、汪伪版均用郑燮《题画竹》替换了薛福成《观巴黎油画院记》，因为薛文的题材和普法战争有关，并在文后写道："余问'法人好胜，何以自绘败状，令人丧气若此?'通译者曰：'所以昭炯戒，激众愤，图报复也。'则其意深长矣!"同类的还有，在第五册中，《左宝贵死难记》一文，伪华北版以《孟子·熊掌我所欲也章》替换，汪伪版则以同样以替换，而名为《舍生取义》；第六册中，二书均用《黄土老爷》（俞樾）替换了《秦士录》，因为"黄土老爷"没有反抗精神，而是一位重节操、守官德、节俭自奉、廉洁自律的高风亮节之士。

再如第四册第二组为四篇纪念孙中山及孙中山创作的作品：《"和平""奋斗""救中国"》《祭孙中山先生文》（蔡元培）、《民族主义的真精神》（孙中山）、《〈建国方略〉绪言》，伪版教科书把改组整体替换。伪华北版换做两篇古代游记——《登泰山记》《真州游桃花坞记》，两篇描写家庭生活宣扬孝道的杂记——《〈北堂侍膳图〉记》《〈兰陔爱日图〉记》；汪伪版也用四篇宣扬孝道的文章替代，三篇古代文——《〈北堂侍膳图〉记》《〈兰陔爱日图〉记》《杜环小传》；另一篇则是汪精卫自己所作怀念母亲的《〈秋庭晨课图〉跋》。

---

① 中央档案馆等编：《日本帝国主义侵华档案资料选编·汪伪政权》，第 850 页。

3. 增加表现忠孝、仁爱之古代文

日伪政府还发出了加强学生修养问题的布告，其中包括保持和发扬固有文化、要求学生"应注重礼仪"等内容，这似乎是重视中国"礼仪之邦"传统形象的保持，其实是要求沦陷区内广大青少年学子养成对日寇的卑躬屈膝、服从温顺。① 所以，灌输封建伦理思想，宣扬孝道成为沦陷区初中国文教科书古代选文的重要主题。除了教科书中增加如前所述的家庭伦理题材选文外，伪华北版还在第六册增加了俞正燮的《严父母义》一文：

　　慈者，父母之道也。《大学》云："为人父，止于慈。"《礼运》云："父慈子孝，谓之大义。父子笃，家之肥也。"《左传》，晏子云："父慈子孝，礼也。父慈而教，子孝而箴，礼之善物也。"而《易·家人》云："家人嗃嗃，悔厉吉。"又云，"有孚威如，终吉。"《象传》云，"家人嗃嗃，未失也。""威如之吉，反身之谓也。"《彖传》云，"家人有严君焉，父母之谓也。"然则嗃嗃同忧勤，未失慈爱，有孚为悲，威如为子妇之严其父母，而反身为父母之所以严。严父母，以子言之也。何以明其然也？《孝经》云："孝莫大于严父，严父莫大于配天。"又云，"以养父母日严。"又云，"祭则致其严。"皆谓子严其父母也。

　　《表记》云："母亲而不尊，父尊而不亲。"此汉儒失言，于母则违严君父母及养父母日严之训，于父则违慈孝之谊，由误以古言严父为父自严恶，不知古人言严皆谓敬之，《易》与《孝经》皆然。《学记》云，"严师为难，师严而后道尊。"亦言弟子敬之。《书》记舜言"敬敷五教在宽"。《史记·殷本纪》及《诗·商颂》《正义》引《书》，均作"敬敷五教，五教在宽。"《中庸》记孔子言"宽柔以教"为君子之强。岂有违圣悖经，以严酷为师者。知严师之义，则严父母之义明，而孝慈之道益明矣。

---

① 余子侠、宋恩荣：《日本侵华教育全史》（第二卷），人民教育出版社 2005 年版，第 221 页。

在外敌入侵，国土被践踏、国民被奴役之际，这类不厌其烦地讨论何为慈、严之文显然与时代形势不合拍。而伪华北版教科书的教学提示中，还告诉青少年学生，"此种考据文章，措辞质朴，论理简要"，并要求"试作一篇'严师说'，不求引证繁多，只需简明的写出意思来便好"。不可看出，所谓"和平忠孝"的教育宗旨，实际上就是妥协投降的奴化教育。

汪伪版在第五册、第六册都增加了《论语八章》，其中第六册更是把《兼爱》《论语八章》《孟子三章》《孔子学说与时代精神》组成了一个新的"仁爱单元组"。《孟子三章》包括《不仁哉梁惠王》《不嗜杀人者能之一》《善战者服上刑》，这些选文非常符合日本侵略者所宣传的对占领区施行的所谓"王道乐土"理论。

二　国统区中学国文教科书

（一）国统区中学国文教科书增加大量"领袖文"

国统区教育部教科用书编辑委员会编辑出版的《初级中学国文甲编》是国统区的主要初中国文教学用书，该书六册，每册"选文分量，以每学期十六周每周二文为律，每册共文三十二篇（初中一年级精读时间较多，曾为三十六篇）"①。

在这为数不多的教科书选文里，每册都有国民党要员的文稿，数量随学段的提高而增加（见表6—3）。

表6—3　　　　国统区初中国文教科书中的政府要员选文概况

册别	课别	课文名称	作者	作者职务
一	2 课	《家训》	蒋中正	"国防最高委员会"委员长
	32 课	《慈庵记》		
二	4 课	《祝滑翔运动》	张治中	军事委员会政治部部长兼三民主义青年团书记长
三	9 课	《告全国青年书（上）》	蒋中正	同前
	10 课	《告全国青年书（下）》		

---

① 《教育部审定初级中学国文甲编·编辑要言》，1942 年版。

续表

册别	课别	课文名称	作者	作者职务
四	13 课	《新生活运动的目的》	蒋中正	同前
	14 课	《新生活运动与礼义廉耻》	陈立夫	教育部部长
	23 课	《中国国民革命之历史的因缘》	戴季陶	曾任国民党中央宣传部长；蒋政府考试院院长
	24 课	《新生命》发刊词	陈布雷	历任国民党中央政治会议副秘书长、蒋介石侍从室第二处主任、中央宣传部副部长
五	5 课	《平等互惠新约与抗战建国》	蒋中正	同前
	6 课	《告全国国民书》		
	16 课	《论终身工作之目标》	陈立夫	同前
六	9 课	《康济录》序	蒋中正	同前
	13 课	《争取国家的自由平等》		
	14 课	《负起我们光荣的任务》	宋美龄	蒋中正夫人，航空委员会秘书长
	23 课	《双手万能》	陈立夫	同前
	30 课	《论社会风气之改造》	蒋中正	同前

从表6—3 中可以看出，国统区教科书中的"高干文"尤以"蒋委员长"最多，既包括他的讲话稿，也包括他教育子女、祭祀母亲的文章；在第六册中，更是夫妻二人的文章被并肩选入。当时就有学生提出抗议"文章的好坏，是要以官阶的高低去判断的，这国文课本中作者的名单便可证明这一点，只要学取这些人的榜样，努力于将来做得高官，便自然有文章被入选为教材"①。抗战胜利后，社会各界越来越多的人指出"现行的国定本教科书，思想开倒车，内容谬误百出，自发行以来，一直受着教育界人士、学生家长的抨击"，号召"督促政府立刻把这套教科书废除"。②

---

① 邓恭三：《荒谬绝伦的国定本教科书》，《时代文摘》第 1 卷第 7 期，1947 年 2 月。原文载该年 2 月 2 日《大公报》。

② 《半月文化：反对法西斯教育和迫害青年！立即废除国定教科书》，《新文化》第 3 卷第 4 期，1947 年 2 月。

（二）国统区中学国文教科书选文特点：多选模范群伦、包含各家之平实文

1940 年 7 月，蒋介石国民政府教育部公布了《修订初级中学课程标准》，规定国文教学目标为："（壹）养成用语体文或文言文叙事、说理、表情、达意之技能。（贰）养成了解一般文言文之能力。（叁）养成阅读书籍之习惯，与欣赏文艺之兴趣。（肆）使学生从本国语言文字上，了解固有文化，并从代表民族人物之传记及其作品中，唤起民族意识与发扬民族精神。"① 所以，国统区的初中国文教科书选文基本上延续了抗战前的选文特点，古代选文中有大量代表民族人物的传记及作品，如《沈云英传》、岳飞的《论恢复疏》等；还有以描述武性人物为主的《景阳冈》《战国任侠》等；也有少量富有审美趣味的古代山水游记，如《登泰山记》《永州八记》；还增加了讨论战事的论说文，如《战论》《六国论》《教战守策》《请励战守疏》等。

1. 文质兼美，模范群伦

国统区《初级中学国文甲编》在"编辑要旨"中说，"本书所选诸文，除根据课程标准各有中心思想外，并采取平实精神，以期内容具有模范群伦、包含各家之风度，免致局于一隅或偏于一家"。六册教科书中，虽只有 84 篇古代选文，但涉及 57 位作者，既有历代代表人物的个人作品，也包括《论语》《孟子》等儒家经典及《战国策》《晏子春秋》等历史典籍的选文。而古代选文被赋予的"模范群伦"作用，从内容到形式均在教科书"题解"中做了明确的说明。如第六册第 17 课《教战守策》（苏轼）的"题解"写道："策为文体之一，属应用文。此策首论古人战守之得失。第五节起，始谓就当时之形势言，或终不免于用兵。是以士大夫应尊尚武勇，以战为守，教民以兵法，使之渐习斗事，而革除屯兵、陵民之陋习，培植民众之力量，则尤为当前急务。所见所论，卓越精到，虽千百年后，其价值仍不可废灭。目前，我国实施国民教育，注重管、教、养、术之训练，亦即本乎此理而发挥之也。"题解既简要介绍了该"策"的内容结构，又结合时代形势，力求做到知古鉴今。

---

① 《修正初级中学国文课程标准》，《20 世纪中国中小学课程标准·教学大纲汇编　语文卷》，人民教育出版社 2001 年版，第 304 页。

2. 培养文艺趣味，结合时代特点

除了精读文外，《初级中学国文甲编》还"选取与文情有关或具有代表性之诗词，附列于各文之后以作补充，稍养成学者欣赏文艺趣味。但非为必读之资料"。这些能够养成青少年学生"欣赏文艺趣味"的古代诗词包括以下篇目（见表6—4）：

表6—4　　　　　　《初级中学国文甲编》附列古代诗词一览表

册别	附列古代诗词选文
一	《赤壁》（杜牧）、《少年行》（令狐楚）、《村居苦寒》（白居易）
二	《黄鹤楼送孟浩然之广陵》（李白）、《杂兴一首》（范成大）、《七夕》（杜牧）
三	《早发白帝城》《峨眉山月歌》（李白）、《山居秋暝》《辋川闲居赠裴秀才迪》（王维）
四	《山园小梅》（林逋）、《嘉陵驿》（元稹）、《满江红》《送紫岩张先生北伐》（岳飞）
五	《闻官军收河南河北》《茅屋为秋风所破歌》（杜甫）、《国殇》（《楚辞》）、《夜雨寄北》（李义山）、《题处士黄公山居》（戴复古）
六	《费宫人刺虎歌》（袁枚）、《九月九日忆山东诸弟》（王维）、《菩萨蛮（郁孤台下清江水）》（辛弃疾）、《菊花歌》（郑思肖）

从表6—4中可以看出，这六册中的富有"文艺趣味"之文，从第四册岳飞作品起，第五、六两册的诗词都和宣传抗战的主题紧密相关：《闻官军收河南河北》《菩萨蛮（郁孤台下清江水）》这类自不必说，《题处士黄公山居》中的"边头又报真消息，鞑使来朝乞讲和"、《菊花歌》中的"至死不变英气多"等诗句也是教育意义深刻的，《夜雨寄北》《九月九日忆山东诸弟》等在当时的情形下，也足能引起国统区学子对已遭日本侵略者占领的家乡故土的深深怀恋。

三　根据地中学国文教科书

（一）根据地《中等国文》概况

陕甘宁边区教育厅充分吸收和发展了当时语文学界对革新语文教育的卓越思想和成功经验，于 1945 年 5 月编辑出版了《中等国文》。《中等国文》在编排内容上非常恰当地处理了语文教育、思想政治教育、文化知识教育三者的关系，其中的选文注重实用，兼顾文艺文。第一册 30 课选文为

> 刘志丹、困难压不倒他、从穷人教育想到穷国教育、识字、书法和字体、接近群众、说服群众、外国记者与民兵的谈话、记录、句读和语调、吴满有的秋庄稼、给高岗同志和林李主席的信、两个小英雄、书信、说和写、减租会开美了、查路条（上）、马健翎、契据、表格、我们的学习生活、陇东通讯、几页日记、日记、事物的特点、中国寓言、外国寓言、黑板报、新闻、六个什么。

从中可以看出，既有关书信、日记、契据、黑板报、新闻等的应用文，也有书法和字体、句读和语调等语言知识，还有中国寓言、外国寓言等富有文学趣味的作品。

需要说明的是，抗日根据地的中学教育，抗日战争一开始，相当多的学校都用训练班的方式，有的地区规定中学为干部教育，学习时间较短。随着根据地政权的巩固，开始向正规的方向发展，但中学修业年限不是太统一，许多根据地规定为半年、1 年到 2 年，[①] 且没有高中、初中之别。为了和日伪区、国统区的初中国文教科书做对比，突出其"初中"阶段，在本书中，仅仅分析《中等国文》的第一、第二册选文。

（二）根据地中学国文教科书选文特点：充分发掘现时思政教育功能

陕甘宁边区教育厅编的《中等国文》的"读文绝大多数是新民主主义的，偶然也选一两篇比较旧的东西"，所以在前两册书中，仅仅有两课古代选文：第一册 26 课《中国寓言》，包括《揠苗助长》（《孟子》）、《井蛙与海鳖》（《庄子》）、《郑人买鞋》（《韩非子》）、《狐假虎威》（《战国策》）、《鹬蚌相争》、《愚公移山》（《列子》）；第二册 14 课《诗选》，包括《石壕吏》（杜甫）、《歌舞》（白居易）、《关山月》（陆游）、

---

① 皇甫束玉、宋荐戈、龚守静：《中国革命根据地教育纪事》，教育科学出版社 1989 年版，第 249 页。

《黄海舟中感怀》（秋瑾）。在该教科书"关于本书的七点说明"中说，该书所选的任何一篇文章都有三个方面的价值：语文规律的价值、政治的价值、一般知识的价值，"国文教学的基本目的虽然在于掌握语文规律，但对于其他两个方面的价值决不允许忽视"。所以，这为数不多的古代选文，在其"教学参考"中也同样被鲜明地赋予了三个价值：

（1）介绍中国语文性质特点（规律）：《中国寓言》中，介绍了寓言的特点，即"大都是很短的记叙文，它和普通故事的不同，在于它的整个故事是一个比喻，它的教训寄寓在故事里面，像一个客人寄寓在旅馆里一样"。《诗选》中谈到了诗的文体特点，"这一课的四篇都是诗，又都是与现代的新诗相区别的旧诗，旧诗每句的字数大体固定，而又以五言七言为主，又遵守一定平仄对仗的格律"，"律诗中逢变句必须押韵"，"近体诗中的律诗，句中的字须平仄相对，不能错乱"等。

（2）介绍一般知识：《中国寓言》"前三篇出于战国时代三部有名的'子书'：孟子是战国前期山东人，孟轲的书属于所谓儒家；庄子是战国前期河南人，庄子的书属于所谓的道家；韩非子是战国末期河南人，他的书属于所谓法家"；"《战国策》是战国末期的一种史书，策做书简解，汉末刘向所辑"。《诗选》，"杜甫，唐中叶的河南巩县人，是中国古代一位最伟大的诗人……他的作品最能表现下层社会的悲哀和痛苦，表现得亲切而有力"；"李白……""陆游……""秋瑾……"

（3）思想政治宣传：《中国寓言》中，"'揠苗'的故事是反对主观主义的"，"'井蛙'的故事是反对狭隘经验主义的"，"'买鞋'的故事是反对教条主义的"；"'狐假虎威'告诉我们要区别从属的东西、本原的东西，区别假象、虚荣和真实"，"'鹬蚌相争'说明团结以御最危险的第三者的重要，鹬、蚌应该妥协，其坚持不妥协是有害的，'愚公移山'的故事则相反，愚公的坚持不妥协，勇往直前，前赴后继，不怕非难嘲笑，不知老之将至的精神是值得我们效法的"。《诗选》，"中国人民的痛苦生活，自然不是从国民党的统治开始的。社会有了阶级，被剥削阶级在生活上和权利上就经常没有保障，剥削阶级则在吸吮他们的脂膏，过着荒淫无耻的生活。每当中国人民被统治者剥削压迫得最痛苦、最喘不过气来的时候，外患也就随之而来，在历史上，引寇入犯或竟把国家断送了，使人民更深受亡国痛苦的，又都是压迫人民的人；而结果终于把国家收

复过来的，却又是在亡国中最受苦难的人民。这里选的四首诗，就代表
了在中国历史上存在着的这些事实"；"国民党的兵役制度比《石壕吏》
中还要黑暗"。

两课古代选文的"教学参考"在最后强调道：《中国寓言》的主旨是
学习文体和得到教训；《诗选》的目的只在表明几千年来中国人民所受的
内部与外来的痛苦，中国有一种什么叫作古诗的东西，以及介绍一些文
言的语汇和语法而已。

四 全面抗战时期各版本中学国文教科书选文文、白比例

全面抗战时期的各版本教科书，在其"编辑说明"中都明确表示要
选入文言文："语体文与文言文并选，循年级顺序，语体递减，文言递
增"（汪伪版）；"语体文言之比例，第一年为语七文三，第二年为语六文
四，第三年为语文各半"；"不别新旧之体"（国统区版）；"读文绝大多
数是新民主主义的，但为了某些需要，偶然也选一两篇比较旧的东西"
（根据地版）。所以，在四套教科书中都有古代选文（见表6—5）。

表6—5　　　　全面抗战时期初中国文教科书古代选文概况

册别 \ 数值 \ 版本		沦陷区伪华北版	沦陷区汪伪版	国统区版	根据地版
一	数量	13	14	13	1
	比例	30.9%	31.8%	36.1%	3.3%
二	数量	16	15	17	1
	比例	36.4%	34.1%	47.2%	3.3%
三	数量	11	13	12	
	比例	25%	29.5%	36.4%	
四	数量	23	25	11	
	比例	52.3%	56.8%	34.4%	
五	数量	23	28	11	
	比例	57.5%	70%	34.4%	

续表

	版本 数值 册别	沦陷区伪华北版	沦陷区汪伪版	国统区版	根据地版
六	数量	23	27	20	
	比例	60.5%	67.5%	62.5%	
合计	数量	109	122	84	2
	比例	43.3%	47.7%	41.8%	3.3%

从表6—5 可以看出,全面抗战时期的初中教科书古代选文,虽然各册不是太统一,但大体延续了随年级递增的原则。六册书,如果按照学年统计的话,更为明显:伪华北版,第一学年（一、二册）古代选文占33.7%,第二学年（三、四册）为38.6%,第三学年（五、六册）为59%;汪伪版第一学年为33%,第二学年为43.2%,第三学年为68.7%;国统区版第一学年为41.7%,第二学年为35.4%,第三学年为48.4%。

小 结

综上所述,政权分立的全面抗战时期,是一个充满抵抗与投降、光明与黑暗尖锐矛盾的时期。这些矛盾不仅仅出现在战场上,还包括没有硝烟的教育领域。加强青少年学生的思想控制是各方政治集团都非常重视的工作。在教科书的选文编排上,日伪政府推行妥协投降主义,麻痹青少年学生的反抗思想;蒋介石国民政府也趁机进行思想专制,让教科书领域成为其独裁统治的一部分;中国共产党领导的抗日根据地编辑的教科书,面向平民大众,注重实用,与日常生活中的需要紧密相连。也不乏爱国的教育工作者、编辑出版者,他们在国难当头民族危机的时刻,高举反抗侵略、抵御外辱大旗,自编战时国语读本,利用对祖国语言文字的学习与传播,激发青年学子的爱国之情,在他们心中播下了民族振兴的种子。

第 七 章

语言教育、思想教育并行
（1946—1949 年）

第一节　解放区教育政策与中学
国文教科书的编辑出版

　　抗日战争胜利后，1946—1949 年，中国国内又进行了全国规模的激烈的解放战争。教育作为社会整体系统的一个微观子系统，任何时期都与当时当地社会的政治、经济和文化密切相关。整个解放区的教育工作，概括来说，就是在党的领导下，政治挂帅，以思想为灵魂，密切结合实际、联系群众，为解放区战争服务、为边区工农兵的生产服务。解放战争时期解放区的教育发展基本上是原有抗日根据地教育的延续，但由于客观形势的有利，党在政策方针上的统一，解放区教育事业发展取得了突出成就。中学教育从干部教育逐步朝着规范化的普通教育转变，获得了迅速的发展。如据 1949 年 7 月统计，山东解放区有中等学校百余所，初中升学率为 39.3%，省教育机关编辑出版中学课本 13 种；在东北解放区，在第四次教育会议（1949 年 9 月 26 日）之前，中等学校已经发展到 270 所，学生 15031 名，教员 5355 名。①

　　随着解放区中学教育的发展，教科书的编辑出版也提到日程上来，中学国文教科书也出现了多个版本：

---

　　①　石鸥、吴小鸥：《中国近现代史教科书史》，湖南教育出版社 2012 年版，第 565—568 页。

1. 胶东中学《初中国语》

图7—1　胶东中学《初中国语》

胶东中学教材编委会编辑的《初中国语》于 1946 年出版，是解放区较早出版的教科书。该教科书共六册，每册均按照文体分成若干单元，每单元 2—4 篇选文，在每单元后还分别附有文法。该教科书没有选入古代选文，非常注重引导学生认识各类文体及写作能力的培养，如第三册的单元题目为人物评述、小说、通俗哲学、短论、文艺理论、文艺新方向、新文字、戏剧、工作指导；第六册则是人物记、科学小品、通俗读物及写法、通讯、革命领袖的作风、读书指导、书信、游记、写作指导、应用文。附于每单元后的文法知识也和写作密切相关，如第三册主要是譬喻法、比拟和夸张，第四册是词类、单句的三大成分。

2. 东北行政委员会《初中国文临时教材》

图7—2   东北书店版《初中国文临时教材》

东北书店版《初中国文临时教材》共六册，每册24—30 篇选文，其"前言"中写道："本书系临时教本，各校可根据具体情况灵活运用，如嫌分量太重或有不合适者，可以酌量删减；如嫌尚有某些问题讲得不够，可以酌量增加。教师教学不要为课本所拘束，而应因地制宜，随机应变，善于活用课本。"其中的一些选文是在介绍语法知识，如第一册《字和词》《说和写》《句读和语调》；第三册的《语气》《语助词》《句的构造》；第四册《句的联系》《句的错误》。还有的是介绍应用文知识，如第一册选文就包括《书信》《日记》；第三册的《对联》。

该教科书中选入了古代诗词和小说，如第三册的《诗二首》（白居易）、《制台见洋人》（选自李宝嘉《官场现形记》）、《黄河结冰》（选自刘鹗《老残游记》），第四册的《智取生辰纲》（选自施耐庵《水浒》）、《为学》（彭端淑）。第四册30 课为《文言和白话》一文，结合当时的时代形势与具体语境分析了文言和白话的利弊,认为"文言文在现在根本不必要了","但是我们不写文言文,也不妨读一点文言文。因为文言文里面有些话,已经成为成语了"。"不过,我们学习的时候,不是叫你去模仿它,而是把它当作一种文化遗产,吸收那里面也还有若干价值的东西。"

在古代选文的"注释"中,教科书编者也注意结合实际对学生进行思想政治教育。如第三册第 7 课《诗二首》选入了白居易的《卖炭翁》和《歌舞》,"注释"中写道:"两首诗并列,又正是穷富对比,拿国民党统治地区的人民和统治阶级的生活来比较一下,真有过之无不及。""社会有了阶级,被剥削阶级在生活上和权利上就经常没有保障,剥削阶级则吸吮他们的脂膏,过荒淫无耻的生活。一九四五年'八一五'东北从日本帝国主义奴役底下解放之后,那些卖国有罪、抗战无功的国民党接收大员过'三阳开泰'(住洋房、吃洋饭、发洋财)、'五子登科'(换银子、买金子、下馆子、嫖窑子、玩戏子)的生活,正是继承了历来剥削阶级淫靡生活的传统的。"

3. 中原临时人民政府《初级中学国语》

该书的中心意图在"适应学校国语教学需要,提高学生政治文化水平与阅读写作能力",故选文标准"多本该文教学价值、语文价值与思想教育价值",六册教科书"足供初中三年之用",课文的编制采取单元制,每单元三四篇,以内容为准,有中心、有配合;文体则说理、叙述、诗歌等参酌选用,"惟为学生熟悉与运用各种文体组织结构起见,所选课文包括各方面的作家与各种不同的形式。至于徒供欣赏玩味的'文艺文',暂未选用"。除了课文外,各册还都附有语法、作法与应用文若干篇,"以便更好的提高学生的阅读写作的能力"。

由于该教科书的选文内容"力求切合新民主主义方针、精神,联系群众革命生活和斗争",教科书中没有选入古代选文。但第五册第 11 课编排的是《中国古代诗歌中的农民》一文,介绍了清代颜仁郁《农家》、薛时雨《耕田歌》及唐代聂夷中《田家》、白居易《观刈麦》、张籍《野老歌》、李绅《无题》等描写农民的古代诗歌。同时,我们从该文也可以大概了解该教科书没有选入古代选文的原因:"大地主是各朝代的真实统治者","从前的中国诗人,大都是代表地主阶级说话的人";"中国还有

图7—3 中原临时人民政府版《初级中学国语》

过一些住在乡下的所谓'田园诗人',也不过是一些做官一时没有做成的家伙,他们过着悠闲的生活,在他们眼中,土地只是优美的风景,粮食都是作酒的原料,农民也是过着'日出而作,日入而息'无忧无虑的生活。""农民在困苦生活中间的挣扎与呻吟,他们是不愿知道的。"

4. 上海联合出版社《初中国文临时课本》

该教科书的思想政治教育融于练习题中。如《制台见洋人》的课后习题为:

①从"鸦片战争"以后,一直到国民党反动政府垮台为止,中国官像为什么看见洋人就怕?

②我们今后对待外国人,应该取什么态度?

③本文描写官僚惧外心理最淋漓尽致的,是哪几段?

④搜集国民党反动派奴颜侍奉美帝国主义的事迹,并写出来。

图7—4 上海联合出版社《初中国文临时课本》

5. 华北新华书店版《中等国文》

1948 年 3 月，华北新华书店出版了王食三等人主编的《中等国文》，在 1949 年再版时更名为《初中国文》，是中华人民共和国成立前编辑完备的初中国文教科书。该书共六册，各册互相连贯，又以学年划分三个阶段，每二册自成系统。一年制者可采用前二册，二年制者可采用前四册。每册读文三十篇，按读文内容或形式编成教学单元，一般包括两三篇，间有一篇或四篇为一单元的。与读文相联系，编入语法和作法，作为附录。每篇末尾，更附有注释、参考及习题，借供教学参考。属于定式的应用文，则附于各册之后，一则比较集中，便于研究；一则于学期终了教学，可详可略。

图7—5　华北新华书店版《中等国文》

第二节　解放区现代中学国文教育的特点

华北解放区是我国解放得比较早，又是即将成立的新中国的首都所在地，因此它的政治、经济、文化、教育的发展在全国备受关注，其教科书的编写在全国自然起到领头羊或风向标的作用。① 所以下面将重点分析一下华北解放区及新华书店版《中等国文》的编排概况及其从中呈现的解放区现代中学教育特点。

一　《中等国文》选文概况

该教科书在"编者的话"中指出该书的编辑方针是"使学生掌握语文的基本规律，提高其阅读、写作能力；同时养成青年活泼的思想，增进社会、历史、自然各方面的知识，以树立青年革命的人生观与实事求是的科学态度"。该书选文的标准为"在内容方面，力求立场、观点、思

① 石鸥、吴小鸥：《中国近现代史教科书史》，湖南教育出版社2012年版，第571页。

想方法比较正确，内容比较充实；在文体形式与写作技巧方面，力求广泛，今古中外、多式多样，兼容并包而又有主从之分"。其六册选文为：

第一册

一　接待"贵客"

二　彭德怀的故事

三　列宁和炉匠

四　识字

五　书法和字体

语法和作法：怎样想就怎样说

六　红军中的"小"鬼们　甯谟·韦尔斯

七　夜莺之歌　辛都斯著　魏敬译

八　怎样写大众文　陶行知

九　大众并不如读书人所想象的愚蠢　鲁迅

语法和作法：怎样说就怎样写

一〇　寒号鸟　胡母

一一　它支持着大众的脚

一二　南征散记　王匡

一三　几页日记　立波

语法和作法：怎样写日记？

一四　"天府之国"的意义　茅盾

一五　桂公塘　郑振铎

一六　替俺们好好照料师长吧

一七　给颜黎民的信　鲁迅

语法和作法：怎样写书信？

一八　农民的歌

一九　被霸占的田地　王希坚

二〇　一件小事　鲁迅

二一　当铺门前　茅盾

二二　詹天佑

二三　爱迪生　落霞

语法和作法：要有中心

二四　何万祥　冠西

二五　警卫英雄李树槐　萧三

二六　围村

二七　寓言

语法和作法：层次

二八　老母猪半天还乡梦

二九　一堵墙　萧也牧

三〇"对，咱们不要这封建尾巴"　沙原

第二册

一　谈学习兴趣　黄骏如

二　文学和科学　郭沫若

三　三渡天险

四　强渡黄河　胡征

五　人人要学会写新闻　乔木

六　新闻三则

语法和作法　怎样写新闻消息？

七　古代英雄的石像（一）叶绍钧

八　古代英雄的石像（二）叶绍钧

九　三十万堤工的战斗

一〇　洪湖渔父　林丁

语法和作法：怎样写通讯？

一一　我的爸爸叶挺将军　叶正明

一二　伯父鲁迅的三二事　周晔

一三　忆冼星海　马思聪

一四　盼喜报　阮章竞

一五　弹唱小王五　刘衍洲

语法和作法：向哪里找材料？

一六　云雾和雨　吴展

一七　动物的远游

一八　大杨湖歼灭战　苏众

一九　人民功臣李二狗　天晓　辛鹰　林波集体创作

二〇　草船借箭　罗贯中

二一　制台见洋人李宝嘉

语法和作法：文章中人称的统一

二二　大地山河　茅盾

二三　"红色的勇士"　陈原

二四　伤亡登记簿上的第一名　应沙岛

二五　鲁柏山上的辉煌战绩

二六　丹娘

二七　五月三十日下午　茅盾

二八　五月三一日急雨中　叶绍钧

语法和作法：留精去粕

二九　一棵树　五及

三〇　地板　赵树理

第三册

一　毛泽东同志的实际精神　徐特立

二　学习朱总司令　徐特立

三　一个意志力惊人坚强的人　高尔基作　曹葆华译

四　七天办完半月的事

五　鞋子不见了　翟强

语法和作法：甚么叫词

六　刘二保扇汗（大鼓）　赵县民间艺人座谈会集体创作　赵中庸执笔

七　剥皮老爷

八　石明三的转变　李文波

九　卫生员朱同义　李文波

语法和作法：名词　代名词和动词

一〇　十万个为什么　伊林作　董纯才译

一一　太阳请假的时候（一）

一二　太阳请假的时候（二）

一三　老山界　陆定一

一四　经过倮倮区

语法和作法：形容词和副词

一五　洪水时代　郭沫若

一六　卖炭翁　白居易

一七　小二黑结婚（一）赵树理

一八　小二黑结婚（二）赵树理

一九　小二黑结婚（三）赵树理

语法和作法：介词和连词

二〇　苛政猛于虎　檀弓

二一　临江之麋　柳宗元

二二　黔之驴　柳宗元

语法和作法：助词和感叹词

二三　踏破辽河千里雪　华山

二四　"人选对了"　海陵

二五　自由幸福之邦——捷克　刘宁一

语法和作法：怎样写文艺通讯？

二六　成老爹　吴敬梓

二七　鲁提辖拳打镇关西　施耐庵

二八　普及大众教育　陶行知

二九　教学做合一　陶行知

语法和作法：怎样作记录？

三〇　三个臭皮匠"剧"　曹欣

第四册

一　青年人的方向　陈伯达

二　个人与集体　刘少奇

语法和作法：什么是句子？

三　丰饶的战斗的南泥湾（一）吴伯箫

四　丰饶的战斗的南泥湾（二）吴伯箫

语法和作法：句子的语气

五　书的故事

六　不识字的作家　鲁迅

七　文化解放　陶行知

语法和作法：句子的基本成分

八　诺尔曼·白求恩片断（一）周而复

九　诺尔曼·白求恩片断（二）周而复

语法和作法：句子的附加成分

一〇　纽约的贫民窟　邹韬奋

一一　莫斯科的三山纺织厂

语法和作法：复基本成分

一二　谷象虫　法布乐作　董纯才译

一三　二硫化碳　法布尔作　董纯才译

语法和作法：短语式的主语和宾语　句子式的主语和宾语

一四　母亲的回忆　朱德

一五　工作中的马克思　李卜克内西

语法和作法：复附加成分

一六　项链（一）法国莫泊桑

一七　项链（二）法国莫泊桑

一八　女布尔什维克——玛丽亚（一）涅维洛夫

一九　女布尔什维克——玛丽亚（二）涅维洛夫

语法和作法：短语式的附加成分　句子式的附加成分

二〇　列宁格勒参观记　郭沫若

二一　观巴黎油画记　薛福成

二二　大明湖　刘鹗

二三　武松打虎　施耐庵

语法和作法：复句

二四　王贵与李香香　李季

二五　木兰诗

二六　邹忌讽齐王纳谏

二七　晏子使楚

二二　海燕　高尔基

二三　刘姥姥　曹雪芹

二四　高要县　吴敬梓

语法和作法：语言的基本功用（一）

二五　双簧　郭沫若

二六　狗约　拉萨尔

语法和作法：语言的基本功用（二）

二七　核辩篇　徐幹

二八　西门豹改革恶风　褚少孙

二九　卖柑者言　刘基

三〇　捕蛇者说　柳宗元

语法和作法：文言文中的助词

第六册

一　论学习　列宁

二　论列宁　斯大林

三　真假李板头　刘石

四　血缘　刘白羽

语法和作法：譬喻

五　叶大嫂的船划在最前头　胡奇

六　水手王百连　王亚平

七　苏联的一分钟和美国的一分钟　伊林

八　苏联生物学家李森科　海登

语法和作法　映衬和重叠

九　民间故事五则　董均伦

一〇　寓言六则　战国策

一一　曹刿论战　左传

一二　赤壁之战　通鉴

语法和作法：文言文中的代名词

一三　国王的新衣　安徒生

一四　续《国王的新衣》　叶圣陶

语法和作法：夸张和借代

一五　鸿门宴　史记

一六　冯谖客孟尝君　战国策

语法和作法：文言文中词类的变通

一七　平原上（一）葛陵　朱寨

一八　平原上（二）葛陵　朱寨

语法和作法：比拟和藏词

一九　论知识分子　毛泽东

二〇　真知识与伪知识　陶行知

语法和作法：学习人民的语言

二一　君子国　镜花缘

二二　林冲棒打洪教头　水浒

二三　兄弟俩　逯斐

二四　也算经验　赵树理

语法和作法：要有切实和朴素的风格

从以上目录不难看出，该教科书的确做到了选文"今古中外、多式多样"，包括很多外国作品及古代作品，如第四册《项链》《女布尔什维克——玛丽亚》组成了一个外国作品选文单元，并且都是描写女性的；第五册《核辩篇》《西门豹改革恶风》《卖柑者言》《捕蛇者说》组成了一个文言文单元，并且附有"语法和作法：文言文中的助词"。从体裁来看，既有文学作品，也有序言；从内容来看，既有革命领袖作品，也有描写平民大众的作品，既有宣言类政治教育主题文章，也有生动活泼的童话寓言。

二　《中等国文》呈现的解放区中学国文教育特点

相比于陕甘宁边区教育厅的《中等国文》，该时期教科书中的古代选文明显增加：

表 7—1　　　　　　　1948 年版《中等国文》古代选文概览

册别	篇数	比例	选文名称	作者/出处	文体
一	0	—	—	—	—
二	2	6.7%	《草船借箭》	罗贯中	小说
			《制台见洋人》	李宝嘉	小说
三	6	20%	《卖炭翁》	白居易	古诗
			《苛政猛于虎》	檀弓	故事
			《临江之麋》	柳宗元	寓言
			《黔之驴》	柳宗元	寓言
			《成老爹》	吴敬梓	小说
			《鲁提辖拳打镇关西》	施耐庵	小说
四	6	20%	《观巴黎油画记》	薛福成	散文
			《大明湖》	刘鹗	小说
			《武松打虎》	施耐庵	小说
			《木兰诗》	—	古诗
			《邹忌讽齐王纳谏》	《战国策》	散文
			《晏子使楚》	《晏子春秋》	故事
五	7	23.3%	《新丰折臂翁》	白居易	古诗
			《刘老老》	曹雪芹	小说
			《高要县》	《红楼梦》	小说
			《核辩篇》	徐幹	散文
			《西门豹改革恶风》	褚少孙	故事
			《卖柑者言》	刘基	寓言
			《捕蛇者说》	柳宗元	散文
六	7	23.3%	《寓言六则》	《战国策》	寓言
			《曹刿论战》	《左传》	散文
			《赤壁之战》	《资治通鉴》	散文
			《鸿门宴》	《史记》	散文
			《冯谖客孟尝君》	《战国策》	散文
			《君子国》	《镜花缘》	小说
			《林冲棒打洪教头》	《水浒》	小说

从表7—1 中可以看出,该时期编辑出版的《中等国文》各册中的古代选文随着年级逐渐有规律地增加,丰富多彩,包括小说、散文、诗歌、寓言故事等多种文体;既有文人的代表作,又有长篇小说节选和古代史书节选。从这些古代作品选文中可以看出解放区中学国文教育的特点:

1. 以小说、寓言故事为主,在叙事中阐述道理

从表7—1 中可以看出,该教科书中的古代选文,以小说、寓言、叙事散文为主,趣味性强,颇具可读性。该教科书选文的内容标准是:力求立场、观点、思想方法比较正确,内容比较充实;思想荒谬或言之无物的文章,概不选用。当然,古代选文也不例外,所以,教科书编者往往在选文后的"参考"中,提示学生阅读故事后应该掌握的道理。有的重在批评旧社会,如《苛政猛于虎》的"参考","这篇故事是从《礼记·檀弓篇》里选出来的。要旨是借孔子路过泰山的故事,说明统治者剥削的残酷,比老虎吃人还厉害";《卖炭翁》,"是描写封建社会的统治者,对于人民的剥削和压迫"。有的重在阐述人生哲理,如《临江之麋》"要旨是讽刺狭隘经验主义",《黔之驴》,"借驴的故事,说明无真实本领者装腔作势,只靠形貌吓人,终是要失败的";《邹忌讽齐王纳谏》,"要旨是:轻易听信别人的恭维赞美,不加分析,就会上当,就会受蒙蔽,就看不到自己的错误和缺点,因而也就得不到改正,不能进步。反之,多听取别人的批评和指责,勇于改正错误,就能不断进步"。有的是在树立模范人物,如《鲁提辖拳打镇关西》,"鲁达爽直热诚、扶弱抑强,救人救到底";《西门豹改革恶风》,"本文并不是传记,文体是属于故事一类。要旨是写西门豹用巧妙的方法,惩治借河神娶媳妇来敲诈民财祸害民众的豪绅恶吏,破除迷信,为民兴利除弊"。

从教科书选文的"参考"中不难发现,以故事为媒介,引导青少年学生批评旧社会、旧阶级,进行人生观、价值观教育是教科书编者赋予古代选文的重要功能。扶弱抑强、为平民大众谋幸福的道德模范人物,是"革命青年"学习的榜样。

2. 学习写作技巧,了解文学常识

解放区《中等国文》不仅仅注重选文的内容主题,"在文体形式和写作技巧方面,力求广泛,今古中外,多式多样,兼容并包"。所以,在一些古代选文的"参考"中,主要介绍写作技法:如《观巴黎油画记》,

"重点是写参观油画,为什么要从蜡人馆说起?这在文章作法上叫作陪衬法。写蜡人之妙,是为了反衬出油画之绝技";《武松打虎》,"描写传神,绘声绘色。作者先写……接着……再是……这是最紧张的一幕,也是这段文章的最高峰。每一动作都写得很周到,层次分明"。在有的古代选文"参考"中,介绍文学常识,引导学生进行文学鉴赏,甚至区分"历史真实"与"艺术真实":如《木兰诗》,"原是当时民间的叙事诗,后来一些文人把它润饰了一下,成为今天所见的样子。北方的民族勇敢而富有斗争性,故能产生这类文学,并非真有木兰这个人"。

当然,由于要"树立青年实事求是的科学态度",教科书编者还是青睐那些反映社会现实的文学作品,而不是纯文艺之文。如选入的古诗就以白居易作品居多,《新丰折臂翁》的"参考"写道:"白居易总称他的时事诗为新乐府。关于新乐府这种诗体的特点,他在自序里说'其辞质而径,欲见之者易谕也。其言直而切,欲闻之者深戒也。其事覈而实,使采之者传信也。其体顺而肆,可以播于乐章歌曲也。总而言之,为君、为臣、为民、为物、为事而作,不为文而作也。'所以白居易的新乐府不仅是优秀的文学作品,而且有社会史料的价值。"

3. 介绍文言文特点,接触历史文化遗产

解放区《中等国文·编者的话》中指出,选入浅易文言文和旧文学的代表作,目的在于"使学生扩大眼界,初步接触中国古代历史文化的遗产"。不难看出,还是给予古代选文很高的地位,因为它们是中国古代历史文化的代表。

除了选文外,在第五、六册的"写法和作法"部分,还有专门介绍文言文语法的专题:第五册的《文言文的助词》,第六册的《文言文中的代名词》《文言文中词类的变通》,并特别指出,"文言文和语体文在形式上的显著区别,就是:语体文所使用的语、词,是现在人们口头上所使用的语、词,它是活的,是语、文一致的。文言文则不然,它所使用的语、词,不是人们口头上所使用的,是死的,是语、文分家的。五四以后,直到现在,所流行的白话文,还杂有很重要的文言成分。这种成分有它的历史存在力,在书面上我们还不时地遇见它"。为了便于学生了解,这些语法知识往往结合相关的语体文语法知识进行对比介绍,而且都举出具体的例句,而许多例句都出自教科书中的古代选文。如:

　　语体文的代名词，用字不多，人称代名词：第一身——我、我们、我的、我们的，第二身——你、你们、你的、你们的，第三身——他、他们、他的、他们的（女性用她，指物用它或牠）。文言文的代名词，用字比较多，第一身——吾、余、予、朕（秦代以后皇帝专用）、仆（谦称）……第二身——汝、尔、乃、若、公、君、卿……第三身——彼、其、伊、若、之、厥、渠、夫……人称代表多数，文言可加辈、侪、属、曹等字。①

　　"词类无定"本是中国语文的特点，而这种现象在文言文中更是显著。它帮助了文章的修词，但有时也增加了解释的麻烦。如第五册《核辩篇》中：

　　（1）俗之所谓"<u>辩</u>"者

　　（2）苟言苟"<u>辩</u>"

　　（3）言有拙而有"<u>辩</u>"者，有巧而不"<u>辩</u>"者

　　（1）的"辩"是指辩论这件事，是名词；（2）的"辩"是指辩论这种动作，是动词；（3）的"辩"和"巧""拙"都是"言"的形容词。又如："亲仁善邻"的"邻"是名词；"我与苏联为邻国"的"邻"是形容词；"齐南林楚"的"邻"是动词；"荆州与国邻接"的"邻"又可当作副词了。（《文言文中词类的变通》）

小　结

　　综上所述，随着解放战争的胜利，解放区开始着手文化教育建设，此时编纂的教科书体制完备，科学系统：《中等国文》六册，足供三年制中等学校之用，一年制中学课采用前两册，二年制中学可采用前四册；每册选文均为 30 篇，每篇教学时间为二至三小时，并按选文内容或形式编为教学单元；每篇选文后还附有注释、参考及习题；还有语法和作法的编写，分别插入各册中，第一、二册主要为语法和作法的一般常识，

---

　　① 《文言文中的代名词》。

第三、四册主要为文法（包括词类、单句复句的构造、标点符号的使用），第五、六册讲修辞常识和文言文的特点。教科书中的古代选文，既注重内容的充实、思想方法的正确，又力求形式多样、兼容并包；为了让学生了解历史文化遗产，在选文注释、参考等部分附有古代文学常识、历史人物事件介绍等内容，还有专门的文言文语法知识。这些都为中华人民共和国成立后，语文教科书编排的科学性、系统性提供了极为重要的参考。

附　录

保存国粹，传播新知的《中学文粹》①

摘　要：《奏定学堂章程》颁布后，文明书局出版了供中学堂学生使用的《中学文粹》。该教科书的编排注重由浅到深、循序渐进的原则，并且具备了明确的学年、课时等现代教学观念；同时，还具备鲜明的版权保护意识。选文丰富多彩，既有中国传统儒家经典，也有历代名家名篇，还有介绍西学的翻译文章。

关键词：《中学文粹》　传统　现代新知

光绪二十九年十一月二十六日（1904 年 1 月 13 日），清政府颁布了《奏定学堂章程》，这是中国近代第一个由中央政府以教育法令的形式公布，并在全国范围内实际推行的现代学制。在《奏定学堂章程》颁布之前，不存在学制教科书或课本。② 教科书或课本，是特指与国家规定的学制相适应的课本。学制确立后，与之配套的教科书编写也陆续开展起来。《奏定学堂章程·中学堂章程》规定："设普通中学堂，令高等小学毕业者入焉，以施较深之普通教育，俾毕业后不仕者从事于各项实业、进取者升入各高等专门学堂均有根柢为宗旨；以实业日多，国力增长，即不习专门者亦不至暗陋偏谬为成效。"③

---

① 本文原载《中华读书报》2014 年 5 月 21 日第 14 版，此处略有改动，并添加了引文注释。

② 汪家熔：《民族魂——教科书变迁》，商务印书馆 2008 年版，第 8—9 页。

③ 舒新城：《中国近代教育史资料（中册）》，人民教育出版社 1961 年版，第 506 页。

中国小学、中学、大学"三段制"的现代教育制度随之开启，教科书也有了小学、中学之别。中国古代虽然也有"小学""大学"的名称，但和现代意义上的小学、大学是不同的。光绪三十年十二月（1905 年 1 月），文明书局出版了上海民立中学堂国文教员苏民等人编辑的《中学文粹》，该书共四编，每编有卷上、卷下之分。《中学文粹》本来是想"参以日本中学教科成式甄录四册"①，但《奏定学堂章程》规定中学堂学制为五年，为了和五年制中学配套，最终成书五册：一、二、三编各一册，四编为两册；在价格上，初版时前三编各 2 角，四编 5 角，宣统元年（1909）再版时，则是每册 4 角 5 分。《中学文粹》可以称得上是中国最早的中学学制国文教科书。

一　编写理念：科学规范的现代化探索

《中学文粹》的编写者已经具备了明确的"学年""课时"及"教学计划"理念。该书的初编（即第一册）附有《编辑中学文粹例言》，其中写道："生徒程度愈高，国文课数愈少，本书每编足供一年讲授：初编九十课，二编八十课，三编七十课（文义较深者，每课须以一小时讲，一小时读②），生徒至第四学年行文已能明达，当使知古今文体之不同，故本书第四编变其体例，以资研摩。"③ 在每编的目录中，进一步对每篇选文的课时安排进行了标识，如"唐韩愈画记三课""项羽起兵二课""荆轲刺秦王五课"，等等。

《中学文粹》的编排还注重由浅入深、由简到繁的原则。《中学文粹弁言》中写道："因商榷明年改良读本，嘱余编定若干册，由浅而深，先今于古，俾循序渐进，不病陵躐"，"顾念事不获已，乃与秦子蘅江汪子志衡等斟酌生徒程度，甄录数册以供本校修业期限之用。初编近世文为主，二、三编中古及上古文居多。要使理想与事实相辅而行，记叙与论说相间而授，以博生徒之兴味，惟四编则由上古而中古而近古而近世，以次搜辑可以考见体制之变迁，亦研究文学史之一助也"。从中我们可以

---

① 苏民：《中学文粹弁言·中学文粹》，文明书局 1905 年版。

② 编者原注。

③ 编辑中学文粹例言：《中学文粹》，文明书局 1905 年版。

看出编者对全套书的编辑思路：（1）在斟酌生徒程度的基础上，由浅而深，先今后古，循序渐进；（2）理想与事实相辅，记叙与论说相间，力求能引起学生的兴趣。《中学文粹》中选文的编排，已经开始注意遵循学生的心理特点和认知规律，并提出了相关教学策略。

二 选文的丰富性：传统与现代兼容

"四书""五经"是"科举考试时代"的官方钦定教材，近代中国在"西学东渐"思想的影响下，"经"的唯我独尊地位动摇了，国文教科书编辑者开始尝试将历代的散文、小说、应用文佳作收入教科书，使"文本"代替"经本"取得了合法的地位。[①]《中学文粹》中的选文非常丰富，"唐虞三代之遗周秦诸子之作纂录数首，唐宋八家惟柳州游记采入较多，其他遴择一二以窥崖略……"除了来自《诗经》《尚书》《礼记》《周易》《左传》《穀梁传》《公羊传》《论语》《孟子》等传统儒家经典外，还选入了李斯、司马迁、陶渊明、韩愈、苏轼、龚自珍等诸多作家的作品，甚至选入了严复翻译的赫胥黎《天演论察变篇》、薛福成的《观巴黎油画记》、郭嵩焘的《新加坡洪家花园记》及晚清奇女子单士厘的《观日本博览会记》。

虽然"经本"逐渐被"文本"取代，但在晚清教育改革和引进教科书的过程中，儒家传统教育被认为是不可丢弃的核心内容。[②]张之洞在《劝学篇》中指出："今日时局，惟以激发忠爱、讲求富强，尊朝廷、卫社稷为第一义。且夫管仲相桓公，匡天下，保国也，而孔子以为民到于今受其赐。孟子守王道，待后学，保教也，而汲汲焉忧梁国之危，望齐宣之王，谋齐民之安。然则舍保国之外，安有所谓保教、保种之术哉？今日颇有忧时之士，或仅以尊崇孔学为保教计，或仅以合群动众为保种计，而于国、教、种安危与共之义忽焉。《传》曰：'皮之不存，毛将安傅？'孟子曰：'能治其国家，谁敢侮之。'此之谓也。"[③] 显然，即便是

---

① 魏本亚：《百年中国语文教材变革与困惑》，《徐州师范大学学报》（哲学社会科学版）2008年第3期。

② 毕苑：《建造常识：教科书与近代中国文化转型》，福建教育出版社2010年版，第47、171页。

③ 张之洞：《劝学篇》，上海书店出版社2002年版，第5页。

"文本"，其中也应该是中国传统儒家思想浓厚的"文"。苏民在《中学文粹·弁言》中说："书既成，援保存国粹之义，颜之曰中学文粹。虽不敢自信精当，然于当世通儒所欲勾稽成帙者，亦略具于兹矣。"该书入选的近世文，也是诸如《大教育家孔子》《圣裔孔融》《忠孝狄青》之类。

《中学文粹》中的《西藏去矣》《旅顺又为日本得矣》等文客观描述着晚清时局的危机，所以，《中学文粹》中不尽是含蓄蕴藉、文质彬彬的儒家之文，还注意"文字与民族相关如胡铨封事、徐达捷表等足以激发民族精神者辄为登入"，如第二册的《大侠朱家剧孟》《大侠郭解》《侠客行》《侠客谈》《田横不屈》；第三册的《聂政刺韩傀》《鱄设诸刺吴王》《荆轲刺秦王》《豫让侠义》；等等。有感于近代中国积弱贫困，屡遭列强欺辱，众多晚清士人认为，国家练兵固然重要，更重要的是国人须弘扬尚武精神。他们还追忆起千古游侠，并将古人现代化，重新阐释游侠形象，对游侠有着诸多的溢美之词，如尚武精神、平等意识、锄强扶弱，等等，而最令晚清志士倾心的是尚侠轻生（即"杀身成仁"）。对"流血"的崇拜，对"牺牲"的渴望，对游侠形象的解读，不只因为其暗杀的手段，更因其必死的信念：在最后一击中体现（鉴赏）生命的辉煌。[1] 对国民灌输"忠勇"意识，也符合当时统治阶层的意志，晚清政府希望把广大民众变为顺从的臣民，时刻准备着投入与敌人的战斗，必要时把他们武装成一支强大的军队以抗击内外威胁。晚清政府对新教育体现达到这一目标的能力抱有很大的期望。[2] 因此，郭解、剧孟、豫让等侠客进入《中学文粹》中，也就理所当然了。

经学教育的衰落含有道德教育转型的作用，而道德转型的实现，一定意义上是靠知识结构的转型实现的。[3] 西学东渐以来，许多近代的新观念、新道德还需要通过新的选文才能进入课堂，这是传统的古代经典无法教给学生的。再者，保存国粹，并不代表拒绝西方文明，"西洋文明之热潮，已渐涌渐进东亚之大陆；利在顺其流而因势利导，不在逆其流而

---

[1]　陈平原：《中国现代学术之建立》，北京大学出版社 1998 年版，第 284—292 页。

[2]　曹诗弟：《文化县》，泥安儒译，山东大学出版社 2005 年版，第 48—49，13—14 页。

[3]　毕苑：《建造常识：教科书与近代中国文化转型》，福建教育出版社 2010 年版，第 47，171 页。

反为所推倒。吾国之文明，属于道德上而为精神的文明者，虽称完全；其属于艺术上而为物质的文明者，甚行缺乏。则以我之精神而用彼之物质，合炉同冶，以造成一特色之文明，而成一特色之国家，岂不甚懿?"①《中学文粹》编者认为"十年以来严之译笔、梁之报章均脍炙人口，择其尤者以供研究"，该书出现了一些介绍新知识、新道德的选文，如第一册中的《中国宜振兴实业》《机器何害于人功》《资本消长之理》《水流循环之理》《专利》《银行》《公司》等，同时还有抨击旧道德、旧思想的选文，如《论缠足之害》《论科举之害》《论鸦片之毒》等。

三 版权意识：出版的专业化、规范化

《中学文粹》正文后是版权页，详细记录了该书的编辑者姓名、发行机构及地点、印刷机构、初版年月、版次、各册定价等信息，充分显示了中国近代出版业的专业化、规范化发展方向。值得一提的是，"版权所有"四个大字格外醒目（见图1）。

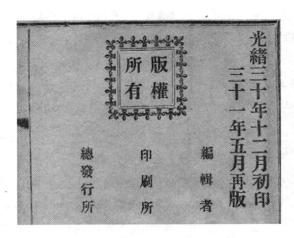

图1 《中学文粹》版权页部分信息

中国出版机构的版权保护在《大清著作权律》颁布以前，一直沿用

---

① 罗志田：《国家与学术：清季民初关于"国学"的思想论争》，生活·读书·新知三联书店 2003 年版，第85—86 页。

宋代形成的由官府颁布版权保护告示的方式来运作，即出版机构对其出版物的版权需向官府提出保护申请，然后官府以出告示的方式对其进行保护。① 文明书局是在西学东渐风气影响下诞生的新式出版机构，1902 年创办以后，以编译新学（西学）教科书和学术著作为主要出版业务。宣传传播版权思想，实行版权保护，成为文明书局题中应有之义。

当时，学堂初办，新学日兴，中国旧有的"四书""五经"已经不能适应新式学校教育的需要。新学教科书编译困难，出版又少，文明书局的新书自然成为适应社会和学堂需要之书。但是，一本新书刚出，射利之徒便会竞相翻印盗版，盗版翻印问题也大量滋生，并日益严重。这种现象的出现，不仅侵害了著译者的权益，而且也会给出版者带来经济上的损失，会使出版机构间形成不正当的竞争。此时清政府还没有版权保护立法，无法防止翻印盗版。文明书局除了向地方官府申请发布告示对出版权予以保护之外，就是自己在报刊上刊登启事，自我声明拥有版权，不准翻印；或者在书籍的正文、首尾（扉页或封四）加印版权保护字样或版权标记，客观上让"版权"这一新概念新事物得到越来越多人的熟悉与认可。

因此，在《中学文粹》最后一页印有"钦差大臣太子少保兵部尚书兼都察院右都御史办理北洋通商事务直隶总督部堂袁（世凯）"的一个咨文，其中写道，"至该局编译印行各书，无论官私局所，概禁翻印，以保版权。并候分咨各省督抚院转行遵照抄由批发等因，印发外相应咨明贵部（堂院）。烦请查照施行。行须至咨者。　（光绪二十八年十二月日）"。文明书局注重保护版权的行为，一方面是为了禁止图书的翻印盗版，让中国晚清出版业内部形成有序竞争，正常发展；另一方面为了让中国的出版商免受《美日商约》的控制，呼吁中国政府自己要重视版权，实施法律保护。

四　结语

《奏定学堂章程》颁布后，近代中国确立了"三段式"学校制度，与之配套的现代教科书也应运而生。《中学文粹》作为中国最早的中学堂国

---

① 周利荣：《文明书局考》，《出版史料》2007 年第 2 期。

文教科书之一，从编排结构到选文内容，都力求融传统与现代于一体。尤其选入了银行、公司、专利等新内容，表明《中学文粹》编写者传播新知识，塑造新国民的责任感。

　　但是，葛兆光指出，似乎在精英和经典的思想与普通的社会和生活之间，还有一个"一般知识、思想与信仰的世界"，他进一步解释道，"一般知识、思想与信仰"是一种"日用而不知"的普遍知识和思想，它一方面背靠人们不言而喻的终极的依据和假设，建立起一整套有效的理解，一方面在日常生活中起着解释与操作的作用，作为人们生活的规则和理由。他还举例说明"在实际生活世界里，最能表现人们意识的仍是以有利无利为基本价值衡量标准的'实用精神'"①。科举制度在千年的运行中，不仅成了中国社会政治的核心，也是中国文化的核心。② 清末时期，广大民众对教育制度的一个最基本的期望，还是希望教育可以为有才能的人提供向上层社会流动的机会，即使在1905 年科举制度被废除后，教育与职业生涯的关系发生了变化，但并没有被割断。③ 清末时期的中学教育是决定社会分层的一个关键阶段，小学教育作为国民基础教育，小学毕业也还不足以决定一个人在当时的社会地位，而中学毕业则可以在社会上谋取适当的职业，并有机会成为各种基层事业的中坚力量。④ 从学生到家长，在"八股取士"的惯性下，对新式教科书传播的新知识、新思想没有教科书编写者期望的那样热情，因为他们真正需要的是能够应付政府选拔考试，从而得以跻身社会上层的工具。同时，清政府开始办学堂教育是很勉强的，是受外界压力的结果，其目的并非培养宪政时代的一代新人或者能够使国家臻于富强的人民，而是培养一种热爱清王朝和始终忠于清帝的人。⑤ 光绪三十四年（1908），商务印书馆出版了吴曾祺编选的《中学堂国文教科书》，该书至宣统二年（1910）已达五版，民

---

　　① 葛兆光：《中国思想史导论：思想史的写法》，复旦大学出版社2009 年版，第13—14 页。

　　② 赵岚：《科举，挥之不去的中国式幽灵？》，http：//culture. people. com. cn/GB/27296/3625646. html。

　　③ 曹诗弟：《文化县》，泥安儒译，山东大学出版社2005 年版，第48—49，13—14 页。

　　④ 王伦信：《清末民国时期中学教育研究》，华东师范大学出版社2002 年版，第3 页。

　　⑤ 费正清、刘广京：《剑桥中国晚清史》（下卷），中国社会科学出版社1985 年版，第375 页。

国初年又被重订再版；同年林纾编写的《中学国文读本》1—2 册，率先出版，至宣统三年（1911）已达七版，民国初年也被重订再版。两书的畅销也充分表明，在清末民初时期，什么样的教科书才是被真正广泛接受的。商务版的这两套教科书，被黎锦熙先生称之为"姚选"标准，① 即像姚鼐编纂的《古文辞类纂》那样，选入的都是论辩、序跋、奏议、书说、传状、碑志、箴铭、哀祭等古代应用文体，且以唐宋古文及桐城派古文为主。随着二书的畅销，《中学文粹》也渐渐绝版了，以至于民国以来的教科书研究者都少有提及。

语文知识在近代中学国文教科书中的编排②

摘要： 随着现代教育制度的确立和发展，中小学实行分科设学，与学制配套的教科书也从无到有，逐渐成熟定型。近代教育家、出版家对语法知识、作文技法、文学史等相关语文知识在中学国文教科书的编排，进行了坚持不懈的探索，经历了课前导读、独立成册、随文合编等阶段，为中华人民共和国成立后的中学语文教科书编排提供了重要参考。

关键词： 近代　教科书　语文知识　编排设计

《奏定学堂章程》规定分科设学，中小学课程设置逐渐丰富和科学，现代"国文"科也开始独立，包揽了语言文字教育、思想道德教育、历史地理博物教育乃至哲学教育的"大"而"全"的传统语文教育时代随之结束，比如偏重史事记叙的教学内容将更多地出现在历史教科书中，宣扬道德模范的教学内容将更多的出现在修身或公民教科书中，"鸟兽草木之名"将更多地出现在地理、自然教科书中；从另一个角度来讲，即便国文教科书中出现了描摹山水、叙述历史的选文，但它首要被赋予的是语言文字学科所特有的教育功能（如学习写作技巧、文学艺术审美鉴赏等），而不是普及自然、地理、历史知识。与此同时，关注语文知识的

---

① 黎锦熙：《三十年来中等学校国文选本书目提要》，《师大月刊》1932 年第 2 期。
② 本文原载《语文建设》2016 年第 6 期，此处略有改动。

系统学习，渐渐成为近代语文教育者的自觉，清末民国时期的教科书编者在经历了一番努力探索后，语文知识被科学、系统地融入了国文教科书中。

一　清末时期的"导读"式探索

可以说，我国古代没有严格分科意义上的教育，光绪二十九年十一月二十六日（1904 年 1 月 13 日），清政府颁布了《奏定学堂章程》，分学科教学的"三段制"现代教育拉开了帷幕。《奏定学堂章程》规定清末中学"中国文学"科的学习内容为："凡学为文之次第：一曰文义，文者积字而成，用字必有来历（经史子集及近人文集皆可），下字必求的解。二曰文法，文法备于古人之文，故求文法者必自讲读始，先使读经史子集中平易雅驯之文，并为讲解其义法。三曰作文，以清真雅正为主。次讲中国古今文章流别、文风盛衰之要略，及文章于政事身世关系处。"① 可见，学生除了读文、作文外，还要了解"中国古今文章流别"；在学习作文时，要知晓"文法"。

现代意义上的教科书是要与现代学制相适应的。② 清末时期的教育家、出版家进行了可贵的探索与尝试。光绪三十四年（1908）初版，由吴曾祺评选，商务印书馆出版发行的《中学堂用国文教科书》，是清末时期编辑最为成熟、发行量最大的中学国文教科书。该教科书按照历史朝代先后，对选文进行编排，并由近及远，以期能够"沿流溯源"：清朝文为第一集；金元明为第二集；五代宋为第三集；自晋及唐为第四集；周秦汉魏为第五集。该教科书编者在每册的"例言"中较为全面地概述了各个朝代文章的特点，并对每个朝代的代表性作家作了评点，如第五册"例言"写道：

> 周末文之善者，多出于楚人，自屈原以后，又有宋玉景差之徒，
> 其所作谓之楚辞，以其体制于词赋为近，故不之及。今所选者，自

---

① 多贺秋五郎：《近代中国教育史资料　清末编》，文海出版社有限公司 1972 年版，第 280 页。

② 汪家熔：《民族魂——教科书变迁》，商务印书馆 2008 年版，第 8 页。

李斯始。斯亦楚产，初学于荀卿，后乃尽弃其学，导其君为焚书坑儒之事，为千古罪人。而文之雄放瑰玮，则后世无有能出其右者，故不能以人废言。西京之文，如司马长卿、扬子云皆经义词章兼善其胜，枚叔邹阳则专治词章，董江都刘子政专攻经义，贾晁留心于经世之学，而其为文皆有以得乎天地清明纯厚之气。而司马子长杰出其间，汉文之有子长，犹之诗学盛于唐而有杜子美，书法盛于晋而有王右军。班孟坚生于中兴之后，而竟与之并称，班之才不及马，而谨守绳墨尺寸，不敢自踰，此其所长也。蔡伯喈以一代宗工，起为之殿，其集中所列，尤以碑版之文擅绝一代。自是之后，迄于三国，数十年间，虽古意不足，而潇洒风流，时能自脱于埃壒之表。后人动称建安正始者，盖以此也。时则曹家兄弟及王陈刘应徐号为七子，翕然为海内所归。①

　　该教科书编者也正是本着"例言"中表明的倾向，决定了教科书中每个朝代作家选文的数量及选文类别："不能因焚书坑儒而否定其文"的秦代李斯有8篇作品入选，汉代文前三名则是司马迁（15篇）、扬雄（5篇）和蔡邕（5篇），其中所选李斯的8篇文章中，2篇是奏议（《谏逐客书》《论督责书》），6篇是刻石文（《峄山刻石》《泰山刻石》《琅邪台刻石》《之罘刻石》《碣石刻石》《会稽刻石》）；蔡邕的5篇选文全是碑文（《郭有道碑文》《陈仲弓碑文》《杨公碑》《贞节先生范史云碑》《琅琊王傅蔡公碑》），扬雄5篇选文则有4篇韵文（《解嘲》《十二州箴》《赵充国颂》《酒箴》），这与"例言"中"扬子云经义词章兼善其胜""蔡伯喈以碑版之文擅绝一代"的论述是非常契合的。

　　在这段"例言"中，介绍了"中国文章流别"，有助于青少年学生了解中国文学史知识，同时在对相关作家的评价中，也潜移默化地介绍了他们的写作技巧，有助于学习者掌握作文之"义法"：专攻经义词章有利于作文；经世之学要用清明纯厚之文表达；即便才气不足，只要谨守绳墨规矩，也能成功。再如该教科书的第四集"例言"中，对韩愈、柳宗元之文大加赞赏，并介绍了他们的成功之道，"昌黎之学，贯穿经史，下

---

① 吴曾祺：《中学堂用国文教科书·五集例言》，商务印书馆1908年版，第1页。

至诸子百家之书，靡不加意探讨，而其力又足以驱使之。故其为文，离奇光怪不可逼视，而其归以道德为主"。"柳子厚仕京师时，文尚不能为其至。迨其贬黜以后，遍历楚粤诸山水，观其峻巉湍悍诸状态，一一发之于文，又离愁忧思，蕴其才不得施设，退而恣意于学。故其一种劲峭之才，幽眇之旨，深得于屈宋之遗，他人虽学之而不能及。"这里就告诉了青少年学生，韩愈之成功与其熟读经史与诸子之文密不可分，而柳宗元之成功则与其人生经历有关，教科书编者还在最后提醒道——韩之文"归以道德为主"，柳之文"深得于屈宋之遗，他人虽学之而不能及"。

二　民国初期的独立编排式实践

民国成立后，很快出台了一系列教育法规法令，规定中学校的宗旨为"完足普通教育，造成健全国民"，在《中学校令施行规则》中公布了国文要旨："国文首宜授以近世文，兼及于近古文，并文字源流、文法要略及文学史之大概，使作实用简易之文，兼课习字。"① 1913 年 3 月教育部公布了中学校课程标准，对国文科的具体教学内容作了如下规定（见表1）：

表1　　　　　　1913 年《中学校课程标准》规定的国文科教学内容

学年	每周课时数	教 学 内 容
一	七	讲读；作文；习字（楷书、行书）
二	男七；女六	讲读；作文；文字源流；习字（同前学年）
三	五	讲读；作文；文法要略；习字（同前学年）
四	五	讲读；作文；文法要略；中国文学史；习字（行书、草书）

新的课程标准出台后，出版机构迅速作出反应，编辑出版了与之相匹配的新式教科书。商务印书馆于 1913 年出版了由许国英编纂的《中学校用共和国教科书国文读本》，该教科书"编辑大意"中道："国文每周七时（一二年）及五时（三四年），除作文、习字、文法、文学史等子目外，讲读系每周三时及二时计。"这表明文法、文学史等相关语文知识内

---

① 《中学校令施行规则》，《政府公报》，第二百十七号（十二月初四日），1912 年。

容作为国文科"子目"在当时需要拿出专门的课时进行单独讲解。1914年宏文图书社出版的《国文读本》中，还附有课程表（见表2）：

表2　　　　　　　　　　　**国文门子目举例**

日曜 学科 时间	月	火	水	木	金	土
九至十		《国文读本》		《国文读本》		
十至十一		《国文读本》		《国文讲义》		
十一至十二					《国文考验》	
一至二			《国文习字》			
二至三						
三至四						《国文作文》

　　从表2中更能鲜明地看出，民初时期的中学国文科是由若干子科目组成的，民初的出版机构编辑出版了专门适用于文学史、文法等语文知识教学的教科书，如表2中的《国文讲义》，就是宏文出版社编纂的集文字源流、文法要略、文学史三者为一体的综合知识教科书。① 单独用于中学国文某个子科目教学的教科书也相继编辑出版：

　　（1）文字源流教科书。商务印书馆出版了《中学校用共和国教科书文字源流》，该书"编制之法上自太古下及近世，穷究古人造字之义以及历代字体之变迁，分配章节，眉目了然"。先介绍文字之缘起，包括画卦、造字、六书等；再介绍文字之类别，如科斗文、钟鼎文、行书、杂体等；还介绍了文字学上必需之知识，如文具、书法、墨板、碑刻、字书等。教育部对该书给予了较高的评价，在其批词中写道："吾国文字源远流长变迁繁赜，作者于上下古今合为一小册，详言之则限于篇幅，略言之则恐初学者未能了解，可谓煞费苦心，其中所举颇多心得，殊堪嘉尚。"② 该书1914年6月初版，至1919年10月已达17版。

---

① 刘宗向：《国文读本·叙例》，宏文图书社1914年版，第12页。

② 张之纯、庄庆祥：《中学校用共和国教科书文字源流》，商务印书馆1914年版。

（2）文法要略教科书。章士钊编写了《中等国文典》，共一册，包括名词、代名词等九章。戴克敦编写了《国文典》，共一册，分上、下两编，上编是词性篇，包括名词、代名词、动词、形容词、状词、介词、接续词、助词、叹词九章；下编是修词篇，包括句读、篇章、章法、篇法四章。两书均由商务印书馆出版，教育部对两书的审定批词为"吾国向无文法专书，初等作文苦无标准，该两书本之西洋文法规律，而纯以国文风味出之，征引详审，解说明晰，绝无牵强晦涩之弊。其《国文典》一书兼论修词，尤足以资深造"①。《国文典》至 1919 年 10 月已达九版，《中等国文典》至 1925 年达到了 12 版。

（3）文学史教科书。上海会文堂书局出版了《中国文学指南》二册，其"序"中写道，"泛稽往籍，上起三代，下迄明季，其间圣哲贤人鸿生钜儒之所评论凡有涉及文学而可供后生之探讨者，则缀而录之"。该书受到了各学校的欢迎，至 1925 年 3 月已达 48 版。商务印书馆于 1914 年出版了为共和国中学量身打造的《中国文学史》，"本书恪遵部定中学章程，编纂以供中学校学生之用，部定中学章程中学第四年国文科兼授中国文学史，每周约占一时，本书共两万余言，以全年四十周计，每周约授五百言，足供一年之用"。该书"准诸文学变迁之大势划分为四编"，即孕育时代、词胜时代、理胜时代、词理两派并胜时代，"凡遇变迁之际，皆援证分明，俾使教者便于指授，学者易于领会"；编辑方法"以文为主体，史学、小说、诗词歌曲等为附庸文字，写文章之源，亦著其变革，其他经学理学等只旁及焉"；态度严谨，"凡文章诗词歌曲之源流悉博核精稽著之"。教育部审定批词为"教科书简括得要，于学者教者皆足资研究"。② 该书至 1923 年已达 17 版，1924 年 18 版。

（4）作文教科书。上海会文堂书局出版了由蔡郕编著的《中等新论说文范》，共四卷，每卷八十篇，每篇自四百字起递相衔接至八百字止，末数篇较为展长，皆是"畅达之作，便于模仿"，能令读者"神会辞来，自由滔滔不尽之致"；分为记叙文、说明文、通讯文、雄辩文四大类，立论以"发明道德，讨论政治为主，凡有关一身一家一国之大

---

① 戴克敦：《国文典》，商务印书馆 1912 年版。

② 王梦曾：《中学校用共和国教科书中国文学史》，商务印书馆 1914 年版，第 1 页。

道皆包含其中，青年学生读之，能令爱身爱家爱国之思想油然而生"。从该书封底的广告来看，会文堂书局还编辑出版了《国文新范》《论说范本初集》（四册）、《论说范本二集》（四册），广告语曰"学校必需，考试必读"。

1923 年颁布的《新学制课程纲要》中，小学国语包括语言、读文、作文、写字四大部分，初中国语包括精读、作文、文法讨论、写字等学习内容。国文课程的学习领域没有发生本质的变化，如前所述，民初时期的语文知识教学专用教科书在此时（1925 年前后）依然再版使用。

三　国民政府"课程标准"时期选文、知识混编的定型

1927 年南京国民政府成立，教育部分别于 1929 年、1932 年颁布了课程标准指导中学国文教育。1929 年课程标准中明确要求精读选文和文法知识紧密结合："文法、修辞、文体的分类等并就精读的选文中采取例证和实习的材料。每授一文，须就文中选取可借文法或修辞说明之点，详为指示；应使学生于选文得文法与修辞的实证外，仍有系统的概念；就选文中摘取文法或修辞的习题，令学生练习。"①

在这一思想指导下，教科书编者就把语文知识和精读选文合编在一起，并注重系统性及整个学段的完整性。如北新书局出版的《初中混合国语》把文法知识分成若干小点编排在了每篇教科书精读文之后，同时在目录中还配有"文法目次""作文法目次"以便于查阅，如第一册中，《义侠的行为》后编排了"名词、代名词"，《弟弟的女先生》后是"动词、形容词、副词"，《花与少年》后是"连词、助词、感叹词"。商务印书馆出版的《基本教科书国文》编入了"中国及世界文学史上最粗浅的常识，如各种诗体及文体的名字，及世界第一流作家及作品的名字"，并"把文法修辞学混合在读本里，注意讲文法和修辞的机会要从所读文中自然引出，所以凡所引例必首先从本文中摘出，然后再应用旁例，学习文法用来说明和练习的例句也多从以前读过的文中摘引，同时又求保

---

① 教育部中小学课程标准起草委员会：《初级中学课程暂行标准》，卿云图书公司 1929 年版，第 7 页。

持文法和修辞学各个本身的系统"①。该教科书在每篇选文后，除了"注释和说明"外，都有"语法与修辞"。再如上海大东书局印行的《初中国文教本》，在每单元的"复习题"中涉及了相关语法知识，如第一册第一单元的一个复习题为"《北堂侍膳图记》，按'体裁'说，是属于哪一类的'记叙文'？"

　　1932 年课程标准强调对学生写作技能的培养，并力求写作与阅读相融合，选用的精读教材要"体裁风格堪为模范，而能促进学生写作之技能者"，教授学生文章作法时"所举范例须与精读文联络比较"，教授命题作文方法时"须取与精读文之文体有切实关联者"。② 商务印书馆出版的《复兴教科书国文》在每册书中都编排了若干"习作"，供文章作法之教学及练习材料，并依精读教材之程度及性质编排之，其所引举之例解，在可能范围尽量由已读教材中抽取。中华书局出版的《初中国文读本》在每一册中均设有"教材支配表"，提示每篇选文的教学目的、教学内容及体裁等，充分体现了精读与写作配合教学的特点，如第一册第一组前两课篇目为《海上的日出》《日观峰观日出》，两文的教学目的为"自然现象的描写"，体裁均为"记叙"，教学内容提示中写道，"二课描写日出，一文一语，俾便对照"；该册第二组前两课篇目为《荔枝图序》《竹》，教学目的为"植物的描写"，体裁分别为"说明、记叙"，教学内容提示为"本二课暗示植物分布基于地域气候之原理，第三课以下更假植物以明人工与自然之关系，使学者领会生命之意义，引起向上发展之意愿"。③ 世界书局版《朱氏初中国文》也格外注重教科书中的精读选文与写作训练的结合，每册书都设有"内容一览表"，按照写作专题的形式把全册书中的选文分类（见表 3）：

---

① 傅东华：《初级中学用基本教科书国文·编辑大意》，商务印书馆 1931 年版，第 6 页。

② 教育部中小学课程标准编订委员会：《初级中学国文课程标准》，商务印书馆 1933 年版，第 8 页。

③ 朱文叔：《初中国文读本（第一册）·教材支配表》，中华书局 1933 年版。

表3　　　　　　　　　《朱氏初中国文》"内容一览表"举例

体裁	类别	内容分析	篇次
记事文	天象节气	秋天的描写	18、19
		冬天的描写	44、45、46
		夜景的描写	39
	人物	人的个性的描写	1
		鸟底形态的描写	13
抒情文		为景物感发	15、23、38、43
		为自己感发	37
		为社会感发	29
		为自己感发	49

该教科书每篇选文后都附有"参考"，分别介绍文体、文法写作知识，如第二册选文《春》的"参考"为：

1. 文体　本篇为描写春景而兼涉抒情的记事文。……
2. 文法——介所从的词　凡因介词而显出其动作的起点或距离的，则为介所从的词。例如本篇中的……
3. 表解　本篇内容为描写，实写……虚写……

从《朱氏初中国文》的每册前的"内容一览表"及每篇选文后的"参考"中可以发现，本时期教科书编排的科学性追求：选文在大主题下又有互有逻辑关系的小主题，显得具体而又全面，如季节的描写包括冬天、秋天的描写，景色则包括水上景物（江、湖、溪）、山上景物（岩石）；结合每篇具体的选文，介绍文体知识，联系文中的语句讲解文法知识，文末的"表解"既是总结分析课文内容，也是在介绍写作技法。这种编排既便于让学生掌握了解文法知识，还便于他们结合具体篇目甚至具体段落、句子进行仿写训练，切实提高写作技能。

四　根据地、解放区文法、选文混编的持续

1937 年 9 月 6 日，陕甘宁特区政府正式成立（1938 年 1 月改称边区政府），陕甘宁边区颁布的《抗战时期施政纲领》第十五条为"以民族精神与生活知识教育儿童，造成中国的优秀后代"①。边区教育厅充分吸收和发展了当时语文学界对革新语文教育的卓越思想和成功经验，编辑了《中等国文》。该教科书在"关于本书的七点说明"中说，该书所选的任何一篇文章都有三个方面的价值：语文规律的价值、政治的价值、一般知识的价值。该教科书每册三十课，每五课组成一个教学单元，其中前四课是读文，而末一课则是"语文规律的说明"，如第一册第 5 课为《书法和字体》，第 10 课为《句读和语调》；第二册则编排了《语助词》《句的构造》等课文。每篇课文后都附有教学参考、注释、习题，其中也包括了语文知识内容。如第一册 26 课《中国寓言》、第二册 14 课《诗选》的"教学参考"中就分别介绍了寓言、诗歌的文体特点："寓言大都是很短的记叙文，它和普通故事的不同，在于它的整个故事是一个比喻，它的教训寄寓在故事里面，像一个客人寄寓在旅馆里一样"；"古诗是与现代的新诗相区别的旧诗，旧诗每句的字数大体固定，而又以五言七言为主，又遵守一定平仄对仗的格律"，"律诗中逢变句必须押韵"，"近体诗中的律诗，句中的字须平仄相对，不能错乱"……其中还介绍了相关的文学史常识。

　　由于中国共产党在政策方针上的统一，解放区教育事业的发展取得了突出成就，教科书编辑出版工作也在稳步推进，各解放区都在努力探索，编辑出版了适应新形势的中学国文教科书，但大都依然把语文知识与阅读选文合编在一起。如胶东中学教材编委会编辑的《初中国语》于 1946 年出版，是解放区较早出版的教科书。该教科书非常注重引导学生认识各类文体，每册均按照文体分成若干单元，如第三册的单元题目为人物评述、小说、通俗哲学、短论、文艺理论、文艺新方向、新文字、戏剧、工作指导；第六册则是人物记、科学小品、通俗读物及写法、通讯、革命领袖的作风、读书指导、书信、游记、写作指导、应用文；该教科书在每单元后还分别附有文法，这些文法知识也和写作密切相关，如第三册的譬喻法、比拟和夸张，第四册的词类、单句的三大成分。再

---

①　中国社会科学院近代史研究所：《陕甘宁边区参议会文献汇辑》，知识产权出版社 2013 年版，第 42 页。

如，东北书店出版的《初中国文临时教材》，有的选文主要介绍应用文知识，如第一册的《书信》《日记》，第三册的《对联》；有的选文重在介绍语法知识，如第一册的《字和词》《说和写》《句读和语调》，第三册的《语气》《语助词》《句的构造》，第四册《句的联系》《句的错误》，等等。

1948 年 3 月华北新华书店出版了王食三等人主编的《中等国文》，在1949 年再版时更名为《初中国文》。该书按照课文内容或形式编成若干教学单元，"与读文相联系，编入语法和作法，作为附录"，如第三册的《什么叫词》《名词、代名词和动词》《形容词、助词》《介词和连词》等，第四册的《句子的语气》《句子的成分》《复句》等，第五册的《文言文中的助词》，第六册的《文言文中的代名词》《文言文中词类的变通》等。为了便于学生了解，在介绍相关语法知识时，都举出具体的例句，而大多例句都出自教科书中的课文，有的还把语体文、文言文语法知识进行对比介绍，如《文言文中的代名词》介绍道："语体文的代名词，用字不多，人称代名词：第一身——我、我们、我的、我们的，第二身——你、你们、你的、你们的，第三身——他、他们、他的、他们的（女性用她，指物用它或牠）。文言文的代名词，用字比较多，第一身——吾、余、予、朕（秦代以后皇帝专用）、仆（谦称）……第二身——汝、尔、乃、若、公、君、卿……第三身——彼、其、伊、若、之、厥、渠、夫……人称代表多数，文言可加辈、侪、属、曹……字。"

综上所述，随着现代教育制度的确立和发展，与现代学制配套的中小学教科书也逐渐成熟定型。在中学国文教科书的编辑出版方面，近代教育家、出版家对语法知识、作文技法、文学史等相关语文知识在国文教科书中的编排，进行了坚持不懈的探索：清末教科书中的"导读"提示，民初独立成册的国文子目教科书，国民政府时期的阅读选文、文法知识合编，解放区对"语文规律的价值"的重视，这些都为新中国成立后的中学语文教科书编排提供了重要参考，以致影响着今天的教科书编排。

20 世纪 20 年代中学国文教育领域的文、白论争[①]

摘要： 近代伴随着列强的入侵，国人逐渐认识到教育的普及关系着国家的富强，而教育的普及又与文字学习的便利、普及密切相关。由于新学制刚刚颁布，初级中学、高级中学分设，白话文得以"合法"进入中学国文教科书，白话文在承载现代知识、思想上，有独到的优势，中学生在学校学习规范的白话文，有利于现代文明的快速、广泛传播。但由于当时的北洋政府只是形式上的中央政府，还不具备控制全国局面的实力，虽然政府通过了新学制课程纲要，但对课程、教科书的约束力还不是绝对有效，以致国文、国语课程并设，文白混编教科书、纯白话、纯文言教科书并行。

关键词： 近代中学 国文教育 文言文 白话文

1922 年 10 月，全国教育会联合会在济南召开第八届大会，参加者既有来自全国各省教育会的代表，也有教育部特派员，大会的重要问题是讨论学制问题，经过多次讨论、调和，最终通过了《学校系统草案》。1922 年 11 月 1 日，北洋政府以《大总统令》的形式颁布了《学校系统改革案》，其中明确提出了"发挥平民教育精神""谋个性之发展""注意生活教育""使教育易于普及"的教育宗旨，体现了新学制教育关注平民、关注儿童、联系生活的特点。因为 1922 年是壬戌年，该学制又称"壬戌学制"或"新学制"，它结束了辛亥革命以后教育新旧交叉的状态，标志着中国现代学制体系建设的基本完成。

新学制颁布后，中学改为六年，并分为初级、高级两段，与新学制配套的"初级"中学国文教科书陆续编辑出版（见表 1）。

---

① 本文原载《新疆社科论坛》2017 年第 1 期，此处略有改动。

表 1 　　　　　　　　　　　新学制时期初级中学国文教科书概况

教科书书名	选文特点	初版年	编者	出版社	册数
《初级中学国语文读本》	全现代白话	1922	孙俍工等	民智书局	6
《言文对照国文读本》	全古代诗文，并附语体文翻译	1923	秦同培	世界书局	3
《新学制国语教科书》	文白混编	1923	范祥善等	商务印书馆	6
《初级古文读本》	全古代文	1923	沈星一	中华书局	3
《初级国语读本》	全白话	1924	沈星一	中华书局	3
《现代初中教科书国文》	绝大多数古文	1925	庄适	商务印书馆	6

从表 1 中可以看出：第一，教科书书名不统一，"国文""国语"乃至"古文"并用；第二，教科书在语体、文言选文方面也不统一，民智书局的《初级中学国语文读本》全由现代白话文组成，世界书局的《言文对照国文读本》虽然全部由古代诗文组成，但又以"译俗"的形式把每篇选文都翻译成了现代白话文。中华、商务两大书局则呈现举棋不定之势，如中华书局既编辑出版了纯语体文的《初级国语读本》三册，又编辑出版了纯古代文的《初级古文读本》三册；商务印书馆编辑出版了文、白混编的《新学制国语教科书》，随后又出版了以古代选文为主的《现代初中教科书国文》。这种状况与当时社会上的文、白论争及整理国故运动密切相关。

一　国语运动、新文学运动、整理国故运动对中学国文教科书选文的影响

（一）国语运动、新文学运动对中学国文教科书选文的影响

伴随着近代列强的入侵，国人逐渐认识到教育的普及关系着国家的富强，而教育的普及又与文字学习的便利、国语的普及密切相关。一个现代民族必须有统一的交流手段——国语，陈独秀、胡适等人提倡言、文一致建立白话文学，以便建立全民交流的共同语言。[①] 1916 年 8 月，国语研究会在北京成立；1918 年设立了国语统一筹备会；1920 年，教育部命令国民学校的一、二年级从该年起都改用国语，并规定按照旧制编辑

---

① 汪家熔：《民族魂——教科书变迁》，商务印书馆 2008 年版，第 147 页。

供第一、第二两学年使用的国民学校国文教科书一律作废，第三学年用书准用至 1921 年；第四学年用书准用至 1922 年，胡适说"这道命令把中国教育的革新至少提早了二十年"①。

国语运动是近代民族运动的重要内容，在国家教育政策、新文化运动及现代都市商业的推动下，文学读物、教科书、科学读物逐渐地去除文言文的影响，以更方便在大众中传播的白话文代之。② 国语运动影响着教科书的编写，如中华书局版《初级古文读本》特用部颁标点符号，以解决"古文向来之习惯读法，有未成意义而即读断者"的问题；再如商务版《新学制国语教科书》第一、二册酌采语、文对译方法，以便语、文过渡。

在国语运动顺利进行的同时，还有一些有识之士意识到文言文作为文学创作工具也已经不能适应新时代普及新知、启蒙思想的需要，1917年胡适提出文学改良须从"不避俗字俗语"等"八事"入手；同年，陈独秀提出要建设"平易的抒情的国民文学""新鲜的立诚的写实文学""明瞭的通俗的社会文学"；1918 年胡适又把"八不主义"总括为"是什么时代的人，说什么时代的话"等四条，并提出了"十个大字的宗旨"——"国语的文学，文学的国语。"③ 新文学运动促成了文学研究会、创造社等新文学团体的产生，新文学作品也为已经打破了文言选文垄断的中学国文教科书提供了丰富的素材。如中华书局出版的《初级国语读本·编辑大意》中写道："国语文的内容，至最近十年间始渐渐的改善充实，所以本书所载各文，除从旧说部采用一部分外，概是今人的作品。"

（二）整理国故运动对中学国文教科书选文的影响

在国语运动、新文学运动顺利开展的"不成问题"的时候，胡适又提出了"整理国故"的主张，他认为前人对于古代的学术思想"有种武断的成见，有种可笑的迷信"，"如骂杨朱、墨翟为禽兽，却尊孔丘德配

---

① 胡适：《国语讲习所同学录序》，《胡适教育论著选》，人民教育出版社 1994 年版，第 122 页。

② 汪晖：《现代中国思想的兴起》，生活·读书·新知三联书店 2008 年版，第 76 页。

③ 胡适：《建设的文学革命论》，《新青年》1918 年第四卷第四号。

天地、道观古今"，应当"用评判的态度、科学的精神作精确的考证，把古人的意义弄得明白清楚"。①

虽然各界对于整理国故有不同的声音，但最终得到了广泛的认可，"整理国故近来也几乎成为一个时代的共同色彩了，上而名人教授，下而中小学生，大都以整理相号召"。② 甚至连本来与整理国故相对疏远的文学界新人物，也对此发生了较强的兴趣，如文学研究会所掌握的《小说月报》专门刊发了一组旨在为整理国故正名的文章。③ 整理国故也在新学制初级中学国文教科书选文中得到了呈现，如商务印书馆版《新学制国语教科书》选入了《国学丛刊序》（罗振玉）、《国学季刊宣言》（胡适），中华书局版《初级国语读本》选入了梁启超的《墨学之根本观念——兼爱》《墨子之实利主义及其经济学说》。

国语运动、新文学运动及整理国故运动都影响着对新学制时期的国文教学及国文教科书编写，黎锦熙总结道："音读悉遵国音，多表以注音字母；白话入选，为破天荒；既以文艺的眼光选辑模范文，而又以整理国故或批评文学的头脑，选辑古籍中重要篇章为特种读本，纯文艺作品、学术文与论文各得其所。"④ 阮真也指出，在国文教学上受了提倡语体文、创造新文艺、灌输新思想和研究国学、整理国故各种思潮的影响，国文教科书的形式上、内容上都不能不改变了。⑤ 如中华书局出版的《初级国语读本·编辑大意》："第三册兼采译作，并略注重于讨论问题研究学理之文，使学者益了然于国语文在先进实际上的应用。"民智书局出版的《初级中学国语文读本》第一、二册注重记叙文，以文理浅洁篇幅短长为准；第三、四册注重论说文，而各以文艺为辅，以问题为准；第五、六册则为国外小说名作底翻译，以作家底国别和时代为准。

---

① 胡适：《新思潮的意义》，《新青年》1919 年第七卷第一号。
② 郭沫若：《整理国故的评价》，《创造周报》1924 年第三十六号。
③ 罗志田：《新旧能否两立：二十年代〈小说月报〉对于整理国故的态度转变》，《历史研究》2001 年第 3 期。
④ 黎锦熙：《三十年来中等学校国文选本书目提要》，《师大月刊》1933 年第二期。
⑤ 阮真：《几种现行初中国文教科书的分析研究》，《岭南学报》1929 年第一卷第一期。

二　中学国文教学内容选择的文言、白话论争

1920 年教育部颁布的命令中，只是要求国民学校（初等小学）改用语体文，至于高等小学及以上学校是否使用语体文并没有明确规定。所以，中学国文的教学是使用语体文还是文言文的问题没有达成一致，以至于中学国文科教员对于中学国文科应教哪一种文的主张可分为四派：读书作文两方面都专教文言文；读书作文两方面都是国语文、文言文兼教；读书一方面国语文、文言文兼教，作文一方面专教国语文；读书作文两方面都专教国语文。①

其实，早在新学制颁布前的 1918 年，新文化运动的主要发起者胡适在回答黄觉僧时就曾特别提到，用社会上的文学创作和学校的国文教学是两个问题不能混淆，"不该用文言做文学"，但学校还是要学文言文的，"高等小学除国语读本之外，另加一两点钟的'古文'；中学堂'古文'与'国语'平等"②。1920 年，胡适在北京高师附属中学做演讲时提到了中学国文应具有的四个目的，其中有三个涉及"古文"，"人人能看平易的古文、人人能做文法通顺的古文、人人有懂得一点古文文学的机会"③；1922 年，胡适在中华教育改进社济南年会的演讲中虽然对 1920 年的观点有所修正，但依然认为在校学生有学习古文的必要，"国语文通顺之后可添授古文，使学生渐渐能看古书，能用古书；作古体文但看做实习文法的工具"④。周予同赞成胡适的观点，他认为"主张绝对的即时的实际应用而抛弃国故的概要"是错误的，并提出了自己关于中学国文的两条理想标准："A. 人人能用国语或浅近的文言，自由而敏捷的发表思想情感或纪述事实，绝对没有文法上的错误；B. 人人能懂得中国文学和学术变迁的大概。"⑤ 吕思勉也认为，虽然古文为"上层社会之人藉以为用，普通人不能尽解"，但仍不可"以俗语代之"，"夫国于世界，不徒贵横的统

---

① 沈仲九：《中学国文教授的一个问题》，《教育杂志》1924 年第十六卷第五号。

② 《通信：胡适答黄觉僧君〈折衷的文学革新论〉》，《新青年》1918 年第五卷第三号。

③ 胡适：《中学国文的教授》，《新青年》1920 年第八卷第一号。

④ 胡适：《中学的国文教学》，《新教育》1922 年第五卷第三号。

⑤ 周予同：《对于普通中学国文课程与教材的建议》，《教育杂志》1922 年第十四卷第一号。

一，亦且贵纵的统一"，他还根据与当时社会之远近，把通行之文字分为通俗文、普通文、古文三种，并建议国民学校宜纯授学生以通俗文字，至高等小学则授之以普通文字，至中学乃授之以古文。①

沈仲九则竭力反对中学里讲授文言文及读古书，他表示，阅读古书只限于研究古代学问的少数人，中等学校不是专门研究古代学问的预备，中等学校学生毕业以后，多数人不必看古书，所以中等学校不必教授古文、养成看古书的能力。② 新学制颁布后，他依然坚持自己的主张，"所谓古文，尽可让志愿专攻国文的人们去研究，决不能看作是任何人所必具的常识的，中学生不必养成看古书的能力。所谓养成看古书的能力，仅仅对将来专攻中国文学、中国历史、中国哲学的这一类人有直接的效用；对于研究其他科学的，简直关系很少。而将来专攻中国文学、中国历史的人在中学生中又占极少数，为少数人的需要，而使大多数并不需要看古书的学生把时间精力消耗在将来并不用的古书上面，在教育是不应该的"③。反对中学生学校文言文的还有杨贤江、孙俍工和朱自清，他们都认为文言文没有价值，朱自清甚至认为高中也没有必要教授文言文。

1923 年 6 月小学、初中、高中各科目纲要核定完竣并予以刊布，小学、初级中学、高级中学《国语课程纲要》分别由吴研因、叶绍钧、胡适起草，其中分别规定：小学第六年"可酌加浅易文言的诗、文的诵习"；初中要由语体文渐进于文体文，并为高级中学国语课程的基础；高中则"增加使用古书的能力、继续练习用文言作文"。国文教学中的文白、新旧论争暂时告一段落，但中学国文教科书选文的编排暂时还是没有统一起来，所以出现了纯文言、纯白话、文白混编教科书并存的情况。

陈子展后来还谈到，不能把新文学运动和国语教育运动混淆：国语运动是"为教育的"，是用国语为"开通民智"的工具，国语文学运动是"为文学的"，是用国语为"创造文学"的工具；国语运动提倡白话，不

---

① 吕思勉：《拟中等学校熟诵文及选读书目》，《吕思勉论学丛稿》，上海古籍出版社 2006 年版，第 505、508 页。

② 沈仲九：《对于中等学校国文教授的意见》，《教育潮》1919 年第一卷第五号。

③ 沈仲九：《中学国文教授的一个问题》，《教育杂志》1924 年第十六卷第五号。

废古文；国语文学运动提倡白话，攻击古文为死文学。①

三　中学国文教学文、白论争的调和——国语科、国文科的并设

在文、白论争中，亦有主张新旧调和者，如章士钊既同意"提倡白话，反对古典文学，在一定范围内其说无可驳者"，但也又不赞成把古文全部否决。②

为了调和中学国文教学中的文、白之争，有人提出了国文、国语课程并设，即国语科教授白话文，国文科学习文言文。胡适于 1920 年曾提到了他理想的"国文暂定课程课程表"（见表 2）：

表 2　　　　1920 年胡适设计中学国文暂定课程（括号内为课时数）③

第一年	国语文（1）	古文（3）	语法与作文（1）		
第二年	国语文（1）	古文（3）	语法与作文（1）		
第三年		古文（3）	语法与作文（1）	演说（1）	
第四年		古文（3）	语法与作文（1）		辩论（1）

从表 2 中可以看出，国语文和古文是按照两门课程进行设计的，前两年国语文、古文同学，后两年则只学习古文。

无独有偶，周予同也曾设计了一个"暂定"中学国文课程表，其中把国语文和文言文作为并列的两门课（见表 3）：

表 3　　　　1922 年周予同设计的中学国文课程（括号内为课时数）

| 第一年级 | 国语文（3） | 国语法（1） | 作文（1） | 阅书质疑（1） | |
| 第二年级 | 文言文（2） | 国文法（1） | 作文（1） | 阅书质疑（1） | |

---

① 陈子展：《中国最近三十年中国文学史》，上海古籍出版社 2013 年版，第 254 页。

② 《新时代之青年——章行严君在寰球中国学生会之演说》，《东方杂志》1919 年第十六卷第十一号。

③ 胡适：《中学国文的教授》，《新青年》1920 年第八卷第一号。

续表

| 第三年级 | 文言文（2） | 修辞要略（1） | 作文（1） | 阅书质疑（1） | |
| 第四年级 | 文言文（1） | 日用文格式（1） | 作文（1） | 阅书质疑（1） | 伦理学大意（1） |

　　表 3 中，第一年级学习"国语文"，在第二、三、四年级学习"文言文"，他还建议教科书分别使用这两门课程配套的语体文教科书和文言选本两种教科书。① 沈兼士于 1921 年在《中学国文之选授方法》的演讲中，也是把"国文""国语"当作两个并立的概念提出，"国文，即指古体文而言"，"国语在小学校已经有了六七年的训练，应该够用了，可以进而学习国文"。② 近年有研究者发现了一张 1930 年某地普通中学课程表，其中的国文课程设置如下（见表 4）：

表 4　　　　　　某地普通中学 1930 年国文课程设置及安排概况③

节次 ＼ 星期 科目	一	二	三	四	五	六	日
1			大字				
2		国语					
3	国文	作文		国语		国文	
4							国文
5			作文	作文			国语
6				国文			
7		国文		国语			

　　从表 4 中也可以看出，至少在 1930 年的时候，还有一些中学把国文、

---

　　①　周予同：《对于普通中学国文课程与教材的建议》，《教育杂志》1922 年第十四卷第一号。

　　②　沈兼士：《中学国文之选授方法》，《北京大学日刊》第 851 期第三版，1921 年 9 月 27 日。

　　③　毕苑：《中国近代教科书研究》，北京师范大学博士论文，2004 年。

国语按照两门课程开展教学。据此也可以推断，新学制时期的纯文言、纯白话中学国文教科书分别适用于国文、国语，而文白混编教科书则是同时供两门课程的学习。

综上所述，由于新学制刚刚颁布，初级中学、高级中学分设，白话文得以"合法"进入中学国文教科书，但由于当时的北洋政府只是形式上的中央政府，还不具备控制全国局面的实力，虽然政府通过了新学制课程纲要，但对课程、教科书的约束力还不是绝对有效，以致国文、国语课程并设，文白混编教科书、纯白话、纯文言教科书并行。

民国学者阮真曾选择当时较为畅销的四套初级中学国文教科书，从选文分量、内容等诸多方面进行了比较分析，发现：在内容方面，文言为主的教材中文育、道德的分量较多，而语体为主的教材中社化、预备的分量大；在文体方面，序跋、书札类以古文居多，演讲类全是语体古文没有，诗歌中以文言诗词居多，小说则语体居多。① 这就表明，在白话文被允许编入初级中学国文教科书后，教科书编者有着让语体文（或国语科）、文言文（或国文科）分别承担不同的教育功能的设想，即利用文言选文对青少年学生进行道德品质的陶冶教化，语体选文则用来传播新知识、新思想。

四　新学制时期文言文、白话文的实际地位

白话文虽然被选入了新学制时期的中学国文教科书中，但文言还是当时社会（尤其上层社会）办公、社交场所通用的书面语言。当时还有不少人抨击新文学运动中完全否定古文的过激行为，"所谓'说话须说现在的话，不说古人的话'，听者不可以辞害意，不说古人的话，现在即无话可说。今试考字书，何字不有几千年或几百年之历史，文字者，祖宗所遗留我辈之宝藏也，我辈失此宝藏，学问知识上，立见穷无立锥"②。实际上，连曾经攻击古文为"死文学"的胡适都没有否认中国古文在传播中华文明、民族融合方面的确起了无可替代的作用，"中国民族拿来开

---

① 阮真：《几种现行初中国文教科书的分析研究》，《岭南学报》1929 年第一卷第一期。

② 《新时代之青年——章行严君在寰球中国学生会之演说》，《东方杂志》1919 年第十六卷第十一号。

化这些民族（既包括中国的少数民族，也包括高丽、日本等国）的材料
是中国的古文明，而传播这个古文明的工具，在当时不能不靠古文，可
以说，古文不但作了二千年中国民族教育自己子孙的工具，还做了二千
年中国民族教育无数亚洲民族的工具"①。这种思想也影响到了人们对待
教科书文、白选文的态度，也就是说，虽然教科书中既有文言选文也有
白话选文，但两者在实际教学中的地位是不一样的。如阮真认为教科书
中的语体文"虽然可以扩展初中学生对于新旧文艺的眼界，而是否适于
初中国文教学的需要却是一个问题"②。当时的一些中学老师也认为"古
代经典都是用文言文写成的，白话也是从文言中来的"，依然以指导学生
阅读、写作文言文为主③，以至于在国文课堂上"语体文教授时毋庸咬文
嚼字，且有可令其自读者"④。即使从当时的青少年学生的角度，他们也
没有感到学习古文就是对自己的摧残。如萧蔓若回忆他在小学时⑤，除了
读《共和国国文教科书》外，老师还教他们读《古文观止》《幼学琼林》
《左传》《读史笔记》《东莱博议》等书，"先生讲得津津有味，学生也听
得兴味盎然"⑥，反而跟着有新思想的教员学习白话文时感到迷惑。再说，
教科书编者也是有辨别力的，不能仅凭"文言""语体"的形式而评判其
优劣，文言文中也有古色古香的诗文，也有短篇的寓言，都是很注重兴
趣的。⑦

　　而通过新学制时期的国文考试试题，更能看到文言文在中学国文教
育领域的地位依然很高。当时的高等学校入学考试国文试题主要有两类
题型，一是给古文加标点，并翻译（字词或全文）；一是作文，从作文题
目的措辞上不难发现还是倾向于文言的。高级中学、大学的入学考试中，
文言试题占据了绝对优势，不但国文如此，甚至英语试题中的英汉互译
还要求使用文言。再说，直到 1928 年春，第一次全国教育会议才议决初

①　胡适：《白话文学史》，安徽教育出版社 2006 年版，第 10 页。

②　阮真：《几种现行初中国文教科书的分析研究》，《岭南学报》1929 年第一卷第一期。

③　赵蒙：《扬州中学早期国文教育及现实启示》，扬州大学硕士论文，2011 年，第 18 页。

④　黎锦熙：《三十年来中等学校国文选本书目提要》，《师大月刊》1933 年第二期。

⑤　萧蔓若生于 1908 年，他说在"十四岁半"参加了县师范考试，可以推断他小学毕业恰
逢新学制时期。

⑥　萧蔓若：《书卷与我共此生》，《群言》1992 年第 10 期。

⑦　阮真：《几种现行初中国文教科书的分析研究》，《岭南学报》1929 年第一卷第一期。

中入学考试不得试文言文，① 那么在此之前的升学考试中文言文的地位就不言而喻了。

结　语

白话文"合法"进入中学国文教科书，具有划时代的里程碑意义：白话文在承载现代知识、思想上，有独到的优势，中学生在学校学习规范的白话文，有利于现代文明的快速、广泛传播。葛兆光先生指出，在历史研究中不能仅仅关注精英的思想，更要关注普通人的社会和生活，即"一般知识、思想与信仰的世界"②。在 20 世纪 20 年代，虽然新文化运动期间一些怀有新思想并大力宣扬新思想的精英们非常活跃，但通过当时中学的国文教育情形可知，教科书的话语形式并没有根本性的改变，白话文并没有在中学得到广泛推广与普及。那些全由语体文组成的中学国文教科书"民智书局沈仲九编的《初中国语文读本》，世界书局的《中学国语文读本》《初中模范文读本》，各校采用的比较少了"③。而那些全由古代作品选文组成的教科书则格外畅销，如中华书局出版的三册本《初级古文读本》，1923 年 1 月发行，以笔者所见到该教科书的版权页显示，同年 4 月即达 3 版，1927 年 3 月达 15 版；商务印书馆出版的纯文言选文组成的《现代初中教科书国文》，1925 年初版，至 1927 年 10 月已达 70 版。

后来在胡适等人努力实践白话文创作的主张及带动下，越来越多的文人投入到白话文写作中，白话文教科书的编写专家群体也逐渐形成并崛起：在 20 世纪 20—40 年代就形成了分别以商务印书馆、中华书局、开明书店为中心的著名语文教科书编辑专家群体。他们的辛勤耕耘，使得早期白话文教科书在科学化、民族化的道路上得以稳步发展。④

---

① 黎锦熙：《三十年来中等学校国文选本书目提要》，《师大月刊》1933 年第二期。

② 葛兆光：《中国思想史　导论：思想史的写法》，复旦大学出版社 2009 年版，第 13—14 页。

③ 阮真：《几种现行初中国文教科书的分析研究》，《岭南学报》1929 年第一卷第一期。

④ 李娜：《民国教科书在普及白话文中的历史作用》，《中华读书报》2014 年 12 月 31 日，第 19 版。

《故乡》在近百年初中语文教科书中的传播与接受①

摘要： 鲁迅的小说《故乡》自从 1923 年被选入商务印书馆版《新学制国语教科书》，在随后的近百年时间里，一直在初中语文教科书中占有一席之地。从国语教育（语体文）的范文，到批判旧社会的有力工具，再到文学艺术的杰作，它在不同时期被赋予了不同的语文教育功能。

关键词：《故乡》　初中语文　教科书

鲁迅创作的小说《故乡》，于 1921 年 5 月发表在了《新青年》第 9 卷第 1 号上。由于该文在内容、艺术上的独特之处，被收入在商务印书馆 1923 年出版的《初级中学用新学制国语教科书》中，在随后的近百年里，它一直在初级中学语文教科书中占有一席之地。笔者根据北京师范大学图书馆、人民教育出版社图书馆馆藏教科书资源，把《故乡》入选初中语文教科书中的历程做了简要梳理，希望能对当前初中语文教学提供现代启示。

一　20 世纪上半期：了解社会现实的媒介，学习国语的典范（1923—1949）

（一）民国新学制时期《故乡》在初中国文教科书中的呈现

1922 年北洋政府以"大总统令"公布了《学校系统改革案》，正式实施"新学制"，又称"壬戌学制"，规定中学由四年延长为六年，分为初级中学（三年）和高级中学（三年）。适应新的学制，初级中学教科书的编写渐渐提上日程。1923 年，《新学制课程标准初级中学国语课程纲要》颁布，其"内容和方法"部分明确规定"由语体文渐进于文体文"，语体文在初中三年国语教科书中的比重分别是四分之三、四分之二、四分之一。②《故乡》作为优秀的语体文，收录于新学制时期多部初级中学

---

① 本文原载《教学与管理》（理论版）2015 年第 1 期，此处略有改动。
② 全国教育联合会：《新学制课程标准纲要》，商务印书馆 1925 年版，第 52—54 页。

国语教科书中（见表 1）。

表1　　　　　　　　　新学制时期《故乡》入选初中教科书概况

教科书名	册别课别	出版机构	初版年	选文标准
《初级中学用新学制国语教科书》	第五册第 4 课	商务印书馆	1923	具有真见解、真感情及真艺术者，不违反现代精神
《新中学教科书初级国语读本》	第一册第 35 课	中华书局	1924	内容务求适切于现实人生；文章务求富有艺术价值
《初级中学用新时代国语教科书》	第五册第 7 课	商务印书馆	1928	纯为积极的。引起学生兴趣的，训练作文技能的

从表 1 中三部教科书的选文标准可知，当时作为"时文"的《故乡》被看作内容积极、切合实际的佳作，其卓越的语言表达技巧对训练学生的作文技能有着很大的帮助，是文质兼美并适合于初中国语教学的佳作。

（二）民国课程标准时期《故乡》在初中教科书中的呈现

随着时代发展及各方努力，民国时期的语文教学也逐步走向规范、科学，指导语文教学及教科书编写的《初级中学国文暂定课程标准》（1929 年）、《初级中学国文课程标准》（1932 年）、《初级中学国文课程标准（修正版）》（1936 年）相继颁布。此时国文教科书编排已经相对成熟：文中的课文多以主题单元的形式编排，即把相近主题或体裁的课文编在一起；课文都有注释、解题、课后问题等内容；每单元后或者教科书的最后都有语法专题；一些有实力的中学使用自编教科书。三个《课程标准》均在"课程目标"中要求"养成欣赏文艺之兴趣"，在"教材标准"中要求精读的选材标准为"含有改进社会现状的意味"。① 显然，要含有改进社会现状的意味，首先就要了解社会现状。能准确反映当时中国农村现状的《故乡》又受到了该时期教科书的青睐（见表 2）。

---

① 课程教材研究所：《20 世纪中国中小学课程标准·教学大纲汇编·语文卷》，人民教育出版社 2001 年版，第 282—297 页。

表 2　　　　　　民国课程标准时期《故乡》入选初中教科书概况

教科书名	册别课别	出版机构	初版年	同单元课文
《南开中学 初三国文教本》	上册 第 4 单元	南开中学	1930	《爱的实现》《项链》《乐人扬珂》
《初级中学 国文读本》	第五册 第 27 课	国文 丛刊社	1932	《乐人扬珂》
《初级中学 国语教科书》	第三册 第 10 单元	文艺 书局	1933	《遗腹子》《超人》《风波》
《初中国文选本》	第三册 第 16 单元	立达 书局	1933	《乡愁》《太阳吟》
《标准国文选》	第 3 卷 第 12 单元	大光 书局	1935	《〈呐喊〉自序》《故乡》《孔乙己》
《新编初中国文》	第四册 第 11 单元	中华 书局	1937	《年关（上、下）》

从表 2 可以看出，在该时期，不论专业出版机构还是中学自编的初中国文教科书，都把《故乡》选入其中：有的在"小说"专题（文艺书局版），有的在"故乡"专题（立达书局版），有的在鲁迅作品专题（大光书局版）。

文艺书局版《初级中学国语教科书》第 10 单元教学提要："本课主要目的是模范的创作的提供及创作方法学习。创作方法的启示：创作中如何才能很好的反映社会变革问题、怎样认识并抓取题材的问题……"课文后的"问题"为："①这一篇创作里面，说明了封建社会的农村实际状况，它所展开的中国农村，究竟到了怎样的阶段？②人物——闰土这一人物，你了解他是怎样的一个人，怎样的一种典型？他老年和幼年不同的原因何在？水生宏儿又是说明着什么？③具有抒情诗气氛这一篇小说，你从这里面所了解的作者的思想批判。"不难看出，教科书编写者认为，青少年学生阅读《故乡》既能了解"农村实际情况"，还可以品味"抒情诗气氛"。

再如中华书局版《新编初中国文》把《故乡》分为上、下两篇课文，课后的"问题"分别为："作者回故乡时所见的景象怎样？幼年的闰土是怎样的一个人？""就闰土的话看，那时农村的情况怎样？本篇的结束，表示什么意思？"同单元选文是茅盾小说《年关》，也是分为上、下两篇，《年关》节选自茅盾短篇小说《林家铺子》的第四章，同样也描写了中下层百姓生存的艰难。

二　20 世纪下半期：从批判旧社会到学习作文技巧的转变（1950—2000）

1950 年 12 月，人民教育出版社（以下简称"人教社"）成立，成为全国编写出版中小学教材的专门机构。人教社作为教育部的直属单位，在中华人民共和国成立后的前 50 年里，依据教育部颁布的学制、教学计划，编写出版了 9 套中小学教材。[①] 在 9 套初中语文教科书中，《故乡》的入选频率非常高（见表 3）

表3　　《故乡》入选1950—2000 年人教版初中语文教科书情况

教科书版本	册别课别
1952 年	第六册第 4 课
1956 年（《文学》）	第三册第 13 课
1958 年	第四册第 10 课
1961 年	
1963 年	
1978 年	第三册第 17 课
1982 年	第三册第 7 课
1987 年	第三册第 21 课
1993 年	第四册第 1 课

需要说明的是，《故乡》虽然没有出现在 1961 年版初中语文教科书中，但人教社 1961 年还出版了一套十年制学校语文教科书，《故乡》在

---

① 课程教材研究所：《新中国中小学教材建设史·总论卷》，人民教育出版社 2012 年版，第 1 页。

该套书第十六册（八年级下册）第 4 课；1960 年还出版一套九年一贯制试用语文课本，《故乡》在该套书第十册（即小学五年级下册）第 19 课；1964 年版初中语文正式出版 1—4 册后，因时局变化，编写工作终止，而 1963 年《全日制中学语文教学大纲》已经明确规定：第六册 23 课是《故乡》。通过对该时期教科书中该文"学习提示""注释""思考练习"等辅助系统的考察，可以把该时期分为两个阶段。

（一）批判为主，技巧为辅（1950—1977）

1952 年版课文的后面都附有注释、提示。《故乡》的提示多达 10 条。这 10 条提示中，7—10 条简洁地探讨文中的人物描写，分别是肖像描写、语言描写、心理描写，而前 6 条都在利用课文内容对旧社会进行"彻底"的批判，如"这篇小说，主要通过闰土的生活境遇和性格的变化、闰土和作者关系的变化的描写，深刻地揭露了在帝国主义和封建主义双重压迫下的中国农村的贫困、落后和阶级矛盾的尖锐化，从而体现了作者对当时社会制度的不满和抗议"。"作者不但通过闰土的这个典型人物控诉了当时的社会制度，同时通过杨二嫂的形象从另一方面深刻地暴露了旧社会的罪恶。"

1956 年，中学语文进行了文学、汉语分科教学实践，《故乡》被选入了《初级中学课本文学》第三册第 13 课，同时入选的还有《孔乙己》（12 课）、《论雷峰塔的倒掉》（14 课）、《我们不再受骗了》（15 课）、《鲁迅》（16 课）。人民教育出版社同时编辑出版了六册《教学参考书》，教学参考书"编者的话"中写道："教学参考书的编写，目的在于帮助教师研究和掌握教材，贯彻教学大纲精神，提高教学质量。教师应当参考教学参考书，体会教学大纲精神""文学作品的教学参考，一般包括'关于课文和作者''课文分析''教学注意事项'三项，'关于课文和作者'给教师提供一些掌握课文必须的参考资料；'课文分析'给教师提供一些对课文应有的认识，也就是对教学大纲里所列各点的具体发挥；'教学注意事项'指出教学上应该注意的事项……"①"编者的话"一再强调该书和教学大纲的关系，其中的"应当""必需""应有"等措辞，更凸显出该书的权威性。《教学参考书》中，关于《故乡》的课文分析中写道：

① 《初级中学课本第三册教学参考书》，人民教育出版社 1956 年版，第 1 页。

"这篇小说的主要人物闰土是个农民。他少年时候,不懂得社会生活的阶级界限。过了二十多年,生活经验使他懂得了阶级的界限,懂得了应该如何对待'有身份'的人。""杨二嫂刻薄自私的言行,充分地表现出她的小市民的恶劣习性。作者同情她的不幸遭遇,同时批判她的恶劣习性,也就是批判那个形成这种恶劣习性的丑恶的现实社会。""讲授这一课,目的在于使学生认识半封建半殖民地社会里农民生活日趋恶化的痛苦和作者对农民的深厚同情,学习作者热爱劳动人民的精神,培养为劳动人民服务的品质。"可见,即使是文学课本,该文的教学仍然是强调对旧社会的批判;明确的阶级划分(闰土是农民,杨二嫂是小市民),而文学审美(人物描写技巧等)只能退居次席。

1958 年 4 月,人教社按照上级指示将文学、汉语两科合并为语文一科,在全国"大跃进"形势下,在"教育大革命"的氛围中,人教社中学语文编辑室用三四个月时间编辑出版了"大跃进"中学课本供全国中学通用。这套教材编辑较为仓促,课文没有太多的"提示"与"说明"。但《故乡》和《多收了三五斗》组成了一个单元,两篇都是反映旧社会农民生活的小说。在那个时期,"农民"是有着独特的话语内涵的,而歌颂新中国农民翻身做主人和揭露旧社会农民的不幸是密不可分的。显然这两篇小说的并列编排是有着明显的揭露旧社会韵味的。

(二)重点学习技巧,兼顾批判(1978—2000)

1978 年拨乱反正的时代大背景下,人教社编写了十年制中学语文教学大纲和教材,又经历了 1980 年的修订、定型。

为适应学制改革的需要,1982 年又编写、出版了十二年制初中、高中课本。1982 年版教科书中《故乡》的课后"思考和练习"为:"少年闰土是一个什么样的形象?中年闰土从外貌到思想性格发生了哪些显著的变化?是什么原因'苦的他象一个木偶人'?""这篇课文是按照怎样的顺序记叙的?""本文怎样描写当时农村深冬景象和月光下西瓜地的景色?"从中不难看出,除了第一题在探讨闰土的变化原因,其他题目都集中在理解语句、了解记叙顺序、景色描写等语言表达技巧方面的分析。也就是说,课文承担的更多是语文课的功能,而不是历史课、政治课的功能。

1987 年版、1993 年版教材中,每单元前都有单元教学要求(提示),

每篇课文前也有该课的学习重点。从这些提示系统中，也可以看到《故乡》在语文教科书中被赋予的教育功能在渐渐发生变化（见表4）。

表4　　　　　　　　1987 年、1993 年版初中语文教科书中
《故乡》单元提示及学习重点

版本	单元教学要求（提示）	课文学习重点
1987 年版	了解小说的情节 了解民间故事的特点	以"我"的见闻感受为线索安排情节 肖像描写
1993 年版	这一册着重学习议论。不仅一般记叙文常用到议论，连文学作品也常常用到。这个单元的《故乡》《有的人》就是如此	运用对比突出主题思想的写法； 小说中议论的作用； 段的类型：叙述段、描写段、议论段

三　21 世纪：回味故乡深情，品鉴文学名篇（2001—　）

进入 21 世纪，"一纲多本"（即一个教学大纲，多种版本的教材供不同地区使用）成为语文教科书编制的突出特点。此时的《故乡》，依然被收录在多个版本的教科书中，并呈现不同的编排特点。笔者以人民教育出版社、江苏教育出版社、语文出版社（以下简称"人教版""苏教版""语文版"）的初中语文教科书为例，简要分析《故乡》在 21 世纪初中语文教科书中的概况（见表5）。

表5　　　　　　21 世纪《故乡》入选初中语文教科书概况

教科书	册别课别	单元主题
人教版	九年级上册第 9 课	写少年生活的小说
苏教版	九年级上册第 5 课	学会读书（二）感悟·品味·欣赏
语文版	九年级下册第 13 课	感受小说艺术魅力，理解小说反映社会现实的特点

从表 5 可以看出，《故乡》在三种教科书中的编排，各具特色。

（一）人教版：回忆"故乡"

人教版《故乡》被安排在九年级上册第三单元，"单元提示"写道："少年时代，是人生中难忘的诗章。在成长中，有和煦阳光，也有风霜雨

雪。这个单元选编的主要是写少年生活的小说。"该单元的"综合学习·写作·口语交际"为《青春随想》，包括青春的座右铭、青春的知识等。《故乡》的"阅读提示"写道："回忆中的'故乡'，充满了童趣，带着梦幻的色彩。而现实的'故乡'，却在生活的重压下，失去了生机。理想的'故乡'应该是什么样的？'我'在朦胧中，寻求未来的希望。"可见，人教版《故乡》和"回忆"是密不可分的。

（二）苏教版：欣赏《故乡》

苏教版九年级上册是六个单元的"学会读书"系列专题，《故乡》所在单元为"学会读书（二）感悟·品味·欣赏"，该单元每篇课文的右侧排列的是对文中精彩语句的品味、鉴赏之语。该单元的"综合学习与探究"设计为："从本单元每一篇课文中选出你最喜欢、最能给人联想并暗示小说主旨的一个句子或语段，仔细品味它的含义，并抄录在小说开头一页的左上角，加上花边……"显然，苏教版教科书力图以《故乡》为范例，让学生掌握读书方法，对于经典文学作品，不能仅仅停留在认知阶段，还要懂得鉴赏，获得更高层次的审美感受。

（三）语文版：同龄《故乡》

语文版《故乡》在九年级下册第四单元，单元说明写道："'文学是生活的教科书'，一篇成功的小说往往能引发读者去思考。读了本单元四篇课文，你也许会想到这样一些问题：活泼可爱的少年闰土到了中年为什么会变得'木偶人'似的？"同一单元的其他三篇课文是《小男孩》《百合花》《奥伊达的理想》，文中的主人公多是和初中学生年龄相近的人物。该单元的"口语交际"专题为《趣谈中学生活》；"写作"专题为《我和亲人的故事》。语文版《故乡》的"思考与练习"的设计紧紧贴近青少年，如"假如'宏儿'和'水生'读到了这段话，他们会受到鼓舞吗？他们会像'我'希望的那样过上'新生活'吗？"可见，语文版教科书的设计，力图拉近青少年学生读者和"少年闰土"的心理距离，从而通过小说中人物命运的变化去了解社会、思考人生。

小　结

《故乡》从"时文"到小说经典，近百年来一直在初中语文教科书中占有一席之地，从国语教育（语体文）的范文，到批判旧社会的有力工具，再到文学艺术的杰作，在不同时期被赋予了不同的语文教育功能。21 世纪"义务教育阶段的语文课程，应使学生初步学会运用祖国语言文字进行交流沟通，吸收古今中外优秀文化，提高思想文化修养，促进自身精神成长"①。纵观近百年来《故乡》在初中语文教科书中呈现的多元价值，也能给我们当前的语文教学带来有益的启示。如引导学生从农民视角、童年回忆视角、小说文体视角等进行多元解读；可以因《故乡》的多重"身份"，开展小说专题、鲁迅作品专题等专题教学设计；可以对学生进行写作训练；可以以"再回故乡""宏儿、水生长大以后"等话题，让学生展开联想，进行写作训练；可以开展口语交际教学，让学生切身体味因人物身份不同（闰土、杨二嫂）而语言不同，即使同一人物在不同年龄阶段（社会身份，如少年闰土、中年闰土），其语言也有差异；还可以让学生结合自己的生活实际，以"说说我的家乡"为题进行说话训练。

---

① 教育部：《义务教育语文课程标准（2011 年版）》，北京师范大学出版社 2012 年版，第 2 页。